张万祥 ——— 主编

—第 2 版—

给年轻班主任的建议

华东师范大学出版社
ECNUP
全国百佳图书出版单位

目 录

辑一

这样管好一个班

与学生相处有艺术

做一个有智慧的班主任

辑四

一个学生，一个世界

辑七

做个够专业的班主任

序

任小艾

"教育不能没有感情，没有爱的教育，就如同池塘里没有水一样，不称其为池塘，没有情感，没有爱，也就没有教育。"这是中国近代教育家夏丏尊的话。如今这段经典的文字，已成为教育界人士普遍认同的教育名言。

教育行家习惯于"把爱孩子当作合格教师的底线"，也就是说，衡量一个教师是否合格，除了看其是否拥有一定的学历和能力外，重要的是看这个教师是否有"爱孩子"的心。如果一个教师连起码的"爱孩子"的心都没有，那么可以说，这个教师就不具备"合格教师"的条件，甚至严格地讲，这个不爱孩子的"教师"是不适合做教师的。

教育是服务于社会、服务于人的一门学科。因此，作为教育工作者，我们既要研究社会，也要研究人。改革开放二十多年来，中国发生了日新月异的变化。面对开放的社会、开放的教育，教师必须更新观念，才能适应现代社会发展的需要，才能满足受教育者的需求，更何况，教育是超前性的投资，有滞后性的效应。教师除了要具备教育的责任感外，还应具备对教育事业的使命感，要在育人的岗位上站得高、看得远。如此，才能培养出未来社会需要的人才。

今天的孩子生长在一个物质丰富的年代，教育界有识之士感叹：孩子一方面是物质生活的"富翁"，另一方面又是精神生活的"乞丐"。许多教师和家长抱怨，现在的孩子要什么给什么，该满足的都满足了，可就是不好好学习。面对现状，我们最为缺少的是另一种思考：现在的孩子心里在想些什么？他们的心灵深处究竟需要什么？作家高尔基说过："爱孩子，那是连母鸡都会做的事，如何教育孩子，则是一件大事。"可见，我们光有爱孩子的心还是远远不够的，关键是要懂得怎样去爱，尤其是要讲究"爱"的方法。

众所周知，孩子每天在学校里接触最多的人是班主任，班主任几乎成了孩子身边形影不离的人。一个班主任，要成为学生的"朋友"，而不是学生的"敌人"；一个班集体，要成为学生心中的"乐园"，而不是学生心中的"地狱"。要做到这一点，重要的因素在于这个班主任是否具有人格魅力，这个班集体是否有向心力和凝聚力。这部与广大读者见面的由张万祥老师主编的《给年轻班主任的建议》一书，汇集了众多优秀班主任宝贵的实践经验，称得上是解决班主任疑难问题的"宝典"，值得一读。

祝愿每一位班主任老师开卷受益。

2006 年 1 月

（本文作者系全国模范班主任、北京市优秀班主任，曾为《人民教育》编辑部管理室主任）

辑一

这样管好一个班

做事之中成人，成人之中做事

钟 杰

哪些孩子喜欢折腾班主任？

无事可做的孩子。俗话说：无事生非，闲人惹事。老师不给这些闲人找事干，闲人又闲不住，自然就要想办法折腾老师了。

成绩不好的孩子。成绩不好的孩子是制造课堂混乱的主力军。成绩不好，往往是习惯不好、自控力差、规则意识欠缺等造成的。

性格、心态不良的孩子。这些孩子的人际关系往往很恶劣，每天都生活在负面情绪之中，给老师带来很大的心灵磨损。

一个班级里，这三类孩子成了主力，班主任就生活在水深火热之中了。那么，有没有办法解决这些问题呢？

1.让每个孩子都有事可做，做事之中成人

没有人天生愿意成为"废人"。人的天性之中都存在被关注、被接纳、被欣赏的渴求。

身为学生，最渴望的就是被老师和同学关注。如果被老师和同学忽略了，或者没有正常渠道获得自我价值的认同，他们就只有通过一些搞怪手段来刷存在感了。

我总会把班上每个孩子都卷进班级管理中来。我告诉孩子们："班级不是我一个人的，也不是少部分人的，它是大家的，每个人都必须为班级出工出力。所以，我会根据班级事务进行岗位划分，每个同学都要认领一到两个岗位。每个岗位都有虚拟工资，大家拿着这些工资可以在班级虚拟超市消费。"孩子们听了非常高兴，等到岗位出来的时候，根本不需要我鼓动就抢占一空。有些孩子甚至还主动挖掘了新的岗位。我的岗位设置分为5类，如下：

（1）班干团队岗位12个。（2）科代表岗位22个（考试学科各3个科代表，非

考试学科各 1 个科代表）。（3）组长岗位 56 个（8 个大组长，每个大组里还设 6 个学科小组长）。（4）班级琐事岗位若干（比如语言清洁员、粉笔管理员、图书管理员、饮水机管理员、多媒体管理员，等等）。（5）自创岗位若干（被同学和老师忽略了，但又必须有人管理的事务，学生可以自设岗位，虚拟工资照算）。

这样一来，每个孩子都成了班级管理者，每个人都有自己的岗位要坚守，有自己的活要干。他们在班级中找到了存在感，就不需要通过搞怪来吸引他人的注意，因为他们的全能自恋已经得到满足。

2. 让每个孩子都成为最好的自己，成人之中做事

我经常跟孩子们说："你不是我，你成不了我。你也不是他，你成不了他。你是你自己，你只能成为你自己。因此，挖掘自己的长处，知晓自己的短处，然后扬长避短，成为最好的自己才是成长的王道！"

那么，怎么才能让孩子成为最好的自己呢？两个字：做事！那么可以做哪些事呢？

首先要求家长安排孩子做家务。孩子的责任感其实就是从做家务中培养出来的。我也会在假期布置炒菜、洗衣、拖地、整理房间的作业，要求学生写出做家务的感受，让家长拍照留存并及时向我反馈孩子做家务的情况。做得好的，我会大张旗鼓地表扬；做得不好的，要求家长继续训练，训练到孩子主动做家务为止。

其次是搞班级活动，要求学生全员参与，从策划到场地落实以及具体开展，全部由学生来完成。我只是负责参观和拍照。比如 3 月份，学校策划了一次为山区孩子进行捐助的义卖活动，每个年级只有 3 个摊位，需要做活动策划投标。我安排宣传部长和学习部长做策划，授意她们去请副班主任朱老师做幕后军师（朱老师人年轻，点子多，有创意）。孩子们闻风而动，果然做了个完美的策划，为我们班级争取了 1 个摊位。

摊位有了，卖什么？谁去卖呢？我要如何才能把每个孩子卷进这场活动中，让每个孩子都积极主动地做事呢？几经琢磨，心随神动，有主意了。我不是在做小组建设吗？我可以小组为单位，把每个成员都捆绑进他们的小组，然后推动每个人去参与活动。

我对他们说："这次义卖摊位争取来不容易，所以咱们要大干一场！别人家只有 1 个摊位，我们家要摆 8 个摊位。也就是说，每个小组 1 个摊位，八仙过海各显神通！每个小组要为班级创收 100 元，用于义捐和班级活动。除去 100 元，其余则由自己小组支配。多赚多得，少赚少得，赔本就只能自己兜着。"

义卖那天，我们学校可谓是"人山人海"，每个老师和同学兜里都揣着钱，在临时搭建的"街道"上来回逛，寻找自己满意的货物。我们班的孩子 8 个摊位一溜排开，货物品种繁多，大家叫卖声热烈，生意相当的火爆。尤其是懿鑫博雅小组，深谙顾客心理，请家长做了拌面、凉拌菜、寿司、蛋糕、油炸麻团，生意简直好到爆！他们还从家里拿来了音响和麦克风，用点歌的方式兜揽生意，最后把很多同学甚至老师都吸引来了，生意火爆到点歌 20 元一首都满足不了部分同学的需求。义卖结束，除去成本和为班级贡献的 100 元，他们每个人还分了好几十元。

当然，也有小组由于备货时没有掌握好顾客心理，尽管吆喝声很大，但摊位前冷冷清清，不仅没有赚钱，还小赔了。

从这次活动中，他们弄懂了"情商"、"逆商"、"胆商"、"财商"等概念。很显然，他们成长了。

一个班级，只要师生都乐于做事，这个班级就会变得越来越好，不需要刻意去管理，师生就能在这种轻松和谐的氛围中遇见最好的自己！

开学第一天，用整洁芳香的教室迎接学生

张青云

一直以来，我对魏书生老师所说的"15分钟完成清洁大扫除"心情很复杂，一方面是敬佩不已，一方面又保留着轻度质疑。在我看来，要想彻底将一间五六十平方米的教室里里外外打扫干净，并非是一件轻松简单的事情。曾在一天中午，为了以身示范，我独自一人足足花了一个半小时，方才打扫干净教室的地面，切身体验到了一间教室要打扫干净究竟有多难。从此，我对不干净的教室再也没有了喋喋不休的指责，对扫地的同学们也多了一份认同与感激，并由此建议：每学期开学，由班主任打扫好教室，以整洁芳香的教室迎接学生的到来。

我相信，只要不是学生年龄太小，绝大多数班主任都是心安理得地习惯于学生打扫教室的。理由很简单：学生自己坐的教室，当然要学生自己来打扫。但教室不同样也是老师的吗？好多粉笔头还不是老师往地上扔的吗？我们不是一直在强调师生平等吗？为什么在打扫教室时老师就不参与了呢？追问之中，我们其实并没有太多的理由。

每学期开学的前两天，我都会悄悄地来到我的教室，从地面到桌面、从墙面到天花板，甚至灯具，都一一从容平和地打扫干净。地板一遍遍地拖过，直到可见人影；桌椅一张张地清理屉斗，一张张地擦拭，整齐划一地摆放好；窗户一扇扇地抹，直到一尘不染；窗帘卸下来洗涤，又一一挂上；墙壁上不张贴任何多余的东西；教室里各种物品更置一新，就连多媒体设备也都一一调试停当。然后再摆上几盆花，喷上一些空气清新剂，最后才美美地闭门悠然而去。第二天早上，芳香伴着孩子们的惊奇，溢满在每张舒心的笑脸上。看到整洁明亮、芬芳吐香的教室，对比其他班级的凌乱不堪、满眼灰尘，他们一下子就感受到了差别，体会到了幸福的滋味，看到了老师付出的心血与努力，也从中看到了班级的希望，还有自己的责任。自豪感是可以相互传染的。慢慢地，在这种整洁芳香的氛围之中，他们和老师一

起，情绪饱满地投入到"开学了"的角色调整之中……

良好的开端是成功的一半。当别人还在为清洁卫生而努力的时候，我们已经开始在发新的课本了；当别人在发新课本的时候，我们已经是书声琅琅了……这种跑在前面的快乐一直激励着我们，带给我们的是工作的主动与高效。接下来，你会发现，这一学期，孩子们变了许多，扫地听不见喊累的声音了，做清洁劳动表现得非常主动，也很有方法与技巧。甚至有的时候，他们还会把墙脚的瓷砖擦了又擦；会把地板上偶尔的口香糖痕迹铲了又铲，拖了又拖；会把桌椅抹了又抹，摆了又摆，力求精益求精……从他们的脸上，你看到的是劳动快乐的笑容，看到的是"让班级因我的存在而感到幸福"的真诚与责任。这时，你还会愁教室不是"非常整洁"，还愁卫生大检查班级上不了表扬榜吗？

班主任亲自打扫一次教室，本身应该很平常，劳动量不大，身体也能承受，但其效果与影响力远胜于劳动本身。它的意义在于，使学生感受到了班主任以身作则、为人师表、言传身教的一面，这种身体力行的示范就是一种无声的表态，就是一种目标的定格，也是一种在起初就开宗明义地面对班级、面对学生的承诺：师生是平等的，地是可以扫干净的，我们的班级是可以建设得更加美好的，从我做起！

"从我做起"，扫过之后才明白，这种古典的教育情怀，在今天其实仍然非常必要和有效。

班主任要做好起点工作

袁富杰

这是参加工作 6 年的王老师。

刚参加工作时，学校让他带一个实验班，他责任心很强，对学生要求特别严格，却在还没有了解学生的情况下，就根据自己的想法处理班级事务，决定班级工作。虽然第一年班级发展比较正常，但是到了第二年，问题就出来了：学生屡次违反学校纪律，而且由于他过于严厉，学生和他渐渐疏远，师生关系很紧张，成绩与平行班逐渐拉开差距。最后，在即将进入高三的时候，学校不得不换了他。接下来王老师接手高二的一个实验班。他吸取了教训，对学生都很好，但是却忽视了对学生的严格要求，甚至有时候会迁就学生，结果发展到最后，学生对他的要求充耳不闻，致使班级工作无法开展，最后不得不离开班主任岗位。

后来，王老师休息一年后再做班主任，这次他担任一个实验班的班主任。王老师虽然总结了上两届的工作经验，但是在接手班级之后，还是在不了解学生的情况下，就给班级制订了详细的工作计划，而且要求学生必须按照这一计划执行。他把班级每天发生的事情都记录得非常详细，这个记录就成为他日后教育学生的依据，因此学生很害怕他的记录本，而且也很痛恨他的记录本。虽然第一年班级工作还可以，但是到了第二年，势头马上发生了转变，班级工作处于混乱状态，最终王老师无法控制整个班级的变化，不得已只能在第二年的第二学期辞去了班主任工作。

其实，王老师是一个责任心很强的老师，为什么这样负责任的老师却做不好班主任工作呢？最关键的问题是王老师没有做好班级的起点工作，缺乏对学生的了解就制订工作计划和目标，过早地为班级发展定位，阻碍了学生的发展，而且几届的班级工作使得自己的管理方式形成了定势，使自己的工作受到了局限。当班主任接手一个班级的时候，做好起点工作是很重要的。

要做好起点工作，班主任可以从以下几方面进行：

1. 了解学生

这一项工作很重要，在班主任接手一个班级之后，最忌讳的就是以自己的想法控制学生，把学生圈在自己的控制范围之内。开始的时候，学生不理解老师要让他们做什么、怎么做；老师不理解学生为什么不顺着自己的意思走。这个时候就需要找到老师和学生的交融点。上面案例中的王老师开始就是严格控制学生，学生有什么想法或者意见，也不会跟老师发生语言上的直接冲突，但是心理冲突已经形成了，当他们对环境比较熟悉后，冲突就会爆发出来。

班主任了解学生的过程，就是建立理解的过程，只有在互相了解的前提下，才能够在以后的学习和生活中互相理解。要进行教育，首先要关切地、深思熟虑地、谨慎小心地触及学生的心灵。如果一个班主任在接手班级之后，不认真了解学生，而是以自己的意志、要求来控制学生，短时间内是有效的，因为学生还不了解老师，处于一种观望的状态。但他们在观望的过程中已经想着应付你的手段了，等到时机成熟的时候，他们就会采用自己的手段来对付你，而且还非常有效，因为他们在你控制他们的阶段内已经了解你了，知道你的弱点所在，所以应付你的办法也很有效。因此，在起始阶段的工作中，要尽可能地熟悉学生的特点，建立互相信任的交融点，为工作的继续开展打下一个基础。

在了解学生的阶段，可以对学生的行为做一些详细的记录，这种学生行为的记录，是作为反思的源泉、分析的材料，而不是让它成为日后收拾学生的把柄。如果你在开始就已经有了这样的想法的话，就不会对学生容忍。在起点处，你已经将学生排斥在你的教育视线之外了，以后再想教育好，也就很难了。上面案例中的王老师把平时详细记录的材料作为每次教育学生的依据，学生对他的排斥可能就是从这些记录开始的，这不是他记录的问题，而是他没有把记录应用好的结果。

2. 不要过早地为班级定位

历史上太平天国运动的快速失败，也许与过早定都有关系。过早定都，使他们有了后顾之忧，不能够全力地投入以后的战争中去，在前进的时候总是惦记自己的后方而不能够集中精力作战，最后导致失败。如果为班级发展过早定位，那么一切的工作就会围绕着这样的一个目标进行，如果在发展过程中有一些跟这个目标不一致的做法或者行为，就会受到压制。在一个目标的牵制下，学生很难有其他方面的发展。上面案例中的王老师就是在开始的时候制订了详细的计划，这个计划过早地为班级工作定了位，束缚了他的工作，导致最后不能够实施，班级工作受阻。

虽然不能够过早地定位，但是可以根据实际情况制定一些短期的目标。日本的马拉松选手山田本一每次比赛之前，都要乘车把比赛的路线仔细地看一遍，并把沿途比较醒目的标志画下来，比如第一个标志是银行，第二个标志是一棵大树，第三个标志是一座红房子……这样一直画到赛程的终点。比赛开始后，他就奋力地向第一个目标冲去，等到达第一个目标后，又以同样的速度向第二个目标冲去。40多公里的赛程，就被他分解成这么几个小目标轻松地跑完了。其实这就是一个分解目标的过程。在人生的道路上，每一个人最初都有远大的目标。可是，最终实现的人有多少？丧失信心半途而废的人又有多少？把大的目标分解，经常检查自己实现目标的状况，经常体验实现目标的快乐，用这样的方法，即使是漫长的马拉松，也可以跑得很轻松。新学期开始，给每一个孩子准备一个目标本，然后，我们每天只需要问一个问题：今天你达成目标了吗？这样做，也许要比只盯着一个来得有效。

3. 不要让自己的管理方式成为定势

任何一种管理方式都不可能适用于每一个学生，因此，当我们在做班级起点工作的时候，不要让过去的任何管理方式成为一种定势，要从每一种管理方式中寻找有价值的东西，同时也要积极探索自己所管理的对象，在不断的发展中改进自己的管理方式。

如果你发现自己的管理方式成为定势的时候，那么就是你应该考虑休息、反思的时候了，要有勇气退下来进行学习、思考。上面案例中的王老师带了三届学生，最后的结果几乎是相同的，原因是王老师的管理方式已经形成了定势，他无法改变自己的管理方式，有时候想着去改变，但最后还是向同一方向发展，最后的失败也是预料之中的事情。

做好起点工作，是一个减轻压力的过程。学生意识中模糊不清和含混肤浅的观念越少，他感到落后的压力就越小。但是同时也要让学生在新的生活中发现新的东西，意识到学习一些新知识的重要性，这样就会逐渐促使他们进步、发展。

做好起点工作，要根据学生的实际情况开展，要时刻注意分析事态的变化，让学生逐渐地走入管理中去，让学生成为管理自己的主人，为自己的发展设计蓝图。班主任不要替代学生的发展，让学生自己作主。在班主任接手一个新的班级之前，多做点思考，做好班级管理的起点工作，就可以减轻自己日后的负担。

请不要在班内安设"探头"

冯婉迪

　　一看到"探头"这两个字，就感觉心里不舒服，好像有一只眼睛随时随地地盯着你，监视着你的一举一动，很不自在。这些年，为了更好地进行实时监控，保障安全，越来越多的公共场所开始安设探头。只要不侵害他人合法权益，这种做法确实无可厚非。可若是这种"探头"的功能被我们班主任搬了过来，用在日常的班级管理之中，那可就大为不妥了。

　　和我同办公室的一位老师，现在担任七年级一个班的班主任，因为她是头一次带班，没有什么经验，所以上学期班里弄得很糟，各项评比成绩都落后于其他班级。这位老师很着急，于是这个学期想了一个办法，在班里安设"探头"——秘密指定3个她信得过的孩子当"眼线"，随时向她报告班中的情况。最初的两个月确实是很见成效，因为通过"探头"们的来自内部的报告，这个班主任能很准确地发现班里的非正常因素，并立刻将它们消灭在萌芽状态，班里一时间风平浪静。

　　正当这位班主任为自己的举措所陶醉时，该班的语文老师拿着一篇学生作文来到了她的身旁。文章记述了这个孩子发现了班里的"探头"以及之后的所思所想，下面是其中的一段：

　　我原来只是怀疑我们班有内奸，没想到今天居然真的让我给逮住了，原来就是×××！下午的自习课上，他在秘密地写一张纸条，后来这张纸条被我看到了，原来是我们班一些来往比较多的男生和女生的名单。我同桌当时就想揍他，可是数学老师进来了，并且辅导了很久，这场"战斗"就没能打起来。太悲伤了，我想一定是我们班主任要他这么做的，她怎么能这样！

　　遗憾的是，这篇文章并没有给这位班主任带来任何的触动，她依然我行我素地听着来自"探头"们的汇报，根据这些汇报摆平班里的大小事务。"探头"们开始很热衷于"帮助"她做事情，但一段时间后，有两个"探头"就开始向班主任倾诉自己的心声，表示有苦衷，毕竟这么小的孩子心里藏不住事儿。慢慢地，班里其他的孩子就开始怀疑，进而孤立甚至痛恨他们，可这位班主任总是一句"管他们呢，你们干好你们该干的就好了！"打发了这些孩子们。终于发展到有一天，一个"探头"被班里十几个男生一起打了，原因就是他奉老师之命揭发了班里经常上网的同学，被大家知道后，引起了强烈的不满。这件事情过后，这位班主任的威信彻底扫地，有几个孩子居然对她的教育方式提出公然的反抗，师生矛盾空前加大，稳定了两个多月的班级更加混乱，简直到了不可收拾的地步。后来，另一位"探头"的妈妈来了，强烈要求转班，说自己的孩子在这个班待不下去了，心理压力很大。

相信大家在看完了上面这个案例后，都会有些不满甚至气愤。班主任怎么能去做这种事情！或许像这位班主任一样做得这样过分的老师并不多，可扪心自问，我们是不是就从来没有过这种往班里安设"探头"的行为呢？或许我们只有过一次、两次，但这种行为确实在很多班主任身上都发生过，不是么？我们有时为了更快更省事地了解那些不易了解到的情况，就让孩子们揭发、举报；为了达到我们的目的，全然不会考虑孩子们的感受。这样的结果造成了孩子们之间的互相猜疑、不信任，甚至是怨、是仇。接下来，当孩子们意识到这些事情背后的操纵者就是他们的班主任的时候，他们就会把这种不满和怨恨一并转移到我们老师的身上。于是他们不再信任我们，不再乐于接受我们的教育，更严重的还可能对我们的教育方式进行公然的反抗，我们一下子就被置于被动地位。这个时候，别说我们还会取得多么优秀的成绩了，即使是最基本的教育工作，恐怕进行起来都困难重重了。

写上面这段文字的时候，我的初中班主任的一句话始终在耳边回绕："我要用自己的眼睛去发现，用自己的心灵去感受。"这位班主任常说这句话，她也的确一直在按照这句话去做。她之所以能够走进我们的内心深处，为我们所敬仰、所信任、所依赖，大概很大一部分原因就是因为她的这种理念吧。为人师后我就尽力地按照这句话去管理我的班级，确实感觉不错：同学之间、师生之间都能很和谐地相处和沟通，彼此信任，喜怒哀乐共分享，困难艰辛一起扛。

借此，也想把这句话、这种理念与所有热爱教育的班主任老师们一同分享，让我们拒绝"探头"，用自己的眼睛去发现，用自己的心灵去感受，尽力给孩子们创设一个同学、师生之间都彼此信任、彼此依赖的安全的教育环境吧。

班主任应有名牌战略思想

陈　胜

在生活中，人们买电脑自然考虑联想，购冰箱先会想到海尔，谈彩电必说长虹……为什么呢？因为这些企业非常优秀，形成了自己的品牌效应。在教育界，这种效应同样存在，那些师资、环境和办学效益一流的学校往往能得到家长和学生的青睐，是教育行业中的金字招牌。那班主任在构思班级建设时，可否渗透名牌战略思想，把自己所带的班打造成"名牌产品"呢？回答是肯定的。

首先，班主任应认真构思班名，这正如产品要打入市场需要注册商标一样。目前，基础教育阶段的班级命名方式一般为学生毕业时间加上班次，比如初01级（1）班、高05级（8）班。但我们仍能看到全国各地都有一些各具特色的名牌班级，如诞生于北京市广渠门中学并已在大江南北遍地开花的"宏志班"、教育家李镇西老师创建的"未来班"、山东美澳国际学校的"希望之星班"等。这些班名都能体现一种大气、一种希望、一种积极向上的精神状态，因此能使班级成员受到激励并立志成才。

我在借鉴这些班名的基础上，结合班级特点，将所带班级命名为"远志班"，取"弃燕雀之小志，慕鸿鹄之高远"和"志当存高远"之意。高二文理分科时，一些被分到其他班的同学还流下了难舍的眼泪。目前学生虽已毕业，但他们却深深地爱上了这个班级，经常相互联络。

班集体是一个由师生共同组成的团体，一个团体就应该有共同的信念和意志。意志是决定达到某种目的而产生的心理状态，心理状态的优劣直接决定目标达成度的高低。作为班主任，就应该致力于思考集体心理品质的构建。

前面提到的宏志班，就有明确的宏志精神，那就是六个"特别"：特别能吃苦、特别有礼貌、特别守纪律、特别能忍耐、特别有志气、特别有作为。在这种班级精神的指引下，宏志班的学生用自己的实际行动践行着"宏图寄党恩，志远为国强"

的誓言，努力提高自身素质成为他们的自觉行为。该班作为青少年学生中的一个特殊团体，以其良好的素质和优秀的表现得到各方面的好评，先后被评为区、市优秀班集体，"市红旗团支部"。

在我班上，每位同学都铭记着这样一段话：

我们的一生应当这样度过，当我们回首往事时，不会因虚度年华而悔恨，也不因碌碌无为而羞耻。我们要为他人、为社会创造更美好的生活，也要为自己开拓更广阔的发展空间。

精神的力量是强大的，班级精神一旦为全体学生所接受，将内化为一种集体信念、一种让几十颗心紧紧凝聚的力量、一种让全班深受鼓舞的战斗豪情。一位同学在自己课桌上贴着一张纸条：对自己狠一点。我惊问其故。他解释道，他初中时曾经因自由散漫失去很多，所以现在他要对自己残酷一些，找回属于自己的辉煌。我释然了，难怪印象中的他总是来得早、走得晚，午饭铃声响后还在继续看书，等到大伙儿吃得差不多了才匆匆奔向食堂。

任何知名大型企业，都有独特的企业文化，没有文化底蕴的产品是没有生命力的。班级作为重要的育人环境，更需要拥有班级文化。班级文化是班级的黏合剂，可以把学生紧紧地凝聚在一起；同时还可以使班级成员保持蓬勃朝气，维持优良的班风、班貌，从而维护集体的荣誉。

我带班时曾这样营造班级文化：

（1）师生合办一份班级周刊，刊名为"远志草"。栏目包括周记精选、创作天地、远志之星、英语沙龙、诗海拾贝、轻松一刻、师长寄语等。有专人分别担任记者（负责采访）、编辑（负责组稿），"出版"工作利用周末休息时间完成。

（2）每人要会唱班歌《远志精神浩然天地间》（来到远志班，相逢即是缘，兄弟姐妹携起手，蓝图付实践……），每周朗诵班训：我们的一生应当这样度过……

（3）每个寝室建立寝室文化：有响亮的寝室名号（如博闻堂、静雅轩、疏影阁、简朴寨、鹏鹄园等），有室员共同遵守的寝室规章，有室员共同奋斗的目标，有各寝室成员对自己灿烂未来的蓝图设计等。

在日常学习、教室布置和卫生清洁方面，我提出"学习惟真、交往惟善、环境惟美"的目标。就环境而言，经过师生共同努力，我班教室成为了学校一道亮丽的风景：教室门玻璃附窗用浓墨隶书写上"远志班"三个大字，门两侧书对联"弃燕雀之小志，慕鸿鹄之高远"。教室窗台上，有静谧的文竹（寓意学生要谦逊做人）、绚丽的彩柳（象征青春的多姿多彩）、怒放的金丝菊（取秋菊傲霜之意）等。进入教室，前后两个黑板上方用正楷美术字写着："志当存高远，勤奋铸辉煌。"教室前墙上还有全班同学心目中的理想大学的名称，大学名用电脑喷绘制作，美观大方并使学生"低头不见抬头见"，获得无尽动力。

班级劳动实行承包制，编辑班刊、开关日光灯、给花草浇水、清洁讲台、扫地、拖地、擦窗户等都有专人负责，做到人人有事做、事事有人做、事事有时做、时时有事做。教室的清洁得到很好的保持。

人本主义心理学家马斯洛提出了需求层次理论，其中有关于归宿和爱的论述，指出人类在人际交往中有被关注、被爱、被理解的欲望和需求。一个班级应该满足班级成员在这方面的需求，使其感到班级的温暖如家的温馨，找到一种归属感，从而升华对班级的热爱。

远志班每一位同学的生日都被班主任和团支部书记记得一清二楚，每周的星期三晚上都会有一个生日 party，将本周过生日的同学"一网打尽"。班主任和全班同学一道合唱《生日歌》，有同学送上一张小卡片、一小包花生、一个小巧的蛋糕、一个小笔记本，让悠悠的情谊在教室里流淌，让浓浓的爱在心灵间传递。学生生病住院时，我再忙也要前去探望，有同学轮流护理，让生病的同学感受到集体的温暖和同窗情谊，同时也增强了班集体的凝聚力。

有响亮的名号，并能保持班级文化上的先进性，又能形成别具一格的班级特色，就具备了打造优良班级的先决条件。班主任只要能用名牌战略思想来武装头脑，深入、持久地围绕建设一流班级的目标努力，相信班级品牌也将如名牌产品一样具有长远的生命力，品牌蕴含的精神甚至可能影响学生的终身发展。

哪壶先开提哪壶

姚仁环

　　初一期末，学校政教处给各班分配了先进的名额。因为我们班级在 4 项循环竞赛中的出色表现，得以增加优干 1 人、示范生 2 人，即使这样，也只有 17 个名额。当我兴冲冲地向全班同学宣布这一喜讯的时候，很多人的眼中闪过一丝冷漠。我有点儿纳闷，怎么大部分同学都漠不关心呢？突然，我听到有些同学在嘟囔着：还不就是那几位同学！仔细一分析，确实如此。"三好生"、"优干"、"行规示范生"，充其量就十几个名额。对于大部分同学来说，即便有被选举权，也只不过是陪衬。难怪大部分同学表现得那么冷漠，一切似乎已司空见惯。要知道，他们只是初一的学生，这真是一种悲哀。

　　著名教育家顾明远曾发出倡议：废除在学生还没有成熟时就将他们分为三六九等的"三好学生"评选制度，要相信每个学生都能成才，任何学生的进步都应该受到鼓励。顾明远认为，评选"三好学生"，与教育方针相悖：教育方针要求每个学生都成为"三好学生"，而非少数人；少数人评上"三好学生"，客观上使大多数人心理受到伤害；许多学校在实际操作中"将好经念歪"，"三好"学生标准变成了"一好"（学习成绩好）；一些学生评上"三好"，就有择校的权利，这对于大多数学生显失公允。因此，他倡议，随着新课程改革的推进，"三好学生"评选制度需要废除。

　　的确，我们的教育有时在自觉或不自觉地制造后进生。因此，我们有必要调整认识学生的视野。学生之间只有差异，没有后进生。榜样的激励固然重要，但是也不能因为这些榜样的存在而让曾经积极上进、热血沸腾的大部分人日渐自卑。我认为每个期末应该让每一位学生带着收获回家，近年来，很多地方已经在这方面迈出了改革的步伐。作为班主任，置身于改革的氛围中固然可喜可贺；但更多的还是置身于传统的评价体系中。也许我们无法改变整个学校的学生评价体系，但是我们完全可以在班级里开辟第二阵地进行弥补。我们不妨将这些措施戏称为"哪壶先开提哪壶"。

哪壶先开提哪壶，首先要确定"壶"的种类，以及里面装的东西。期末评定学生的内容应该包括"德、智、体、美、劳"等方面。如：

（1）求知态度，学习习惯；（2）劳动态度，卫生习惯；（3）尊敬师长，团结同学；（4）遵守纪律，爱护公物；（5）热爱集体，团结互助；（6）培养守信，自重自爱。

同时，班级的期末评定应该尊重学生的差异。基于学生的特长，设置各种头衔，如："勤俭节约之星"、"热爱劳动之星"、"爱护公物之星"、"文明礼貌之星"、"发明创造之星"、"体育特长之星"，等等。可以对学生的行为表现按不同层次标准设定不同的等级（如一至五星级）。

哪壶先开提哪壶，班主任需要注意以下两点：关注教育过程和关注全体学生。学期开始，班主任就需要让学生知道这学期评定的内容和头衔，并且每一个项目的评定都指定专人负责。学生评价最好分期进行，可以每个月评定一次，最后进行期末统计。一个学期下来，应该使每一个学生都得到个性化的称号。没有行与不行之分，只有称号之别。

中小学生的评价体系是基础教育的重要组成部分，对中小学生的学习、人格的构建和品行的培养有着极其重要的作用。哪壶先开提哪壶，让每一个孩子都抬起头来。首先，这种做法认识并关注到学生的"主动性"、"潜在性"和"差异性"，让学生明白自己是这个世界上独一无二的生命个体，是一个大写的人。其次，这种做法强调了学生的"未来性"和"生命性"，让学生意识到自己在不断地成长，从肯定自我、激励自我再到创造一个更加完善的自我。最后，这种做法可以促进学生发展性评价体系的构建。当每一个班主任都关注到全体学生，都善于哪壶先开提哪壶时，学生的主体地位必然得以凸显。

不要迁怒到整个班

徐　莉

画面一：

早上检查家庭作业，班主任发现有好几位学生语文、数学作业都没完成，大怒："回家怎么做作业的？全都马马虎虎，看看你们这帮学生，到底想不想学习啊？真令人失望！"

画面二：

早晨检查卫生，地上没扫干净，垃圾没倒，班主任大发雷霆："看看，卫生都没人管，这个班级像什么样！"

画面三：

课间，学生吵吵闹闹，教室里一片混乱，两个同学还在打架。听到学生的报告，班主任进来把讲台一拍："像什么样子！课间都不要出去玩了，全班罚抄课文！"学生们嘟囔着："又不是我们的错，干吗罚我们？"不服气，也委屈。

以上几个画面中有你的影子吗？或许这样的画面你不陌生，或许也曾发生在你自己身上。特别是身为班主任的你，听到老师们私底下抱怨"教这个班真没劲"、"某某班是差班，没有几个像样的学生"这些令人丧气的话，更让你这个班主任脸上无光，于是就有了班会课、晨会课上一次次的批评、训话。但是，一次次的批评、惩罚，结果怎样呢？作业不做或不认真做的反而越来越多了，班级卫生也是一塌糊涂，纪律呢，更让每一个老师摇头。

班主任往往会因为几个学生的错误迁怒到全班同学，把个别问题全面化。迁怒的后果一方面对于个别学生来说，由于批评的面比较广而起不到真正的作用；另一方面，让集体受到了伤害，使全班学生产生消极的心理。老师或许无意伤害班集体，但不经意间却给学生传递了这种消极的信息，从而影响全体学生对集体的自我认知，时间长了，必然会形成消极的集体心像。有了这样消极的评价，无形中给班级贴上了"差班"的标签。

政治学家威尔逊和犯罪学家凯琳提出了"破窗理论"。这个理论认为，如果有人打坏了一幢建筑物的窗户玻璃，而这扇窗户又得不到及时的维修，那么别人就可能受到某些暗示性的纵容去打坏更多的窗户玻璃。久而久之，这些破窗户就给人造成一种无序的感觉。结果，在这种公众麻木不仁的氛围中，犯罪就会滋生、发展。很多时候，当一样事物完美的时候，大家都会去用心维护它；一旦出现了残缺，大家就会加速地破坏它，认为反正是坏的东西，再破点也无所谓。同样，在班级管理中也存在着这种现象。如果学生们从班主任的言语中得到这样的信息：我们这个班是差班，管不好了。这种暗示直接影响到学生对班集体的认知，它具有角色行为的导向作用，强化了学生的消极情绪，容易形成破罐子破摔的心理。

心理学里还有一个教师期望效应，相信大家也都知道。美国心理学家罗森塔尔和助手来到一所小学，以赞赏的口吻将一份最有发展前途学生的名单交给了相关教师，并叮嘱他们一定要保密。几个月后，奇迹出现了，这些学生的成绩有了较大的进步，而且各方面都很优秀。其实，名单上的学生是随机挑选的，只是在这个过程中教师的期待对学生的行为产生了影响。班集体也有其自身的生命，如果你传递的是积极的期望，就会促使其向好的方向发展；如果你传递的是消极的期望，则会加速其向坏的方向发展。

所以，班主任要切记，在你批评学生的时候，不要一篙子打死一船人，要有针对性。对一些个别问题，应就事件本身进行理性的分析，并指出改进的方法，千万不能迁怒于整个班。班主任要给予学生积极的期待，在班级管理中，要让班集体意识到自己的社会角色是好的。贴上了这样的标签，学生就会按好的标准去要求自己，约束自己的行为，从而向更好的方向发展。

打扮好你的晨会课

陆其忠

"终于结束了！开心！"小晨一脸解脱的欢欣。

"晨会课，我最讨厌了，除了布置工作就是老师的唠叨和训话！"小昕神情中充满了无奈和抑郁。

"嗯！每到晨会课，我就怕老师点我的名，肯定挨批！"小志一副坚定的表情！

"这有什么？低着头就是了，反正只有那么10分钟。忍着点，不就好了？"小丽木讷而解嘲地说。

……

我侧耳凝神地听着这群孩子可能随意但绝不随便的话，不禁陷入沉思。晨会课，应该成为老师和学生之间的一条美丽的纽带，是大家同融共乐的园地，是充满和谐、洋溢笑声的绿洲，是沟通疏导、传达布置的悦耳的小喇叭。不要小看这短短的10分钟，美丽源自短暂的瞬间，韵味使短暂变得绵长，生命在短暂中演绎精彩。

打扮好你的晨会课，用激励的话语，唤醒学生心中的梦想，点燃他们心中的火炬；打扮好你的晨会课，用聪慧的设计，撩拨起学生心中的遐思，放飞他们灵动的智慧；打扮好你的晨会课，用塑造之心、建构之策、陶冶之渠、沟通之语，给你眼前的小家伙们的脸上涂上阳光的色彩……

一次心灵之旅的告白，让学生的心灵在晨会课上晒晒太阳；一次时事点评，让学生时刻倾听着窗外的不同声音；一次随意的聊天话题，让闲暇的愉悦滋生青葱的智慧；一次大胆的才艺展示，让大家分享一席成功的盛宴……不要让枯燥乏味的说教污染你的晨会课，不要轻易让指示、命令的威严声音在孩子耳际萦绕，更不要让训斥、冰霜的言语去封冻孩子的心灵。晨会课，只有班主任才有的阵地，好好地打扮好属于你——班主任的舞台吧！

"让赞美包围你。"——每天轮流赞美一个学生，让自信的微笑荡漾在课堂。

"小故事，大智慧。"——一则小故事，启迪我们的灵魂，抚慰我们的心灵。

"每个人都有自己的舞台。"——展现充满个性、朝气蓬勃的你。你的舞台你设计，你的舞台你作主。

"说说我的家。"——让家的温馨、家的幸福、家的甜蜜在课堂上摇曳，在课堂上绽放、流淌。

"聆听脉搏的跳动……"——在安静的聆听中，让学生们感悟时间的可贵、人生的短暂，提高学生对生命的认识。

"众人划桨开大船。"——班级是我们共同的家，经常交流、经常探讨、经常反思，才能形成良好的班风，集聚人心的班级才能激发出无穷的潜能。

"与先贤对话。"——一句名言、一条警句、一则传记，或许能打开学生的心扉，荡涤学生的灵魂。

……

这样的形式，一定能够让晨会课变得绚丽多姿，充满人文关怀，涌动生命的旋律。这样的晨会课，学生还会感到乏味和枯燥吗？一节40分钟的课，让它精彩可能会让你绞尽脑汁、殚精竭虑；一次主题队会，可能会使你筋疲力尽、劳神伤体。此时，你可能会喟叹自己为何没有别人那么睿智，可能会怨怼自己为何没有别人那么优秀。不要着急，从10分钟做起吧！一个小小的"伎俩"，可能会使你掩口而笑、自信满怀；一次小小的打扮，可能会为你打造一张滋养智慧的温床；一次即兴的发挥，可能会使你顿生兴奋而心旌荡漾；一个个小小的收获就是你一点点智慧的积累呀！你还等什么呢？"不积跬步，无以至千里。"班主任老师们，不妨从晨会课开始武装自己吧！

打扮好你的晨会课，带着收获、欣赏、愉悦的心境走近孩子们，你就能收获颗颗童眸诗心，定能收获充满智慧、飘逸清香的果实，定能让晨会课变成爱的港湾、情的乐园。班主任老师们，小小的思考、小小的打扮就能拥有收获的喜悦，就能俯拾教育的成果，这样的诗意阵地，你还愿意让这短短且又十分美好的10分钟，在不经意间溜走吗？

学生宿舍应推行文化管理

黎志新

"人，诗意地栖居在大地上。"海德格尔的这句话很流行，被引用的频率很高。但是，跟学生说时，学生往往哂笑。是的，教室、宿舍、食堂三点一线的生活有何诗意呢？教室是求学的地方，要说"诗意"，不少教室还勉强算得上，前面有班风班规，后面有学习园地，侧面有名人名言，有些还会在窗台上摆花，把教室布置得美观大方；校园也有名人雕塑、宣传栏、花草树木、标语牌。但是，宿舍呢？宿舍管理，一直是全日制寄宿学校管理上的难点，又是班主任最容易忽略的地方。

走进学生宿舍，环境与教室的反差很大，即使没有脏乱差现象，宿舍的环境也仅限于"物品摆放整齐"这一层面上。不少同学的床头贴满了崇拜者的海报，其中女孩子大多贴的是歌星的，男孩子则贴的是球星的。学校对于学生宿舍的管理也多是采用定期检查、量化打分的方式。每月一次的宿舍大检查，大家总是很累：政教处忙着布置检查任务；全体班主任集合领受任务，然后分成若干小组，拿着纸笔奔向宿舍区；学生则从早上开始，突击整理宿舍——扫天花板，擦拭门窗，摆放日常用品，拖地板等。然后，接下来的日子，江山依旧；到下一个月的某一天，又是如此……

我们花大力气来建设学生的学习环境（教室），却忽略了学生的生活环境（宿舍）。殊不知，宿舍里的许多问题，一样能影响学生的学习，影响班级学风。

对于学生来说，校园是"家"，教室是"家"；对于住校生来说，宿舍更是"家"。"家庭成员"和睦相处，"家庭环境"整洁优雅，能够直接影响大家的情绪。这里，班主任的管理理念又起到一个很好的导向作用，如果你只是完成了学校的常规管理任务，那是远远不够的。从这个意义上说，只限于"物品摆放整齐"、"六面干净整洁"是不够的。这就需要班主任从"文化精神"领域进行管理，营造一个良好的文化氛围，让学生无论是在教室，还是在宿舍，都始终保持一种文化人的品格，保持一种积极向上、勤奋好学的精神气质。

1. 让学生给自己的"家"起一个美丽的名字，并用简练的语言解释其含义

因为有了网络，不少人拥有了更多名字，正正规规的大名是父母给起的，它寄托了父辈无限的期望；而网名是自己起的，它寄寓了个人对生活的理解以及自己的价值取向。而一个集体，我们也可以给它起名字，通过它寄寓这个集体里所有人对集体的热爱和对未来的期盼。于是，我利用班会课时间，把我的意思传达给同学们，并赏析一些示例：

润德居。寓意：食无求好居无求安，书可润屋德润身。
磨砺轩。寓意：睡硬板床，磨我心性；读圣贤书，砺吾志趣。
龙门台。寓意：理想傅翼，扶摇而上鲲转鹏；学海泛舟，计日程功鱼化龙。
忧乐亭。寓意：范仲淹忧以天下，乐以天下；有志者忧在学业，乐在学业。
芳菲园。寓意：今天是桃李芳菲，明天成国家栋梁。
鸿鹄阁。寓意：扫除天下一室始，鸿鹄奋飞有一朝。

在赏析品咂这些美名之时，同学们也跃跃欲试。于是，由舍长主持，各个宿舍成员热烈讨论，确定每个宿舍的室名。一个星期以后，舍长把各宿舍的名字报上来，什么"不足斋"、"翠竹轩"、"磨剑堂"、"梅庐"等，让我惊喜万分。尽管这些名字透露出学生们这个年龄的幼稚，但是美名、美文中透露出的深邃思考让我佩服不已。

2. 每个宿舍为自己的"家"选一句座右铭，也可自拟，然后贴在正对门口的墙上

各个宿舍利用饭后、睡前的时间，集思广益，选出自己最喜欢的名言警句。他们快乐地领受任务，高质量地完成任务。我去宿舍"视察"时，扑面而来的文化气息让我欣喜不已。如"盛年不再来，一日难再晨，及时当勉励，岁月不待人。——陶渊明"；"滴自己的汗，吃自己的饭，自己的事自己干，靠天靠地靠祖上，不算是好汉。——陶行知"；"楚兰生于深林，不以无人而不芳；君子修道立德，不以穷困而变节。——子路"。有的宿舍还发挥舍友们的聪明才智，自己创作"室铭"呢。

3. 用宿舍成员的名字串成一段话，主题要体现全宿舍团结和睦、积极向上

开学初，政教处就要求各班把宿舍成员的名字贴在门上，名字上方还要配有一张一寸相片，方便宿舍管理。最初，不少同学对学校的这个做法颇有非议，甚至还产生了抵触情绪。我想，完全可以把学校的任务处理得更诗意些。除了贴名字和相片外，再附上一段话，那段话里应该有全体宿舍成员的名字，内容要体现全宿舍团结和睦、积极向上的精神风貌。事实证明，同学们不仅乐于接受这个任务，而且再一次让我见识了他们的文采。比如：

在茉莉花香飘校园的季节，八个蕙心兰质的女孩，怀揣着青春的梦想，带着燃烧的激情，诗意地栖居在翠竹轩。因为缘，我们同窗苦读，我们同室而居。我们珍惜缘分，和睦相处；我们珍惜时光，潜心治学。在向新的目标前进之时，我们为拥有友谊而富有，我们相信，在未来的每一个秋天，都能收获沉甸甸的硕果。（黄莉香、黄慧慧、杨晓兰、黄梦春、罗燃、向新、韦谊、韦秋天）

4. 举行朗诵会

经过一段时间的集体活动，宿舍氛围已呈现出良好的发展态势：团结友爱、乐观豁达。为了进一步巩固一个个"家"，我又利用中秋节举行了一次以宿舍为单位的朗诵会。皓月之下，清风拂面，同学们围坐在草地上，品着水果，尝着月饼，没有远离亲人的惆怅和伤感，只有浓浓的友情和如水的月华。

目前我国的很多高中都是全日制寄宿学校，宿舍管理多是"苦干型"的，还浮在"内务整洁"的层面上。如果班主任能从简单的量化管理上升到文化管理，能用文化的力量去唤醒学生的内在驱动力，让学生"诗意地栖居"，那么班主任就会从疲于奔命地应付任务中解脱出来，因为"文化管理是最高的境界，是驶进人们心灵的最具文化感召力、凝聚力和影响力的管理，是最具人文性、影响最深远的一种长效管理机制"。

体验建构：班级管理的有效策略

王立华

我所带的学生升到初二时，生命规律使然，多数学生开始盲目地表现自我。为了激发学生科学地展示自我，我便设计了一堂重在体验的班会课。

在这次主题班会上，除了"上课"、"请坐"、"下课之前交上我现在发给大家的材料"3句话外，整个一堂课，我没再多说一句话，只是站在讲台上微笑地看着学生们。

当时我发给学生的材料是——

寻人启事

现寻找我的学生，男孩女孩均有，年龄在13～14岁之间。他们均相貌端庄，身体健康，学习都不错，特长都有所发展，综合素质明显高于同年龄段的学生。他们的成长喜人，曾得到区委书记、区长、教委主任的肯定！初一时，他们非常讨人喜欢，与我关系很妙！可是，入初二以来，因为我的工作"失误"，没有"管理"好他们，于几个月前"走失"（"走失"的含义是：他们有的说一些不文明的话，有的无理顶撞家长，有的乱花钱，有的穿奇装异服），现不知他们在"何方"！他们曾是我的骄傲，曾是我的寄托。请知其下落者，速来告知我，并帮助您找到的学生填写好"我最得意的时候"这一表格，让他们赶紧回到我身边。我很着急，担心学生的明天会不怎么样。

学生们看到"寻人启事"时，先是相互对视，显现出惊异的神色，有的甚至说，世界之大，我们怎么知道您要寻找的人在哪儿。但看着讲台上的我确实很认真，他们便开始认真读寻人启事了。不一会儿，有的学生就开始摇头，有的学生咬着嘴唇沉思，有的在把自己手脖子上的装饰物悄悄往下摘，有位同学使劲揉搓自己上了色的头发……大约10分钟后，学生们开始动手填写"寻人启事"后面的表格了。有的学生边填边叹气，有的学生边填边拍自己的头，有一位男同学干脆脱了自己"明晃晃"的上衣、揉成一团塞进了自己的书包里，有位同学填完表格后，还拿出了自己的日记来读，品味自己获奖时的幸福时刻。学生们开始了帮助我"寻人"的艰苦历程……

全班51位同学都填写了我要寻找的人是他们自己，并都列出了一长串自己得意时候的事情。也正是从这些最得意的回忆中，学生们明白了：要想表现自我，不一定要穿奇装异服，不一定要说不文明的话……而这正是我开展这次教育活动的目的。

当我第二天选择几位同学的日记在课堂上欣赏时，我又一次体会到教育的智慧带给我的喜悦。

——学生小全的日记片段：

步入初二以来，我明显地感觉到自己意识里"自我"的形象越来越突出了，总觉得爸妈与老师真太落伍了。穿上明晃晃的、瘦瘦的褂子，再来一特肥特大的裤子，然后还要给头发上点颜色，瞅爸妈不注意，有时鼻梁骨上再架副墨镜，这才叫"酷"。

不过，说实在话，最近我心里仿佛总有一种空荡荡的感觉！

今天，老师让我们看"寻人启事"，读开头几句，我还半捂着嘴偷乐，瞧，"老王"又唱什么大花脸！可看着看着，我的内心深处一股莫名的情感在升腾！它让我反思，我是不是"迷失"了自己，我积极上进的个性都跑哪去了？不谦虚地说，几乎受到人人夸赞的我，难道现在就得通过身上的这件光纽扣就42个（这是王老师亲自找了几个同学跟我开玩笑似地逮住我数的）的瘦瘦的上衣来体现？不！不是这个！要不然，昨天书店卖书的阿姨就不会用异样的眼光看我了，那位阿姨看我的神情，简直就像是发现了一个"怪物"！难怪老师有几次提醒我这件衣服是不是换换，看来，我的意识是有点"不合适"……

——小孔的日记片段：

"怎么着，不服啊"、"妈！烦不烦，又让穿多点，多难看！冻不死我"、"这老师，搞什么文明礼貌用语训练，没事找事，还让不让人有个性"、"关我什么事，不就是给班里扣了点量化分吗"……这就是我一个多月来经常说的一些话，我也不是发自内心地想说，只不过脱口就出来了！唉！就我这形象，怪不得谁见了谁烦！……

——小张的日记片段：

寻人启事，寻谁呀，还是找回自己吧！

当我填写"我最得意的时候"表格时，获奖、受表彰的片段不断浮现在我的脑海里，那时的我要么穿校服，要么着淡装，不也一样"招来"关注的目光吗？出众与否，不在于打扮，也不在于说几句我们所认为的"酷毙了"的话语，而在于渊博的学识、涵养、良好的修养……

这是3位同学班会后当天晚上的日记片段。

学生在各学年的教育中对规范、准则早已耳熟能详，很多时候，他们不是不知道什么是应该做的，而是知道什么是应该做的而不去做。学生对规范认识水平的提高并不意味着规范行为的产生。在认知与行为两者之间，还有一个漫长的内化过程。这些特点要求我们进行班级管理时，要在实践中让学生产生积极的内心体验，锻炼一定的操作能力，增强创造性思维的能力，达到学生人格的整合与完美。

这一堂班会课，我只说了3句话，既不是传统的枯燥的简单说教，也没有不切实际的精神贵族式的空洞理论，没有名人、伟人的典型事例，也没有现代化的多媒体技术的运用，而是通过"教育的智慧"，给学生构建起了一个能活跃其中的道德世界，让学生在里面自我体验、自我锻造，从而让学生逐步成为一个富有崇高的"德性"和人性的现代人。

看操不如领操

黄友上

"明天上级领导来我校检查，请同学们明天做操时务必认真对待，进场要列队跑步，退场要有秩序，拿出广播操比赛时的状态，展示我校优良的精神面貌！请各位班主任明天一定要督促到位！""险情"就是命令，上级领导来检查时，班主任最怕自己班级的学生"闯祸"，千叮咛万嘱咐地在班级上做全体动员，到时候怀着一颗忐忑不安的心，一脸严肃地看着自己的学生做操。

课间操的质量确实可以反映出一个集体的精神面貌，有些学校非常喜欢通过"短、平、快"的突击准备之后，让上级领导观看课间操。曾几何时，班主任到操场看操、接受值日领导点名、领取跟操补贴，似乎成了天经地义的事。有的班主任双手叉腰间，双腿分开站立在队伍前面看操；有的班主任在队伍中穿梭着看操；有的班主任手拿笔记本边登记边吆喝着看操；更有甚者趴在楼上走廊"遥控"着看操……有的学校为了让班主任更有章法地看操，索性规定班主任一律要站在本班队伍前面看操。这样，既可以体现出全校一盘棋的整齐美，又能让值日领导点名时一目了然，真可谓"一箭双雕"！殊不知如此规定，让排在队伍后面的学生心里偷着乐，以致有的学生就想方设法地排到队伍的后面。看来如何跟操，确实值得我们思考。领导不可能天天来检查，所以班主任应当未雨绸缪，把课间操这一日常工作抓出自己的特色。

我到江苏泰兴洋思中学参观时，发现那里的班主任在国旗下排出了一个方阵，伴随着优美的音乐旋律和学生一起做操。参与创造中国教育"洋思奇迹"的班主任为我们做出了表率，我的内心被这一体现师生平等的做法深深地震撼了，回来后便探索如何更有效地参与做操。学生广播操每隔几年就会更新一次，我以前在学校学习的广播操早已不适用。现行的新版操从"预备"节到最后的"整理运动"一气呵成，具有节奏快、韵律感强、富有时代气息的特点，很适合中小学生做。对于像我这样有几年教龄的教师来说，就明显地感到了其中的"肩部运动"、"体转运动"和"跳跃运动"比较难做到位，幸好有指导老师陈宇嵘对我的耐心指导。经过将近一个月的努力学习，我的动作总算能勉强跟上广播中音乐的节奏，初步展示了青年班主任的精气神，我决定到操场上与学生一起锻炼。

我壮着胆站在班级队伍的最后面尝试着做操，可能是大家觉得我的举动很新鲜，纷纷投来好奇的目光，如此高的"回头率"让我觉得浑身不自在，心里想："洋思中学的班主任能做到的，我也一定能做到。""在操场上做操怎么觉得这音乐的节奏特别快呢？""我要让大家看看这《时代在召唤》的标准动作！"坚持几天后，大家都彼此习惯了，班级学生确实被我这以身作则的做法感动了，做起操来明显比别班同学起劲。我的这一举动犹如一块石头扔进平静的水面，波浪一圈圈地向周围辐射，不仅我班学生的做操态度发生了巨大的改变，甚至连站在我班旁边的其他班级的学生也比以前更认真了，我的良苦用心终于有所回报。

这样，与学生一起体验做课间操的苦与乐，既锻炼了身体，又带动了学生更认真地做操，实在是一举两得。正当我沾沾自喜的时候，班长小钟跑来："黄老师，您能为大家领操吗？""那我的动作做错了，你们可别笑话我噢！""好，一言为定！"班长一溜烟似的跑到教室，向大伙儿公布我答应领操的事儿。我明白，站在队伍后面做操，是不能与学生进行面对面目光交流的，如果能够站到队伍前面与学生面对面地做操，我的笑脸一定能够在46位学生的脸上得到复制，何乐而不为呢？我主动找到指导老师学习起领操动作。就这样，我被学生推到了队伍的最前面去领操，领操动作与学生的动作刚好左右相反，也许是先入为主的缘故，刚开始我会经常把动作搞错，时间一天天过去，我领操的水平在学生"善意的目光"中得到提高。校长对我说："操场上42个班级同时在做操，唯独你班的学生是带着笑容在做操。"领导的肯定更坚定了我们的信心，全班一条心，黄土变成金，在全校广播操比赛中我们班居然一举夺魁，完成了一个"不可能"的任务！在班会课上班长归纳出比赛成功的诸多因素，其中有一条：我们班有一个能做操、会领操的班主任。

朱永新教授在《新教育之梦》一书中谈到："理想的德育，应该重视心灵的沟通，建立起温馨的对话场景。"马卡连柯说过："我的基本原则是尽量多地要求一个人，也尽可能地尊重一个人。"所以，我们必须和学生建立一种平等的相互沟通、相互督促的关系，在教育教学活动中培养学生的德性。看操，学生是在班主任监督下的被动做操；领操，是班主任督促学生认真做操的过程，更是学生督促班主任做操动作是否到位的过程，学生是在班主任的引领和鼓励下自主做操。二者所体现的教育观念不同，所获得的效果也不同。

我以"领操"为起点，充分尊重学生的需求，亦师亦友地引领学生自主成长，与学生共同谱写出自己的教育历程。当年，我被评为县里的"首届名班主任"，次年荣获"温州市园丁奖"。这真是，看操不如做操，做操不如领操。

把班规落到实处

杨春林

　　如何管理班级，是一个大命题。制定班规，似乎是绕不过的做法，人治毕竟容易随意，法治有章可循更客观。不过，很有趣的现象是，常有班级三天两头制定班规，但制定的班规只是成为挂在墙上的装饰，浪费了大量的人力物力，却没有起到推动班级建设的作用。如何破解？

1. 原因何在？

　　（1）主体不显。

　　班规是老师制定的。制定班规，学生是旁观者，最终形成的班规条款，不是学生广泛讨论之后达成的共识，而是老师意志的强加。

　　（2）条文不妥。

　　常见的情况有：①设置不合理。比如只有扣分，没有加分，或者加分、扣分比例严重失调，扣分容易加分难。②操作性不强。有些条例，听上去是有道理的，但落实起来有困难，形同虚设。有的班级，班规制定得轰轰烈烈，拟定了几百条，甚至上千条，制定的时候同学们或许有点数，时间久了也都忘记了。③表述冰冷。法理之外还有人情，条例缺乏人情味，纯粹就是制约人，最终学生会敬而远之。

　　（3）落实不力。

　　任何班规，只有执行起来，才能落到实处，也才会有意义。制定容易落实难，落实班规需要持之以恒，需要老师经常关注。这个落实过程，用人是关键。选对了人，班规落实才有可能。

2. 如何应对？

　　（1）态度郑重。

　　制定班规的时候，切忌随意，态度要庄重神圣，明确告诉学生，班规制定之后，严格执行，按照规定来办，不徇私情。老师的态度决定学生的态度，老师态度郑重，学生对班规也便多了一份敬畏。

（2）全员参与。

制定班规，全员参与，群策群力。班规制定前，提前布置任务，每位同学准备3条左右的班规。每位同学贡献的班规，必须是自己认为最重要的，是每一位同学必须遵守的。能不能制定出好的班规，前期的铺垫酝酿很重要，是决定成败的关键。

前期梳理汇总后，利用班会课的时间进行整合完善。要求班规像法律条文那样精细严谨，显然是不现实的，但要尽量尊重学生，遵循学生的认知，老师不宜强势参与，随意否决学生的决议，要允许不完善的存在，努力让每个学生在班规中看到自己智慧的影子。学生自己拟定的班规，他们会更珍惜，也更容易执行到位。

（3）定期修订。

根据需要适度增删，定期修订。如果一次成型，再也不修订完善，则不能满足形势发展的需要，也显示不出对班规的重视。修订，本身就是一种态度。修订，谨防全盘推倒重来，要力求前后衔接传承。过于随意，学生也不会重视。

班规修订，包括结构的优化，条例的增删，叙述的严谨。

（4）专人负责。

班规落到实处，负责人的态度和执行力是关键。只有愿意做，才能把一件事情做好。遴选负责人，我们要严格把关，让学生先主动报名，然后择优录用。如果没人报名，也要安排信得过的人负责。每周，负责人依据班规进行量化考核，考核结果在班级里和家长群里公示。因何加分，因何扣分，孩子表现怎么样，一目了然。不论是学生还是家长，很清楚地知道问题在哪里，容易明确努力的方向，也便于针对性地突破提高。这些数据，也是期末评优争先的核心依据，学生自然比较重视。

班规很难面面俱到，如果真的事无巨细都列入条例，难免陷入琐碎的泥潭，班规的拟定要抓大放小，倡导粗略考核。与之同步，创建包容不计较的班级文化，为推行班规创建良好的外部环境。

不得不说，班规是重要的，但不是万能的，很多问题的解决，还是要依托师生的情感支撑。

辑二

与学生相处有艺术

面对刺儿头学生我这样做

覃丽兰

每一个学生都是一座心灵孤岛，教育须走心，如何走近这一座座心灵孤岛，确保教育有效，需要我们老师因人谈心，因材施教。

1. 学生：不满老师的态度或者行为，为自己辩护

策略：处乱不惊，不做学生讨厌的那个人。

当学生意识到自己的错误，但又不想被批评时，出于自我保护的心理，他们习惯选择辩解撒谎，甚至和老师针锋相对地争吵。

我班女生欣欣高一时酗酒、打架、旷课、彻夜不归，搅得班主任和家长一天到晚不得安宁。她一进我班，就不来上课。

我找她谈话。她直愣愣地盯着我，翻了个白眼，蹦出一句话："不想来就不来，没理由。"很干脆，也很不耐烦。

"你不来，不怕覃老师担心？我是担心你生病，担心你在路上出了安全问题。人啊，生命最重要，你说呢？"我道出我的善意。

她的戒备情绪有所缓解："我以后不旷课，我旷课你就请家长。""你是重情重义的女生，我相信你不会让我为你担惊受怕的。何况上学是你的责任，你的事情，我们俩解决，为什么要请父母？"我笑着说道。

"你们当老师的，只要我犯错，不都是喜欢叫家长来吗？""你不喜欢叫家长，是吗？"

"那当然，我讨厌叫家长来。""对，我也讨厌。如果请家长来，是你、是我、是我们俩的无能，我们可以解决的事情，为什么要他们操心和代劳呢。"

从那以后，我发现这位女生远没有高一时那么刺儿头了。

所以，老师处乱不惊，学生也就收起了她如刺猬般的刺。学生讨厌我们请家

长，我们何必要做学生讨厌的那种人呢？

2. 学生：没有人关注我，我就想激怒你，引起你的关注

策略：让你做我最重视的学生，也让你做我最铁杆的粉丝。

小伟作业没有上交，我说给我一个不交作业的合理的理由。小伟说话很冲："不会做，不喜欢你上课，你去问问班上有几个人喜欢你的课。"这话一出，噎死人。

我冷静了一下，柔声问道："哦，这很意外，你能告诉我是哪些人不喜欢，我该怎么改进吗？"他支吾了两下，很犹豫地说出了两个同学的名字，还不忘强调一下："他们都说你的课听不懂。不是我一个人听不懂，也不是我一个人不喜欢你的上课方式。"

"是哪些课文听不懂？第一单元还是第二单元？"我很耐心地追问。"诗歌单元听不懂。"

"哪些课你听得懂？"我继续问道。见我态度较好，他说话的冲劲也渐渐削减："说明文单元，文言文也还凑合。"

"我明白了，"我笑道，"你们几位同学，都擅长理科思考，对于诗歌意象意境这些需要揣摩的感悟不出来，是吗？"他恍然大悟："是的。你上课，就那些叽叽喳喳、头脑简单的女生喜欢！"

哦，他那醋意十足的样子，让我明白了问题的症结所在。我这一届带的是理科班，理科男生对文学性的东西反应迟钝，他们长于理性思考，浅于感性表达，看到女孩子们在我面前风光，心里不是滋味。

挑货的人其实是想买货的人，既然如此，我就上课方式、效果等继续追问，并且万分感激他，是他告诉了我问题所在。聊完之后，小伟居然表扬我："覃老师，您是我遇到的最平易近人的老师。"

我赶紧跟进："老师想请你帮个忙，去班上征集建议和点子，好吗？"他爽快地答应了。后来他搜集了不少意见，让我们的课堂参与探讨高效不少。

3. 学生：面对困难想逃避，"老师我请假"

策略：给她以勇气，甚至不妨对她"霸道"一下。

自从高三以来，慕楠时不时请假，理由是拉肚子。这不，昨晚慕楠作业不会做，干脆抱着手机通宵看电视剧，妈妈好劝歹劝劝不住，抢了她手机，结果慕楠大发脾气闹跳楼。

我知道后，打电话给慕楠。"我肚子疼，请假。"她说道。

"不行，今天必须来！"慕楠一向认为我好说话，今天被我这强硬的态度着实吓住了，15分钟后她到校。"老师，我还是肚子不舒服，我想请假在家复习……"她鼓起勇气说道。

我笑嘻嘻地望着她："准备当逃兵了？""没有！"慕楠涨红着脸辩解道。

"那为什么要请假在家里复习呢？""老闹肚子，学不进去……"

"我也有很严重的肠炎，要不，我们一起请假？""同学们需要你，你有责任，你怎么可以请假？"慕楠情急之下劝导我。

"哦？我有责任！"我重重地咬着说出"责任"二字。慕楠听出了我的话外音，不好意思地低下了头。

"慕楠，我们做人都要对自己负责，对亲人负责！你作为女儿，怎么能用伤害身体的方式来威胁母亲？"慕楠顿时眼泪簌簌地流了下来。我让她哭了一会儿。

我继续说道："今天覃老师就霸道一回，不准假！""遇到问题，我们不是逃避而是需要勇敢面对。学习有困难，我们克服；身体不舒服，我们学会悦纳。"

慕楠如释重负地叹了一口气，下定决心说："老师，我想明白了。我克服！"

慕楠终于不再请假了。望着笑盈盈的慕楠，我知道她已经克服了心理障碍，已经学会面对困难和逆境！

慕楠妈妈也是心情大好："覃老师，现在慕楠不再把拉肚子当回事，在家也不玩手机了。您在我们父母都打算放弃的时候还没有放弃，让慕楠重新振作起来，我们千万句感谢也道不尽对您的感激……"

经常站讲台，哪里会风平浪静哦！学生上百，形形色色，见招拆招，见难解难，当然最好的办法就是攻心在前，尽量不做事后诸葛。

感谢"不乖"的孩子们

钱碧玉

常听到同事们这样的言论：但愿能教"乖孩子"，绝不愿教调皮学生。原因很简单：省心。我深不以为然。

记忆深处，曾经教过一个很乖巧的班级。50个孩子，像是同一个模子里刻出来的那般懂事听话，安静专心。不用担心他们会惹是生非、调皮捣蛋；也无需费心他们会懒散放任、不思进取。与这群孩子相处的时光就像一幅波澜不惊、水波不兴的画，平静而又淡然。

送走了这一届学生，我接手一个六年级的寄宿班。这个班级的学生与上一届的学生个性截然相反，男孩子都是顽劣好动的"热血青年"：在宿舍"大闹天宫"，在食堂与工作人员发生争执，质疑老师的授课方式，课余时间爬树掏鸟窝……桩桩件件，以前所没有接触到的棘手问题突然之间接踵而至，一波未平一波又起。

面对这些活泼调皮的孩子，该怎么办？我知道，教育不是打击，不是压制，更不是扼杀，我得以更妥帖、更慰藉心灵的方式去接纳、包容、熏陶、引领。我教孩子们唱《相亲相爱》班歌，给孩子们发"喜报"，填写"每日四问"的心愿卡，邀请家长来班级做讲座，建立"悄悄话"信箱，不定期地与孩子们进行书信交流……孩子们喜欢周杰伦，我便开展"周杰伦，无与伦比！"的班会课；学校附近建有草莓种植基地，我便带领孩子们前去采摘草莓；组织他们走上街头充当"啄木鸟医生"，消灭错别字；每两个月，学校食堂会包馄饨改善伙食，但孩子们总吃得不过瘾，于是，我班单独进行了一次包馄饨活动，孩子们开心得大呼："钱老师，你真好！"……

记得喜欢恶作剧的小胡同学。印象深刻的是一天深夜，趁同学睡熟后，他拿水彩笔在同学脸上作画，将同学的脸画成了一只"大花猫"，让人哭笑不得。生活老师气坏了，强烈要求给他处分。考虑再三，我最终的做法是了解情况后，让他向同学赔礼道歉，并推荐他加入班级的黑板报小组，请他负责绘画，同时交给他一个硬性任务——寻找机会，尽自己的能力去帮助同学。有了可以发挥自己特长的机会和指定要完成的任务，小胡再也不胡闹了。寒假过后，学校领导接到一封来自南京的表扬信，信中表扬小胡同学有爱心，将自己的300元压岁钱捐给贫困家庭。看着在全校大会上受表扬的小胡，我由衷地感到骄傲和自豪。

小辰同学一有空，就喜欢蹲在草地上津津有味地拨弄小虫子，完全将作业抛之脑后。记得有一回，学校规定要统一购买毕业复习卷。统计名单时，我发现就小辰一人没有购买，问他原因，他突然间放声大哭，仿佛找到了狠狠发泄的机会："每个周末回家，妈妈都要让我写一整天的作业，现在学校里又要购买试卷集，还能不能让我有喘口气的时间啊？"小辰的话语似乎引起了"共鸣"，教室里嘈杂喧闹了起来。我没有责怪小辰，也没有制止那些议论声。孩子的心，我是理解的。最终我违背了学校"统一购买"的要求，改成了让孩子们"自愿购买"。我与小辰妈妈沟通交流，为小辰"请愿"；我也对小辰提出了要求：保证以后按时完成作业。小辰果然说到做到。毕业考试前，小辰写了一张字条，上面写着："小辰，加油！钱老师说相信你行，你就一定能行！"那一刻，我很感动。

毕业的那一天，孩子们趴在桌上痛哭流涕，谁也不肯离开。那些平时调皮捣蛋的孩子，哭得最凶。一向觉得这群孩子太疯太叛逆的数学老师看到这情景，也被感动了，由衷地对我说："钱老师，孩子们对你真的是发自肺腑的喜欢和依恋啊！"看着孩子们哭得通红的泪眼，我的眼泪喷涌而出……

只教了孩子们一年，但他们留给我的印象是难以磨灭的。相处的那些日子，像镌刻在我记忆深处的一幅幅画，一旦忆及，便清清楚楚地展现在我眼前，一种不吐不快的感觉驱使着我将所有的温暖与爱意汇聚于笔端，凝注于文字。仅一个暑假，我就在教育报纸杂志上发表了10多篇文章。所有对教育的感觉、记忆、思想方式以及所有的热爱都在这个契机之中复活。我想，这一定得益于我的学生。因为我的调皮可爱的学生，我找到了一种最恰当的最为理想的表达方式。在这个暑假，我找到了自我，完成了新我，终于开始成长为一根会安静思考的"芦苇"。

接下来，似乎与调皮的孩子结下了不解之缘。当然，教调皮的孩子会费心很多，操心很多，付出更多，但每天看着一个个个性鲜活的孩子，我会因为他们更快乐，无端地喜悦，充满莫名的感恩。孩子们不就像阳光下飞舞的小飞虫吗，仅仅因为喜欢阳光，喜欢自由，爱好飞翔，而快乐翻飞，不是吗？他们需要的，只是被注视被眷顾被认可，有供他飞供他自由的空间而已。我满怀虔诚，长时间地注视他们，去牵手，去爱，从他们昂扬向上的小小身躯中，读取他们爱好飞翔的理由、渴望自由的情怀以及阳光般的温暖情意，发现他们究竟会有多少令我肃然起敬的地方……

2016 年，我的教育专著《正思维、正能量和正教育》正式出版。故事中写到了很多的调皮孩子、不乖学生，他们吵吵闹闹，很不安分，很不规矩，就像是树上一窝叽叽喳喳的麻雀，聒噪又可爱。遇见这样的孩子，我想我的书名是最好的教育方法——拥有正思维，给予正能量，进行正教育。

感谢教育路上遇见的那些活泼可爱、调皮好动、经常闯祸、经常犯错、惹是生非的孩子，你们是原汁原味、纯天然的好孩子！是你们的"不乖"，是你们让我日臻完美。

要善于"笼络人心"

万　玮

　　我最近接了一个新班，这个班级很乱，原来的班主任是中途辞职走的。学校领导找我谈话，我只能仓促上任。我现在心里很急，因为我接手这个班已经有一段时间了，可是班级的面貌还是没什么起色，学生的纪律照样很差，不读书的学生也有很多。我很矛盾，因为要是管他们吧，他们明显对我有逆反心理，虽然表面上不跟我对抗，但是背地里说我的坏话；我要是不管吧，领导对我又很信任，任课教师那边给我的压力也很大。我一点方向都没有。

　　相信上面所说的烦恼，您可能也有。班主任接手一个新班，第一件要做的事情是什么？不是整顿班级面貌，不是处理问题学生，不是马上显露业绩，而是想办法和学生搞好关系，尽可能"笼络人心"，让他们接受你，喜欢你，尊重你，爱戴你。和学生的关系搞好了，后面的工作想不顺利也难。对于学生的逆反情绪，班主任一定不能心急，要通过各种工作让学生理解自己，接纳自己。

　　我们学校曾经有一位班主任工作做得不是很好，班级有些乱，学校决定在学年结束后调整班主任。不料这个班的学生知道之后联合起来对抗学校，不同意新的班主任带班，因为原来的班主任比较松，而新的班主任比较严格。后来学校做了大量工作，仍然坚持原来的安排。新的班主任龙老师上任之前找到我，问我有什么建议。我说，这个班的学生现在对你有些敌意，因此，你接班之后，一定要避免批评他们，哪怕他们的确表现很糟，你都要忍住。你现在最重要的事情就是4个字："收买人心"。

　　龙老师果然按照我的建议去做了。两个星期之后，我再次见到他，问他情况如何，他说，学生在宿舍里议论，龙老师不像传说中的那样凶嘛，挺好的一个人。我说，好，你成功了一大半，继续努力！一个月之后，龙老师召开了班级学生的家长会，会上绝大部分家长都表示了对他的初步认可。家长会后，他对全班同学说，如果这次班级期中考试的成绩比上学期有进步，他就利用周末组织全班同学外出游玩。学生们很振奋，期中考试果然取得了非常出色的成绩，全班快快乐乐地外出游玩了一次，这个班级从此走上了正常轨道。

由此可见，只要跟学生感情融洽了，一切都不是问题。当然对于不同的学生，笼络人心的方法也不同。但是小学生也好，中学生也好，都是感性的，而不是理智的。他们常常知道什么是对的，但是支配他们行为的，更多来自情感的因素。因为喜欢一位老师而喜欢这门学科；因为敬佩一位班主任而好好读书；因为被一位老师感动而从此改邪归正……这样的例子不胜枚举，班主任如果懂得这个道理，就不会出现因学生的逆反而导致师生对立的情形。

笼络学生的方法很多，大体有以下几种：

（1）学生无助的时候多关心。学生生病回家了，住院了，班主任一定要亲自去探望，再忙也得去；学生和他人闹矛盾了，心中苦恼，班主任要及时帮其排解；学生成绩下降，心中着急，班主任要及时帮他分析原因，并且设法帮他补课。

（2）多表扬少批评。任何人面对批评的反应总是抗拒，听到表扬总是开心。班主任经常当众表扬学生可以赢得学生的喜爱，对于犯错误的学生宜私下婉转批评，批评的时候一定要注意照顾学生的面子。

（3）树立自身威信。有人格魅力的教师自然让学生敬服。教师如何树立威信？李镇西说，上好课、不拖堂就行了。这话很有道理。通常来说，教师有良好身教，做事公正公平，一定会赢得学生的心。

（4）多关注学生个体。人人都有被关注的需要，教师能记住学生的生日，说出学生曾经取得的每一个进步，都会让学生感动。学生觉得某个教师是真心对他好，自然也会亲近这位教师。

（5）增强集体凝聚力。一个有凝聚力的班级，班主任自然深得人心。班主任要积极参加学生的各种活动，尤其是各类比赛，在师生共同努力取得成功之后，那种师生间的感情，别提多浓厚了。

（6）偶尔也可以学一学历史，借鉴一下"曹操赤脚迎许攸"、"刘备假意摔阿斗"的做法，也会产生不错的效果。

班主任要会神奇"忽悠术"

朱国红

"忽悠"似乎是东北方言。最早听说"忽悠",是在赵本山表演的小品《卖拐》中。我个人理解,"忽悠"本来指晃悠、晃动,多数情况下可以理解为晃动人原来的认知,就是不知不觉地让被"忽悠"的人心甘情愿地进入预先设置的"圈套"和"陷阱"。当我把自己多年班主任工作的所谓经验归结为两个字——"忽悠"的时候,很多人不以为然,认为我"欺骗"了学生的感情。但是当我把很多的教育案例搬上"教育在线"论坛时,老师们开始信服"忽悠术"的神奇。有老师这样评价:"忽悠术"用诸教育,虽不是小舟(本人网名:清澈小舟)的独创,但小舟仍可称为第一个有预见、有目的、有目标、有计划地用心用术"忽悠"的人。

在这里,"忽悠"就是点化、夸赞、欣赏的代名词,班主任老师如何能够让学生守纪律,爱学习,做好事,做好人,那就需要掌握神奇"忽悠术"。读书的时候,我"忽悠"着孩子们和我一起读《给教师的建议》、《爱的教育》,我的学生能大段地背诵其中的片段,并且以此来衡量和评价各位老师的教育教学,判断自己的行为观念正确与否;早上到校以后,我"忽悠"着孩子学会感恩,每天早上教室里飘荡着爱心歌曲《感恩的心》,进教室后默默在心中许个当天的心愿,并且为此而努力;学习上,我"忽悠"着孩子找到自己的发展点、兴奋点、特长点,从而点上出彩,激励自信,全面提高成绩;运动会上,我"忽悠"着孩子们超越自我,创造奇迹,勇夺文字宣传第一、纪律卫生第一、体育成绩第一……多年来,我"忽悠"着那些谁也不愿意教的"差班"成了"优秀班集体","忽悠"着那些所谓的"滚刀肉"孩子考进了重点中学,"忽悠"着孩子们乐观、向上、勤奋、守纪。请看运动会上的"忽悠术"。

1. 巧设情境，让学生踊跃报名

《运动员进行曲》响起来，把学生带进运动会的"场"中，让学生的内心先跟着兴奋起来。这时候，班主任老师的"忽悠语"要真情、热情并重，让学生兴奋的心跃跃欲试，促使他们踊跃报名。

2. 大力宣传，激发热情

"忽悠"学生要文武双全，文韬武略，人人写出一手优秀的宣传稿。早自习，运动员往前一站，写宣传稿的同学慷慨激昂地朗诵起来，然后让运动员谈听后感受。如果随之激动了，说明稿子是合格产品，可以到运动会上向全校进行宣传，争夺宣传奖，运动员则按照稿子上赞美自己的内容苦练一个月；如果不激动，宣传稿需要继续修改完善，运动员按照自己想激动的样子去训练。

3. 坚持不懈，"忽悠"成功

每天都有同学伴着《运动员进行曲》进行宣传激励，运动员每天都在正面激励中受到鼓舞。坚持一个月后，学生会以饱满的热情投入到运动会中。效果便是宣传到位，成绩斐然。这个办法屡试屡胜，体育不行的那些班到我这儿取经后都会创造奇迹。

要想拥有神奇"忽悠术"，班主任老师要有如下两点认识：

1. 坚决肯定，树立自信

班主任老师应该永远记着：不要轻易否定学生，试着用我们一双充满关爱的眼睛去智慧地发现学生的优点，放大学生的优点。这样，我们眼中、心中的学生就会是一个个可爱的生命个体，学生回馈给我们的是自信、健康、阳光的心态。在和学生相处的过程中，抱住"欣赏"不放松，说你行你就行，树立自信获成功。美国心理学家威廉·詹姆斯说过："人类本质中最殷切的需求是渴望被肯定。"所以，鼓励和欣赏是永远也不会过时的教育方法。

2. 创造机会，全员参与

机会面前人人平等，不论是学习还是搞活动，我们都要鼓励学生全员参与，一个都不能少。尊重学生的参与权，学生参与的时候就会创造奇迹；尊重学生的说话权，学生就会表现出非凡的口语交际才能；尊重学生的集体生活权，学生就会学会合作和关爱。千万不要以拒绝学生参加集体活动作为对学生的惩罚，在群体性活动中学生会学到许多，悟到许多……

有了正确的认识做依托，用我们丰富的语言、有力的形体动作、富有启发性的表情去引导学生，用我们的激情、热情、真情去感染学生，用我们积极正确的情感、态度、价值观去影响学生。那样，我们与学生相处起来就真的是其乐融融，且收获颇丰了。

给批评"变脸"

刘大玲

打开"学生作业缺交登记本",刘方、王强（均为化名）两个名字又一次跃入我的眼帘，开学不到3周，这两位就有了5次缺交作业的记录了。前几次都是在我一次次督促下，才勉强交上来的，且字迹潦草，错题较多。据原班主任反映：这两个学生经常不交作业，而且每次都有数不尽的理由。她也想过许多"招"：重写，罚抄，打电话告诉家长，请家长到学校……收效都不大，总之这俩人不是省油的灯。做学生的不写作业，这样下去怎么行？看来得给他们敲敲"警钟"，上上思想"发条"了。

下课后，我来到教室，把刘方、王强请进办公室。坐定后，我盯着他俩足足两分钟，这两位可能进办公室的次数多了，没有躲避的眼光，没有惭愧的脸色，没有慌乱的神情，一脸的无所谓。我只好直奔主题："知道为什么请你们进办公室吗？"

"没交作业。"他们几乎是异口同声。看来这两位早已想出应付老师的方法了，显得"胸有成竹"。

"那么说说理由吧！"我有些不悦。

"没带笔。"刘方轻描淡写地说。

"作业本丢了。"王强似乎更有理由。

"这……"我正想说"这也是理由，你们撒谎的技术也太不高明了吧"等讥讽的话，突然脑海中闪现出一幅精彩的画面："变脸"艺术大师在舞台上，一挥袖，一侧身，一遮脸，脸谱在瞬间由怒变喜，引来台下观众阵阵喝彩声。我为什么不把这"变脸"艺术应用到对这两个学生的批评教育上呢？

"这是老师备课用的钢笔，刘方，你拿去写作业吧！别忘了下午上课之前交上来。"我转过身来在抽屉里找出一个新作业本递给王强，"请你把作业写到这个作业本上吧，同刘方一样，下午交上来，好吧！"

两个学生愣愣地站在那里，还没有要走的意思。

"去吧，别忘了，下午交作业。"我说道。

"好，好……"两个孩子这才回过神来，相互挤挤眼，一边走，一边叽叽咕咕地说着什么……

下午上课前，刘方、王强出现在办公室门口，手拿作业本，慎重地递给我，没有了上午的傲慢。

我仔细地检查了一遍，两个孩子的作业有了很大的改观：字迹工整、端正，有些地方用橡皮擦拭过，没有做错的题，态度端正多了。我为自己的"变脸"艺术换来的教育效果而欣喜。

"老师，这是您的笔，还给您。"刘方说着把钢笔递了过来。

"噢，你们看，作业多工整，老师都快认不出来是你们写的了，进步真的很大，这笔你拿去写吧！就算是老师为你改正缺交作业的坏习惯提前给你的奖品吧！有信心改掉吗？"

"老师，真的吗？"刘方眼里放出异样的光彩，"老师的笔真好写，我一定会写出最好的字、最工整的作业的。"

"老师，真的不罚我们了，不用写检查，不用罚抄课文？还送笔和本子给我们？"王强禁不住问道。

"是真的，老师看到了你们的进步，很高兴。为了让你们不再丢三落四，我给你们提个建议：每天晚上睡觉前，整理好自己的书包，把文具、课本、作业本分类放在书包里。第二天上学就不会因为匆忙而忘了拿东西了。时间长了，丢三落四的坏习惯就改掉了。这对你们终身都有好处的。"

"是呀，我们怎么这样笨呢，以后一定改。老师，你就看我们的好了。"两个学生信心十足。

"我等着你们的好消息。"一种成就感在我心中油然升起。

以后的日子里，我班缺交作业的现象大有改观，偶尔有一两个忘写或忘带了，都会及时补上，这可喜的变化兴许与这两个学生的宣传有关。刘方在他的一次随笔中写道：

这是我一生中第一次深深地体会到老师是真心帮助我的，第一次觉得不写作业是一件丢人的事，心里是多么的难受，多么的愧疚。以前的老师嘴里不停地说这是为了我的学习与成长。可是他们又是罚我们抄书，又是让我们写检讨，有时还叫爸爸妈妈来学校。他们越是这样逼我，我就越不想学习，就更不愿意写作业。现在的班主任和他们不一样，她会告诉我怎样改正缺点，避免错误，给我指出了光明大道。其实，哪个学生不希望自己是老师、家长表扬的那部分同学中的一分子呢？谁天生就喜欢受批评呀……

看到学生的心声，我进一步反思自己以前批评教育学生的不妥之处。遇到学生上课不守纪律，考试不及格，骂人、打架，我再也不采取当着全班同学的面或办公室老师的面批评、空洞地说教、厉声叱骂，甚至讽刺挖苦打击他们的那些办法了。因为我明白现在的学生对于逆耳的忠言、苦口的良药容易产生逆反心理，不喜欢听别人的正面说教；当他觉得你在说服他时，逆反心理就会随之而至。记得苏霍姆林斯基说过："造成教育青少年的困难的最重要的原因，在于教育实践在他们面前以赤裸裸的形式进行，而处于这个年龄期的人，就其本性来说是不愿意感到有人在教育他们的。"因此教师要能随机应变地利用教学机智来引导学生，给学生以良性的刺激，不要伤害学生的自尊。

是啊，戴尔·卡耐基说："用建议的方法容易让人改变错误，因为它可以保持个人的尊严与自觉。"批评教育学生时，变讥讽、挖苦、斥责、谩骂为和风细雨的循循善诱，为全力以赴的帮助、扶持，为合理化的意见、建议……来一些不苦口的"糖衣片"，来一些不逆耳的"忠言"，多利用自己的教育机智，多采用"迂回"战术，多一些"如果……就"式的建议……让学生既乐于接受，又受到教育、改正错误，有时还能收到意想不到的情感效应。总之，我要对您说："老师，不妨让您的批评方式变变'脸'！"

找准地方与孩子谈心

陈惠芳

　　但凡做班主任的，总免不了与孩子谈心。谈心的原因有很多种：当孩子犯错时，老师要找他谈心；当孩子遇到学习上的困惑时，老师要找他谈心；当孩子与孩子之间出现矛盾时，老师又要找来谈心；当父母与孩子之间出现问题时，老师还是要与学生谈心。

　　难怪有班主任老师坦言：我仿佛成了孩子的"高级保姆"，什么事都要管，当班主任实在有点累。

　　谈心过后呢，我们又会发现：有的孩子有了明显的进步，可有的孩子还是老样子。有的老师谈心有方法，孩子愿意听；可有的老师苦口婆心，无论说什么，对孩子不起任何作用，甚至令孩子产生逆反心理。

　　为何同样是谈心，却出现迥然不同的效果呢？我认为老师要找准地方与孩子谈心，才能真正发挥谈心的功效。

　　记得一个寒假，一个上高中的孩子来看我，无意间给我说了这样一个故事：

　　一次夜自修，因为晚饭的菜不太好吃，所以上到 8 点左右，我就与两个小伙伴偷偷溜出去吃肯德基。虽然在夜自修结束之前赶回了教室，但还是让班主任知道了。不知怎的，3 天过去了，班主任并没有找我谈心，心中便暗自窃喜。啊！到底是省优秀班主任，可能原谅我们了。谁知到周五晚上（一般的孩子都要回家，那天不上课），班主任却发出了邀请，请我们 3 个出去散散步。我们欣然答应，只是不知她葫芦里到底在卖什么药。走着走着，老师带领我们来到了一个地方——哇，这不是肯德基餐厅吗？

　　"老师，您是不是走错地方了？"看着我们一脸的迷惑，老师却笑着说："哦，今天老师发表了一篇文章，拿了不少稿费，想请你们吃肯德基。"我们心想：今天老师一定要好好训我们一顿了。餐厅里人很多，老师买了几份套餐，要了几杯饮料，选了一个僻静的地方坐下，我们3个紧张得很，生怕她……可是她好像全然不知道那件事，只字不提。老师与我们闲谈着，还不时地称赞这里的气氛确实不错，她跟我们讲的话题没有涉及那次的"出逃事件"，只是要我们以后遇到学校食堂的菜不好吃的时候，跟生活委员提个建议。

我心里全明白了，老师是知道那件事的。吃肯德基是假，要我们改正错误是真。只是在那个地方，我们一下子都明白了，并接受了老师无声的批评。以后我们再也没有犯过规，倘若遇到饭菜不对胃口，会及时到生活委员那里去诉苦，让老师去反映某些情况……

看着他对老师的那份感情，我被感动了。联想到我曾经从同事批阅的作文里读过这样一篇作文：《老师，我想对您说……》。

老师，我想对您说，您跟我谈心，能否换个地方。每次您找我去，要么是带着我到我家里，当着我的父母，把我的不是一一数落，换来的就是父母的一顿毒打；或者是在您的办公室里，当着其他老师的面，您把我在课堂里的表现一一列举。（这时其他的老师还会时不时插上几句，众目睽睽下，好像我一无是处，真想挖个洞钻进去）还有就是在课堂上，当着很多同学的面，跟我细细道来。（过后总是有同学模仿您的样子把我训一下，我的脸面何在？）虽然您每次都叫我坐下来跟您说，您的态度也很温柔，您的心思我也明白，不就是为我好吗？可是，我的心不知被什么割着，痛苦得很。我知道我是个淘气的孩子，您是个好班主任，经常与我们谈心，了解我们的所思、所想、所感。但是，我真的希望您能换个地方，一个让我能静下心来倾听您的地方，这样，或许我的内心会好受些……

看了孩子的作文，我想老师们一定有许多的感慨，从中也不难看出孩子内心所需要的到底是什么。当我们怀着真诚的心与孩子交流时，一定是从内心希望孩子能改正不足，唤起自信，扬起理想的风帆。所以，我想孩子说得没错，换个地方与孩子谈心，说不定效果就不一般。我们不妨从以下几方面着手：

老师首先要做好充分的心理准备。找一个什么地方与之谈心，为什么找这个地方？是为了引起孩子的回忆，还是希望环境能使孩子改变一些什么？总之，这个地方能让孩子愉快地接受比较好。

找准谈心的地方后，一般选择个别谈话的方式。师生可以面对面坐着，这样可以减少孩子的心理压力，不会有太多的顾虑，以心换心的效果更为明显。老师至少能触及孩子灵魂深处，找出"病因"，然后对症下药；孩子会"痛定思痛"，说不定就能走出迷惑，改正缺点，完善自我。

找准地方后，教师谈话也需要讲究艺术。要多用肯定的语气。每个孩子都希望得到老师的赏识，班主任与孩子接触的时间比较多，对孩子的了解相对多一些，倘若注意说话的语气，多使用肯定的语言，多使用鼓励的语气，多用赏识的方法，那么，孩子改正错误的可能性就会大一些。明代教育家王阳明曾经这样说过："今教童子，必使其趋向鼓舞，中心喜悦，则其进自不能已。"学生的这种"自不能已"的境界，也就是"不需要教"。与孩子谈心，孩子需要的是一种精神上的力量、一种心理上的支持，不是空洞的说教，所以多使用肯定的语气对孩子来说应该容易接受些。

新课程的实施要求教师不断改革自己的教学方式与教学行为，那么找准地方与孩子谈心，必能使孩子在教师的爱心感召下，暴露问题，激发兴趣，燃起热情，消除心理障碍，发展自我，从而拥有一个丰富的精神世界。

学生易于接受吹面不寒的批评

陈晓华

他（学生小明）作业没做，他又没做，他还是没做。于是想办法，下次不做作业就不发有关练习资料，他居然还是没做。再想办法，下次不做我就拒绝批阅他的考试卷子，他依然如此，于是我下狠心让他尝尝"不做作业"的滋味。我不愿把矛盾激化，讲评前我先说明，个别同学的卷子没有批阅，希望自己认真地听取讲评，自己进行批阅。说话的当口，瞄他一眼，只见他满脸的无所谓，有顽抗到底、一决雌雄、不获全胜决不罢休的架势。心想，不必和他计较，于是开始讲评。

我来回在教室里走，边走边讲，来到他的面前，看见他居然在做英语试卷，语文卷子根本就没打开。气向胆边生火往头上冒，我定定神，拿起他的英语卷子，重重地摔了一下！憋得难受，我要说句话，说"出去"，不行！最后改成："你可以出去！"语气低沉然而充满着愤怒！

他站起来，清理书包，一本一本，整齐叠好，慢慢地，系好书包的带子，然后往肩上一扔，大步从教室前门走了出去，到门口的时候，回过头，朝同学挥挥手，然后潇洒地走了。

我看看学生，大家都觉得情况不对，忍住没有笑。我笑笑，接着讲课，虽然尽力掩饰自己的尴尬，但尴尬还是留在脸上。

走了，也许不回来了。出走？不会吧！毕业证有了，照样可以高考，明天如果来上课，我怎么说？如果没来上课，我怎么办？我在为自己找退路，同学可以作证，我说，"你可以出去！"但没有说一定出去，他自己选择出去，说明他不对。转念一想，干吗非要这么认真？这个时候还是这个样子，怎么说也该是"不治之症"了，为什么非要治呢？我这是为什么？

教室里静悄悄的，安静极了。下课了，我想尽快地逃出教室，偏偏还有个学生拿问题缠着我，使我无法脱身。当我解答完问题的时候，学生小陈说："老师别生气，他就是这个样子的。"听到这句话，我的委屈仿佛突然释放出来，心情一下子舒畅多了。

"喔，谢谢你！"我接着说，"你和他关系不错，替老师斡旋一下，就说老师不是刻意和他过不去，让他消消火，不要记恨老师，特别是关键的时候，不要影响自己的学习！"他爽快地答应了。"那就全拜托你了！""没问题。"他朝我挥挥手，一溜烟走了。

回家，很不爽，用学生的话说，郁闷！夜深人静，辗转反侧，如果他出走，如果有什么不测，后果不堪设想……我反复回想自己的所为，虽然没错，但也有值得改进的地方。如何圆场，如何收拾，如何才能一箭双雕、一石二鸟呢？我苦苦地思考着……拿起学生的电话，询问他的有关情况，没有什么异常，我的心才安定下来。

第二天，我的课，他在教室里，我悬着的心放了下来。

走进教室，上课、起立、坐下，我清清嗓子，用低沉而充满感情的语调，开始了我的开场白：

昨天晚上，在批阅你们作业的时候，突然冒出一个想法，我给你们批改作业的机会不多了！改到谁的作业，谁的影子就在我的脑海里浮现，往事历历在目，或谈笑风生，或侧耳聆听，或激情碰撞，或春风拂面，一个个鲜活的影子在我的脑海里跳跃起来。虽然有生气的时候，有意见相左的时候，但现在想来，其实那是我们中学生活的精彩回放！再过40天，就意味着你们中学生活的结束；再过40天，就意味着你们的新生活即将开始。一段时间后，中学生活的点点滴滴，将成为你们不可逆转的美好的回忆。

于是，在改你们的卷子的时候，我就想，这是我为数不多的给你们批改作业的机会了。看见你们一个别字，我就想，这也许是我最后一次给你们指出别字了，于是我改得特别得细心，改得特别得认真！我对自己说，我要坚持到最后，我要咬咬牙，走一步，再走一步！我要站好最后一班岗，为你们中学艰苦而充实的生活画上一个圆满的句号。

以后，你们的考试卷子，无论你们做作业与否，我都要认真地批改。我宁肯你们负我，也不负你们！昨天我对那位同学，态度有点急躁，课后我和小陈同学交流，希望他转达我的心意。老师不是刻意和你过不去，只是一时生气，急不择言，本意也不是要你出去，你出去的时候，其实我还想喊你回来，只是觉得不好意思。看着你走出教室的时候，我心里空荡荡的。本来是一件好事，本意是想关心你，希望你好好学习，不要在关键的时候放弃学业，结局却是如此，实在不是我的本意！只是希望你，以自己的学业为重……

"老师，是我不对！"他突然站起来，打断我的述说。

我示意他坐下，他不肯。

"昨天我太冲动，请老师原谅！"说着，他把手放在额头上，并鞠了一躬，"对不起！"

我笑了，笑得很真诚，再次示意他坐下。教室里鸦雀无声，出奇的静。

此时，如果我再絮絮叨叨的"我是为你好"、"先做人再做学问"、"走上社会要吃苦头的"、"有本事今天也别上课"，就显得小气了，得理不饶人，谁都不喜欢，于是演说到此结束。

肖川博士在《教育的理想与信念》一书中，强调教师要"六个学会"，即学会等待，学会分享，学会宽容，学会选择，学会合作，学会创新。其实，前一天和小陈交流，希望他从中斡旋，已铺就了友好的台阶，相信晚上他们进行过很好的交流和沟通。这个案例折射的道理是：既有宽容，也有合作。选择学生斡旋（没有通知他们班主任），也蕴含着积极等待学生的反思和醒悟，与学生一起分享老师的失败和苦恼的意思。在教育理念上不是刻板的教育，而是拉家常式的：不显山不露水地引出自己的话题，不露痕迹且不刻薄，娓娓道来，润物细无声，吹面不寒而让人易于接受。这些也许就是成功之处吧。

压力使心情沉重，负载太重会使心态扭曲，心态扭曲会使语言变味，语言变味会伤害师生的感情，如果不及时挽救，就会酿成祸端。我的脊背突然凉飕飕的，冷汗直冒，谨以此文告诫我的同行们。

当学生没有完成作业时

魏智渊

做班主任，经常会遇到学生不能按时完成作业的情况，这非常令人恼火。老师通常的反应是批评，还可能伴随着一些惩罚措施，比如罚做作业等。

因为在私立学校任教，这种情况更为普遍，而且惩罚几乎已经不能起到作用了，于是往往引起惩罚的升级，以此形成恶性循环，到最后，不是老师举手投降，彻底放弃，就是学生屈服于高压政策，师生关系高度紧张。偶尔的两件事情引起了我的思考。

一次是在我非常严厉地要求作业必须交齐之后，学习委员在办公室里清点登记，缺作业的人只是极个别的。第一个查出来的是李阳（化名）。我心里冷笑：又是李阳！已经是"惯犯"了，看我这次怎么收拾你！然后在心里盘算着如何处理这次不交作业事件。但是令我意外的是，第二个查出来的是张鑫（化名）！这是班上数一数二的好学生，是几乎从来不欠作业的。我马上想，一定是忘带作业本或者有其他的事情忘记了，心里一下子平复了许多。

随后我就开始警示自己：同样欠作业，为什么看到李阳的名字我就断定他是出于懒惰和抗拒，而看到张鑫的名字就立刻替他找出了这么多理由？这样一想，我就出了一身冷汗！原来我们老师就是这样在塑造着学生。我们心目中有一个学生的图像，而学生往往也就按我们心中的图像发展。

另一次是在检查背诵的时候，学生陈军（化名）又没有背下来。这我一点都不奇怪，因为在我第一次找他谈话的时候，陈军就明确地告诉我："老师，我妈妈说了，我是儿童多动症，缺锌！"而事实也正是如此，几乎所有的老师都对他丧失了信心，认为这个孩子是不可能教育好的，也不可能完成作业，有些老师对他表现出强烈的厌恶，甚至当面骂他没有修养。因为他没有完成背诵任务是意料之中的事情，我也并不生气，反而起了兴趣，跟他谈心，一步一步地追问他为什么没有完成作业。他跟我谈了一些理由，比如对古文不感兴趣，数理化作业太多，记忆力不好等等。我先跟他讲了学习古文的必要性，包括应试方面的重要性，也告诉他，学习不能仅凭兴趣，有时候是要付出代价的。最后给他提了一些背诵的建议，针对他提出来的一整篇一下子背不下来的问题，我与他约定每天背一小段，第二天早读时检查。那一段时间每天早晨我准时站在教室外面等他出来，结果几大篇古文竟然就这样啃完了。

这两件事情进一步坚定了我的一个观念：老师，遇到问题一定要有研究意识，不要老考虑着怎么办，而先要考虑为什么。先分析问题，然后再解决问题。

学生没有完成作业，未必一定是出于懒惰或者习惯不好。原因往往是多方面的，而且每一个学生都可能有一些非常具体的原因，比如生病、忘带相关工具等。老师首先要问，学生为什么没有完成作业？是作业布置得有问题，比如过难做不了、过易不愿意做、过多做不完、过偏无必要做等等，还是学生这边出现了问题，比如其他学科这几天正好作业也多，出现了挤压现象，习惯不好，时间抓得不紧，结果拖到最后完成不了等等？如果是老师的原因，则老师首先要检讨自己。如果是学生的原因，则要帮助学生分析症结所在，得什么病吃什么药。实践证明，学生完成不了作业往往是双方面的原因，因为完成不了作业的学生往往基础不好、成绩不好，老师的作业又是面向大多数学生的，对他们而言过难，因而产生了畏难情绪，且事实上他们也无法完成，只好抄或者赖了。如果是这样的话，老师一方面要考虑在必要的时候降低对他们作业的要求（即分层作业策略），通过谈话鼓励他们，激起他们的信心。同时通过及时的督促，培养良好的习惯。如果这样的话，作业问题也就不难解决了。

而实际上，许多老师喜欢大刀阔斧地工作，不屑于做细致的区分。如果学生作业没有完成，首先认为是学生品质有问题，是故意与自己对抗。这实际上是一种错误的态度，是把复杂问题简单化、泛道德化。

与学生适当拉开距离

李淑范

（1）作为一名年轻的班主任，为了能很好地与学生打成一片，我总是以大哥哥的身份出现在他们需要我的地方，把他们当成自己的小弟弟、小妹妹看待，没想到尴尬的事情也随之出现了。那天，我又像往常一样到教室随便看看，只见几个女同学凑在一起谈着什么，神情很严肃的样子，我好奇地上前询问，其中一人回答道："老师，某某想认您做叔叔。"当时我一下子愣在那里……

（2）在做班主任这一年里，我与学生零距离接触，吃在一起、玩在一处，与他们交心，帮助他们解决问题，他们也愿意向我倾诉心里话。久而久之，我这个知心朋友已不再是他们眼中的教师形象，课下"哥哥"之称成了学生的口头禅，虽然订正多次，但效果甚微。

（3）与学生的关系究竟把握到何种尺度才能使他们既能感受到师爱，信任你，又能体现教师的权威性，接受你的教育？

……

这是许多班主任的烦恼。我们该如何把握和学生关系的尺度？怎样通过师爱提高教育效果，促进学生的全面发展呢？

生活中有这样一种奇怪的现象：如果想把大杯里的水倒进小杯里，无论将大杯口如何紧紧地贴着小杯口沿，如何小心翼翼地倾倒，总要溢出一点点水来。假如把大杯抬高一点儿，与小杯拉开一些距离，让水流飞落进小杯中，水就不会溢出来了。如果想把风筝放飞得高一点，就得让手里的线松一些。原来道理就这么简单：适当拉开一点距离，就可以避免一些不必要的麻烦。俗话说得好："距离产生美。"我想师生之情也是如此。

著名教育家苏霍姆林斯基认为："要是一个学生向你说了心里话，你的教育工作就有了很大的成绩。"但同时他又指出："以后情况如何，在极大程度上取决于他怎样看待和感受你对他心灵所作的合乎人性的触动。"受教育者能向他所爱戴的教育者敞开心扉，那将是一个促使彼此思想和感情高尚起来的过程。

1. 要恰到好处地把握情感

班主任在与学生交往中应有同情、关注、呵护、尊重的情感，应摆正自己和学生的关系与位置，以朋友之态与每位学生坦诚相见、相处交流，应真心实意地对他们的合理需要与正当要求给予关心与满足。让学生明明白白感受到你的爱是高尚的、无私的、公正的，绝不是盲目的、泛滥的、无原则的。

2. 要注重对学生的精神关怀

《礼记》云："知其心，然后能救其失也。"强调的是只有走进人的心灵，才会有成功的教育。班主任作为一个特殊的教师群体，担当着学校教育这个大舞台的主角，要用真诚的爱时刻关注学生的心理需求，做到理解、尊重和信任每一个学生，关心、爱护和支持每一个学生，并给予正确引导，而不应用"保姆式的爱"把学生圈在舞台上；要给予学生充分的成长空间，多一些精神上的鼓励，多一点对未来的期待，让他们懂得生活，懂得珍惜，懂得尊重，在自我体验中长大。

3. 要为学生的"依恋"心理导航

老师是学生日常生活中除父母之外的最重要的可"依恋"之人，班主任要善于借助学生的"向师性"心理，通过较为委婉的方式，表达对他们的关注，如周记中的中肯留言、巧妙的问候等，让他们感到自己受到班主任的重视，并且能体会到这种重视是无条件的。同时，教师还应充分利用自身较成熟的心智，有针对性地调节自身的交往行为，让所有学生体验到：老师的爱心不含有任何功利，只是为促使他们更快、更好地成长铺路搭桥，绝不是狭隘的"爱"。美国南加州大学教育系教授里欧·巴士卡里雅说得好："一个理想的教师就该肯于把自己当作桥梁。他邀请学生跨上这桥，并在帮助他们走过来之后，高高兴兴地把它拆掉，鼓励学生筑造他们自己的桥梁。"

4. 要体现适当的权威

记得一位教育家曾经说过："一个人对另一个人拥有明智的权威，尤其是成年人对儿童的这种权威，是一种巨大的创造性活动，是对儿童的思想感情世界进行深入而真诚的理解，懂得儿童的语言，使自己保持一点儿童的气质，但同时又不把自己和儿童等同起来。"因此教师要通过学生所赋予的内在权威，将师爱放在民主的平台上，正确认识自己的权威，并能对学生明智地使用权威，要用自身的人格魅力、渊博的知识储备加大权威的"砝码"，提高师爱的质量，让学生打心眼里认可你，相信你所说的话、所做的事，进而把你看作真正的教育者、生活的导师、心目中的朋友。

总之，班主任要做到"适时缺位"，在信任了解的基础上，给学生以充分成长的空间，让他们在自我教育中长大。有时候，班主任要做的其实就是让开一点，别成为学生生活的"拐杖"。

班主任要协调好任课老师和学生的关系

石凌云

　　教英语的李老师向我诉苦，说班里的孩子和她发生了冲突，她感到很伤心。李老师是一个工作不到一年的女孩子，教学经验不足，但她年轻，有热情，长得也很漂亮，应该和学生的距离很小，怎么会发生冲突呢？

　　通过了解，我知道了事情的经过。原来，上晚自习的时候，班里有一个叫王林（化名）的学生因为太胖，天太热，跑到风扇下别人的位置上去坐了。李老师说他，让他回原位置去坐，他也不听，而且带着反抗情绪大声在教室讲话，还和旁边的学生下五子棋。李老师忍无可忍，大喝一声："你们这些人真贱！"此话一出口，李老师就后悔了。她在心里埋怨自己，我怎么能这样说话呢？但说过的话像泼出去的水，要想收回很难。其实，也不容李老师收回，王林就马上反驳回去："老师，你怎么这样说！我们贱，你贱不贱？"一句话把李老师憋得眼泪在眼眶里直打转，李老师只好说："哪有你这样的学生，你给我出去！"王林也不甘示弱，大声地说："老师，你没有权利让我出去！"事情到了这种地步，李老师没有办法，一些不经过思索的话又脱口而出："那你明天不要来上课了，这个教室里有你，我就不来上课。"这时教室里立马安静下来，李老师的眼泪再也控制不住，夺眶而出。一个懂事的女孩子默默地递给老师几张纸巾，英语科代表也马上到办公室找我，可那天我正在开会，科代表没有找到我。李老师用语言做武器，伤害了同学的心，而得到的也是同样的伤害。

　　确实，好多班级都有过这样的情况。作为学生，他们怕班主任，而不怕任课老师，特别是比较年轻的老师；他们对班主任的话言听计从，而对任课老师却不屑一顾，所以课堂教学中会有许多学生因违反课堂纪律而与任课老师发生矛盾。这既影响了任课老师的上课情绪，同时也大大降低了学生的学习兴趣，甚至有些学生因此而放弃了对该学科的学习。这样，班主任无形中就多了一项工作，那就是处理好学生和任课老师的关系。有时候，事情由不得你，偶然事情发生了，你不想处理也得处理。

我认为担任班主任工作有一点是极其重要的，那就是班级成绩的好坏、班集体的建设与任课老师的教学工作关系密切，良好的师生关系是推动教学的强大动力。因此，班主任要十分注意协调学生与任课老师之间的关系，化解他们之间的矛盾，充分调动任课老师的积极性，激发学生的学习热情。

首先，班主任老师要突出任课老师的地位，强化学生的尊重意识。

比如李老师是英语老师，作为班主任，我有义务向学生强调，英语是三大主科之一，在以后的学习和工作中也非常重要。英语老师是没有结婚的女老师，是一个比你们大不了几岁的女孩子，你们要像尊重自己的姐姐一样尊重她。也可以从学生的思想教育工作入手，强调做人的根本是尊重他人，特别是要尊重那些无私奉献的任课老师们。

其次，班主任要创造机遇，架起师生间友谊的桥梁。

我们知道，一个学生如果对某任课老师有良好的印象，就会激发学习热情，对此学科产生浓厚的学习兴趣，进而收到良好的教育效果。但任课老师接触学生仅局限于40分钟的课堂，面对面地与学生谈心、交流的机会很少，所以班主任就应该努力创造机会，在学生与任课老师之间架起友谊的桥梁。比如说每次班会或大型活动，让科代表把所有的任课老师请来，把任课老师分别安排在各学习小组中，并安排适合该教师的节目，让师生一起开展活动。这种活动不仅能加深彼此的了解，而且在和谐愉快的氛围中也比较容易建立起深厚的友谊。此外，每到有纪念性的节日，如教师节、中秋节、元旦等，班内派科代表牵头送给每位任课老师一句"贴心话"，甚至在任课教师的生日时，可以点拨学生，送去一份小小的祝福。这样一来，所有的任课老师都不会因为课堂纪律分心，良好的师生关系创造了轻松愉快的课堂氛围，也带来了学生各学科成绩的提高。

最后，班主任老师要加强宣传，树立任课老师的威信。

有的任课老师是刚刚走上讲台的年轻教师，与老教师相比，他们对教材的挖掘能力、熟练程度及教学经验等方面都略显不足，这很容易使学生对他们的教学能力产生怀疑，影响他们在学生心目中的威信。这时就需要班主任想方设法弥补他们的不足，必要时为他们捧场补台。这方面，可以经常利用适当的机会宣传任课老师的长处，如向学生介绍任课老师的毕业学校、当年高考成绩及他们在大学的优秀表现等。另外，年轻教师在学校的每一次成功表现，班主任都要及时介绍给学生，如有老师荣获"青年教师课例大赛"一等奖，有老师代表本组上省级公开课获得好评等。这样的宣传大大缩短了师生之间的距离，树立了老师的威信，为创造良好的授课环境铺平了道路。

对于我们班发生的这件事，我不想说李老师什么，她还年轻，以后她会知道老师不应挥出语言这把无形的刀去伤人。但作为班主任，这件事情我要赶紧处理，而且要处理好。我首先找王林谈话，王林也认识到自己那天的话太伤人，对一个女老师来说，还伤得很厉害。我趁热打铁说："王林，如果你有一个姐姐，你会这样说吗？"王林摇摇头。我说："如果你无意中伤了人，你该怎么办？"他说："我要当面主动向她承认错误，对她说一声'对不起'。"当天上午英语课上，我听到了我们班级的掌声，我想李老师肯定原谅了那个不懂事的王林。

很多班主任往往不是给学生讲道理，而是命令学生写检查，检查一写，万事大吉，学生没有认识到自己错在什么地方，虽然表面上服从了，但和任课老师的冲突有可能还会发生。所以，班主任要想从根本上解决问题，对学生进行道德教育，一定不能采用命令训斥、威胁利诱、强制执行等方式。

班主任的管理工作是多方面的，但协调学生与任课老师的关系是班级管理工作中不可忽视的内容。协调好学生与任课老师之间的关系，班级就会出现新的气象，就会让学生感到我们的任课老师是最好的、最认真的、最负责任的，从而搞好班级的各项活动。

冷静几分钟，再处理问题

孙　凯

走上工作岗位的第二年，我第一次当班主任，心里没底。这个班级是高一的两个普通班合并而成的文科班，学习基础差，更重要的是高一的时候，两个班的班主任处事方法、工作作风完全不同。一位班主任即将调离，班级所有的事情都不管，班长主持所有事务，学生的自学氛围好但纪律很差；另一位班主任是新老师，工作严谨，狠抓日常纪律，学生的纪律好但学习缺乏主动性。两班合并，由于高一的学习习惯不同，下课就分班围在一起，更有调位子讲话的，学习时不抓紧。我是看在眼里急在心里，但一时也无计可施。

已经过了半个学期。一天下午最后一节自习课，我照例随机去教室查看。这一看，嗬，又有 3 个学生在调位子。一直以来，我最反对调位子，为了学习讨论问题调位子的少之又少，班规也规定自习课不许讨论问题，因此我宣布：如果有同学调位子聊天谈笑的，第一次警告，第二次将座位直接搬至最后一排，第三次将座位再向后直接靠墙壁。效果有一点，调位子的少了，偶尔有几个我也就睁只眼闭只眼。可是那天自习课，小宏坐在第一排指手画脚地大声喧哗，原本他就由于讲话过多影响别人而坐在后面。而坐在小宏位置上的小强也在和别人聊天，这个小强，没让我少操心，他很聪明但不太想学习，为了激发他的学习热情，安排他坐第一排和一位学习好的同学同桌。但现在他们俩……另一位调位子的是女生晓锦，她平时学习认真，表现很好，正坐在最后一排看书。

看到我站在教室门口，班级安静下来，3 个调位子的同学自觉地回到自己的座位上。我让小强出来，问他为什么调位子。小强低头不说话。

这时，小宏跑到我们面前，直盯着我说："孙老师，不关他的事，是我要调位子的。"我没理会他的"承担责任"，继续跟小强说："我三番五次地讲不能调位子……"

"孙老师，你要训就训我好了，是我要他调的。"小宏打断我的话。

"现在没有你的事，我在跟小强谈话，你先进教室，我等会再找你。"

"老师，你怎么这样啊！"

"你先进去，我还有话跟小强说。"

小宏见我态度强硬，便气鼓鼓地走进教室。

我和小强聊了几句，没责怪他，而是希望他多抓紧时间，凭借他的聪明才智一定能取得好成绩的。谈话完毕，看到教室静悄悄的，小宏和晓锦也都在认真看书，我就直接回了办公室。吃完晚饭，看到办公桌上有封信。打开一看，差点气晕！

孙老师，你混蛋！

今天调位子根本不关小强的事，是我非要他调的。跟你说了你却还责怪小强，你真混蛋！而且今天也不止我们俩调位子，还有晓锦，你怎么不说？你重女轻男！你偏袒女生！你混蛋！

居然骂我是混蛋！居然骂老师是混蛋！

慢慢地，我使自己冷静下来，我处理事情有我自己的理由：之所以找小强出来谈话，也并不完全因为这次调位子，而是近期发现他的学习抓得不紧。之所以不找晓锦，原因有二：其一，晓锦平时表现良好，而且她调位子不是为了说话而是在认真看书；其二，我觉得只要男生整治好了，女生也会自觉改正的。但是很多同学，尤其是在气头上的小宏不知道、不了解啊。

快上晚自习时，教室里非常安静。我深吸一口气，缓缓地说："同学们，耽误大家几分钟时间，跟大家说件事。"

大家都抬起头。

"刚刚我收到一位同学的信，"我停顿了一下，"这位同学说我是混蛋。"

班上一阵骚动。

"请大家安静，大家也不要猜测是谁，是谁都无关紧要。我想可能是我处理问题的方式不太正确，让有些同学误会了。那么在这里，我先向大家道歉，如果以后我有什么做得不对的地方，请大家批评。"

我接着用近乎平淡的语调说："收到这样一封信，我的确很生气，但再一想我更感觉悲哀。我悲哀的原因有三：首先，我为我们这样的班集体悲哀，我们班由大家确定了口号'普通班不普通'，但就在这不普通的班级里竟然会出现骂老师是混蛋的同学。其次，我为我自己悲哀，挨学生的骂让我感觉到了我的无能，虽然这么长时间以来我一直在努力，但现实情况和我预期的效果相比仍然有很大的差距。再次，我还真切地为这位同学悲哀，白受了这么多年的教育，不说不应该骂老师，就是一般人也不应该骂的。我在找同学谈话的时候，每次都先问问自己有没有资格教训他，更不要说骂学生了。最后，再次请大家原谅，如果我有哪些地方做得不好的话。"

说完这番话，我心里难受极了，径直走出教室。

过了一会儿，小宏低着头走进办公室，不说话。我问他是不是有什么事情，他摇摇头但紧接着又点点头。我挤出一丝笑容，说："你先回教室吧，马上要上课了。"小宏没动。

"回教室吧。没关系的，过去的就算了。"

小宏仍然低着头没动。

"真的没关系了，你回去吧。"

"那，那，那我回教室了。"小宏低声说，"老师，对不起！"

晚自习第一节下课，我的办公桌上又放了一封信，是晓锦写的：

孙老师，真对不起您！让您为难了。我知道因为我调位子，使您挨同学的骂，但您一定要相信您深受同学们的喜爱，我们都很尊敬您！

我保证以后不会再调位子了，我会更加努力学习，不管一年后的高考怎么样，我都将尽力。请您放心！

对不起！！

拿着手中的信，我笑了，是发自内心的笑。

老师们，请你们千万别在自己生气的时候处理问题。给自己几分钟，让自己冷静下来，为学生找点借口，找找自己的问题，什么事情都会有妥善的处理方法的。

学生毕竟思维不成熟，思考问题简单化，但我们相信他们的心灵都是美好的，他们都是可教育的，所以请你宽容学生。一次事件也是一次契机，那件事之后班级再也没有调位子的了，小宏的表现也越来越好。后来小宏毕业了，但是他仍然经常来看望我，和我成为了最好的朋友。

错了，就该向孩子真诚道歉

周从刚

老师，为什么您一定要我承认吃了零食呢？为什么我当时苦苦哀求您都不相信我呢？为什么您就相信那几个亲信呢？为什么您要我做一回"屈死鬼"呢？为什么？为什么？老师，您严重伤害了我的自尊心，我会恨您一辈子的！

这是赵峰（化名）给我的"抗议信"里的几句话，他是让语文科代表捎来的。

此前一段时间，学生吃零食的很多，我说过两次，见效不大。一天早晨，我笑着对同学们说谁吃零食了就在讲台的一张纸上写上自己的名字，学生见我态度平和，竟然抢着写名字。待没人来写了，我的脸色一下子阴沉下来，讲了吃零食的严重性，并表示将严惩违纪者。

刚走出教室，赵峰就跟出来，说自己当时没听清就写了名字，说自己只是有一次没吃早饭，在课间吃过方便面，要求去掉自己的名字。罪证在此，我哪肯听他编的"谎言"，我哪肯轻易放人，我和他在楼道僵持了十几分钟，以致赵峰大哭不止，惊得楼下的教学主任出来提醒我，我只好妥协了。

读完这封信，我心情久久不能平静。我有那么可恨以至于让人恨一辈子吗？坦白地讲，自己确实过火，学生三番五次表明自己是冤枉的，我何必一定要"将错误进行到底"呢？

我当天就给赵峰写了封道歉信并亲自递给他，请他原谅我的鲁莽。之后的一个多月，赵峰依然不能原谅我：我安排他的任务，他不闻不问，上课有时故意做小动作。我自知"罪孽深重"，只能"将功补过"。我不止一次地向他道歉，我经常微笑着深情地望着他，课堂口答时也多给他机会。慢慢地，赵峰不再回避我的眼睛，他的眼里也没了敌意。

半年后，赵峰因父母工作调动不得不转学，他在告别之前送给我一封信，请我原谅他一些幼稚的做法，说再也不恨我了，而且说我待他比他爸爸都好，愿意认我为"干爸爸"。

我和赵峰分别后的这段时间，他经常跟我讲学校的事情，现在赵峰各方面发展得都很好……

如果当时我不能及时向赵峰道歉，如果我没有诚心、耐心，那这孩子会怎样看我，又会怎样发展呢？

"人非圣贤，孰能无过？"班主任面对背景各异、品性不同的学生，在不同的情境、心境下，难免言行失当。如果你发觉自己错了，如果同事提醒你做错了什么，如果学生个人或几人口头、书面批评你，你是否会选择合适的时机、采用合适的方式向学生真诚道歉呢？或者，你是否会大方坦诚地向学生公开道歉呢？

可能还有不少班主任老师缺乏向学生道歉的勇气，究其根本原因，怕是为了维护自己的"师道尊严"吧！唯恐失了自己的"威信"，一心想塑造自己在学生中的"光辉伟大"形象，因此，采用各种说辞为自己辩护，寻找各种借口为自己开脱，遮丑护短成为有些班主任的常用手段。

从哲学的角度来说，人们认识事物（教师认识教育规律）不可避免地要犯错误；从教育的性质来说，教育是育人的科学和艺术，教育之路是没有尽头的，教师不必在学生面前扮演"圣人"角色；从个体成长的角度来说，人在某个方面总有一个从不成熟到比较成熟再到成熟的过程；从教师工作对象的复杂性来说，教师不可能在任何时候任何地点对任何学生或面对任何教育现象都能做出科学公正的判断，更何况"科学公正"也是相对而言的。

一个优秀的班主任不在于少犯错误、不犯错误，而在于能冷静反思自己的错误，敢于向学生承认自己的错误，最终不犯类似的错误，从而一步步迈入教育的更高境界，成为受到学生爱戴的"人师"。一个普通的班主任不必高大，但须真实；不必知识渊博，但须勤奋好学。班主任经常会误解别人，但须真诚道歉；班主任常会犯错误，但须经常反思，勇于认错、改错。

教育在本质上是一种交往的艺术，包括教师与学生个人的交往，教师与学生群体的交往，学生个人与教师的交往，学生群体与教师的交往，学生个人与小组或集体之间的交往，教师与教师、领导的交往。在这些交往中前 4 种最容易发挥教师的影响力。教师发挥影响力的前提是真诚。你的真诚会赢得学生的真诚，你的勇敢会换取学生的勇敢，你的心灵会感动学生的心灵。你把心灵献给孩子，孩子们向你呈现的也必定是一颗颗滚烫挚诚的心。

你错了，就该向孩子真诚道歉。你认错了，孩子们也会承认自己曾经的错误；你认错了，孩子们受伤的心得到了抚慰；你认错了，孩子们不再忧郁了；你认错了，孩子们心灵的天空阳光灿烂起来了。

你错了，就该向孩子真诚道歉。

辑三

做一个有智慧的班主任

正确处理班风建设中的"大"和"小"

李 迪

班主任工作林林总总、纷繁复杂，大致可以分为三大块——班风建设、班级日常管理、问题学生诊疗。不过，多年的班主任工作经验告诉我，班主任只要做好了第一项工作——班风建设，后两项工作便能从容面对。

我在班风建设中最常用的方法是，先在班会上与学生讨论，即"大面积引导"，防患于未然；然后在班级遇到状况后做"小范围谈心"。

我们先来谈"大面积引导"。

我曾经召开过一个主题班会"天底下的三件事"。班会前我播放了一个幻灯片，说道："天底下其实只有三件事。一件是自己的事，包括要不要学习，天气变化后要不要增减衣服……凡是自己能主导的事情，都是自己的事情。第二件是别人的事，比如小李来自单亲家庭；小刘对我不满；我帮助了别人，别人却不感谢等等。凡是别人能主导的事情，均属别人的事情。第三件是老天爷的事情。比如地震、刮风、下雨等等。凡是人力不能解决的事情，都属于老天爷的管辖范畴。人的郁闷一般在于：忘了自己的事情，想干涉别人的事情，担心老天爷的事情。如此，我们要快乐开心很简单，只要打理好自己的事情，不去干涉别人的事情，不操心老天爷的事情……当我们烦恼的时候，要问一下自己：这件事究竟是谁的事，我应该怎样做调整？"

课件放完，我们开始讨论。同学们稍一思索就知道了：写作业、认真听课、早上跑操等，都是自己的事情，不应该让老师、班干整天催促着自己去干。每个学生都要学会为自己的未来负责。如果某个学生因为迟到、旷课、不学习受到了老师的批评，并因此而郁闷，就要想一想，这都是因为自己没有干好自己的事情所导致的。这也就是老师平时所说的"静坐常思己过"。

学生一边讨论，一边听；一边笑，一边点头。

接下来我们讨论哪些是"别人的事情"。同学们在这个环节，明白了一个人最大的个性，是尊重别人的个性，要允许别人和自己不一样。在生活中不要总议论别人如何如何不好。自己帮助了别人，也不能要求别人必须怎样回报自己。因为，帮不帮，是你的事；感谢不感谢，却是人家的事，等等。

班会继续进行，一个同学忽然站起来说："老师，按照您的说法，学习既然是我的事，那么下次我旷课、迟到、上课玩手机的时候，老师您就不能批评我。因为迟到、旷课是我的事，您不能管别人的事。"

同学们一下子愣住了，他们本能地感觉到以上说法不正确，却不知道怎么反驳。

我且不回答，只让大家讨论。

片刻，一个男生轻轻地说："学习是我们自己的事情，但是管理班级、严格要求学生却是老师的事情。"就这么轻轻的一个提示，马上有反应快的学生继续引申："如果我们没有写作业老师也不管不问，那就是老师没有做好自己的事情，老师会受到领导批评，会引来家长不满，会导致班风不正，老师会更被动……"

我微笑着说："完全正确。学习、值日、写作业、锻炼身体等，是你们的事情，但是要求你们认真学习、好好听课、写作业、积极打扫卫生等，却是我们教师和班干们的事情。如果你做不好，我们却不要求、不批评，那才是我们最大的失职，是没有做好我们自己的事情。"学生纷纷点头，满脸豁然开朗的表情——这样的讨论自然强过空洞的说教。

……

这属于典型的大面积引导，同学们对"天底下的三件事"理解得很透彻，后来常常运用于生活中。

比如，我们学校规定每天晚自习后，值日生要拖教室地板、走廊。有一天晚上9点多，我接到了某寝室长的电话："老师，今天晚上两个值日生没有拖走廊的地板，我刚才已经替她们把地板拖了，明天的教室卫生不会被扣分，但这件事情您应该知道……"

第二天早上，我把没有拖地板的两个女生叫出来，问："昨天值日了吗？"答："值日了。"

"地板拖了吗？""我们没拖走廊的地。"

我点头："作为值日生，却不拖走廊的地，谁的事情没做好？"她们声音低下来："我们的。"

我提醒："你们没做好自己的事，今天就会有烦恼，你们要有心理准备。"她们不作声。

我继续说："今天咱班卫生没有被扣分，因为班干部帮你们拖了地。你们觉得班干部做得怎么样？""如实向班主任反映班级情况本来就是班干部的事，她还替我们值日，她做得很好。"

我点头："如果我知道了你们没有拖地，却不批评你们，你们感觉我做好自己的事情了没有？""如果不批评我们，以后还会有人不认真值日……"

事情就在这样的讨论中结束了。有时候，我听别的班主任说自己班的同学孤立了班干，认为班干是"奸细"，总向老师告密等。其实，当全班同学都明白，自己挨批是因为自己的事情没做好，而班干发现问题及时向班主任汇报，是在做他本职的工作、分内的事情，也就没有人怨恨班干，更不会有人不满老师的批评。

正值青春期的孩子逆反心强，他们内心要求平等，他们渴望体验获得真理的愉悦。班主任遇到学生犯错，借用班会时学习的观念，与学生一起分析、探索，学生能时时体验到探索真理的乐趣，班风会越来越正。班级管理有了科学的成分，老师便不再忙乱，解决学生的问题，思路也会更清晰。

智慧，就是科学基础上的立体成全

梅洪建

"梅老师，我女儿的学习态度存在严重问题，您教教我怎么办？"这是某校长发给我的短信。

"抱歉，我没有办法。"我如此回复，"因为孩子不在我班上。"

"？"一个问号，隐藏着他无限的疑问。

"我从来就不相信一次谈话，甚至一套所谓的说辞能轻易改变一个人。'蓬生麻中，不扶自直；白沙在涅，与之俱黑'，育人的是氛围，不是道理。在我班上我可以帮孩子营造这种氛围，而不在我班上，鞭长莫及。"长长的回复，换回的是这位校长"我终于明白了"的感叹。

人的内在心理结构具有较强的稳定性，这就决定了每一次谈话、告知、指导，甚至批评等都是心理表层的暂时调节，它无法影响到深层的心理结构。一次教育行为，无论教育的程式设置抑或氛围营造有多么好，都无法从根源上解决问题。只有营造一种可以持续不断地影响孩子心理的氛围，才可以让心理表层调节演化为内在心理结构的转变。

如何才能构建这种"关系"呢？我还是说说狲的故事吧。

"狲不是一个好学生"，是几乎所有老师对他的定义。因此，高二他被分到我班时，很多人都对我深表同情。

因为早读连续迟到，我把狲的爸妈约到学校。虽然夫妻都是高校教授，但作为家长面对我这个班主任时，他们还是有些紧张。

"哥，姐，您放心，让两位来的目的不是问责，孩子性格过于内向不是一天两天的事情了，甚至从高一到现在一次考试作文都没写过。咱们想想办法，怎么能让咱孩子从现状中走出来。"我说得很委婉，但他妈妈比较直接："哪是性格内向，他就是自闭症，早和他爸爸说带孩子去看心理医生，他爸爸就是不让去。"妈妈很生气，自然是生玢爸的气。

"既然您如此直接，那我就不避讳了。"判断没有问题，我就不绕弯了，"是的，孩子有轻微自闭症，但不看心理医生是对的，因为一旦带孩子看心理医生就等于告诉孩子他有心理疾病，这个标签贴上去可能会适得其反。"从孩子妈妈的眼神中，我知道她接受了我的观点。

接着她讲述了一家人很少在一起吃饭、出游、谈心等事情。

"自闭的原因就是孩子没有在人群中，没有在一个积极充满温馨的氛围中，氛围，才是关键。所以，改变孩子，从改变家庭开始。每周五晚上应该带孩子去看场电影或者聚餐，周六或周日找个半天一家人出去玩。"

有了一条路，总比没有路好，于是他们真的就按我的要求开始改变。

没过几天，有一个好契机——玢生日。以往都是爸妈送一个他想要的礼物，这次，很特别，玢所在的小组其他五个同学和家长都到了他的家里，为他庆祝生日。鲜花、蛋糕、生日派对，诚然还有接下来的卡拉 OK……还有我这个班主任从外地打过来的祝福电话，更重要的是小组同学对他的赞美之词。这些，让玢心情很"嗨"，竟然还在卡拉 OK 厅唱起了歌儿。

他不知道，这是我、家长、小组成员及其家庭精心策划的生日活动，因为他需要在心理上接受他人。

不过，情况还是没有得到改善，月考，他依然没有写作文。160 分的语文仅考了 22 分。

我没有生气，也没有找他谈心，因为谁都知道，此时的"谈心"在孩子的心理上投射的必然是"问责"。

很快到了学校作文大赛的日子，让谁去参赛呢？我让孩子们投票选举，结果是静和玢。春阐释理由时说："静去参加可以冲击一下名次，我们推举玢是因为他上课回答问题时总能出奇，作文比赛比的不仅仅是基础，还应该是思维的独特性，玢是我们出奇制胜的法宝。"春的发言引来了大家的鼓掌。玢的脸上流露出了复杂的表情，我知道，他一定是矛盾的——兴奋和忐忑交织。

"玢，去吧，相信自己，别去在意结果，你只需把你脑子里流动的东西写出来就行了，可以吗？"我如此对他说。

"好的，我试试吧。"

试试，他竟然完成了1000多字的现场作文，和静一起获得了三等奖。

您是知道的，那场投票选举幕后有"导演"。

奖状和奖品，让孙获得了自信，也赢得了其他同学真心的佩服——这小子思维还真独特。

或许是因为作文比赛获得了自信吧，那天，讲桌上没人下发的历史会考资料，不是科代表的他竟然一个个发了下去。我，看在了眼里。

于是校信通里每个家长都收到了这样一条短信——感谢各位的支持，班级每个孩子的精神面貌都发生了极大变化，尤其让我感动的是很多孩子会主动为班级服务，为他人着想，例如今天不是历史科代表的孙就主动发历史会考资料。这是一个人最重要的品质之一，让我们为梦想继续携手。

您能感受到，如将所有文字都集中表扬孙，会失真。而蜻蜓点水，恰能点水千钧。

发完我立即给孙爸打电话——哥，你懂的，校信通要给孩子看，家长群里也一定会讨论，你把有利的记录贴出来，拿给孩子看。

有了几次"合作"，孙的爸爸和我默契了很多。

那天，他很兴奋地和孩子分享校信通内容和家长QQ群里的点赞文字。当略带羞涩的笑容爬上孩子脸颊的时候，孙爸告诉我说，孩子的心灵打开了一道缝儿。

如您所料，期中考试他第一次写了作文，37分，不多，但很开心！我和所有参与这场行动的人谁都没说破，默契，是一种认同，是对所有孩子的德育，更是一种沉甸甸的善良。

孙的心灵之门逐步敞开。

于是我相信，智慧绝对不是小小的技巧，而是科学基础上的立体成全。

教学生自己教育自己

王国明

苏霍姆林斯基说过："自我教育是中小学生活中的中心问题之一。教学生自己教育自己，这是教育者对受教育者所要做的最复杂的一项工作。"从接任三年制初二（2）班的班主任以来，我一直在摸索着"教学生自己教育自己"的方式和方法，它在无形中汇成了一种强大的精神力量，推动着我和我的学生们不断向上，向上，去追寻远方更好的自己！

1."大道理"让学生自己讲

初二的学生，正值青春期，这一时期的他们比一生中任何时期更需要别人的帮助和建议，但又抗拒来自老师和长辈们空洞的说教。怎么办？那就把"说教权"下放给学生。

我班实行值日班长制度，每人轮流做一天值日班长，而他（她）的第一项任务就是要在黑板右侧推荐一句"名言警句"。最初学生有些漫不经心，推荐的名言大都是"书山有路勤为径，学海无涯苦作舟"或者"吃得苦中苦，方为人上人"等，要么就是随意"复制"一句，很难在同学们心里激起点涟漪。我鼓励他们动脑筋，推荐的语句要能结合我们班的实际情况，能给同学们的心灵点燃一盏灯。于是，黑板一隅，就成了一块重要的思想阵地："就算世界上真有奇迹，那也是努力的另一个名字"；"自己打败自己是最可悲的失败，自己战胜自己是最可贵的胜利"；"如果此刻我在睡觉，我将做梦；如果此刻我在学习，我将圆梦"；"将来的你，会感激现在努力的自己"；"世界会向那些有目标和远见的人让路"；"如果你想起飞，今天就是起点"……

他们精心挑选，认真书写，每句话都默默陪伴着学生们一天的学习和生活。放学前晚检时推荐人会再大声地给大家念一遍。"细雨湿衣看不见，闲花落地听无声"，这些耐人寻味、充满正能量的话在潜移默化中影响着每一个同学。

2. 班里的事大家评

"事情每天发生，主角各有不同。"作为班主任，每天都要面对各种各样的班级问题。而青春期的孩子，最在意的不是家长和老师的态度，而是同伴尤其是异性的评价。所以，每逢班里出现问题，我不急于做判断，给结论，而是让当事人从同学们眼中看看自己。班里有 7 个学习小组，每组有一个循环日记本，每人轮流一天写一篇日记，内容不限。班里发生的大事小情，常常成为学生写作的第一素材，也成为学生进行自我教育的资料库。年级篮球赛，班里男生输了球，下场后他们相互抱怨、指责，甚至要动起手来。我们到底输了什么？我用女生的日记来教育他们："一个好的团队，不仅能一起庆祝胜利，分享喜悦，更应该能一起承担失败，总结经验。失败下场后所听到的不是相互安慰、鼓励，而是不断地推卸和抱怨。这是一个团队的失败，也是个人修养的悲哀！"青春期的男生哪个不在乎自己在女生中的形象？于是，痛定思痛，接下来的足球赛，我们班弱弱的团队，竟以"铁桶般"的凝聚力战胜了强劲的对手。

还有很多事情：路队出问题了、自习课乱了、有同学课上顶撞老师了……不用着急，在学生的日记中总有反馈。

他们传递的声音正是老师期许的，但从他们嘴里说出来，会更有力量！

3. 自己的得失自己反省

青春期的孩子比较躁动，他们强烈地想得到外界的认可，但自我认知能力又不足。怎么引导他们"静"下来，多审视自己，培养他们的自省意识呢？

寒假开学后，我为每位同学建立了"自省手册"，并每天坚持开展"5 分钟自省时刻"，我还承诺要和他们一起进行反思。于是，每天放学前，小组长下发自省手册，班级进入安静的自省状态。学生戏称为"哲学时刻"，因为他们要像哲学家思考"我是谁"、"我从哪里来"、"我到哪里去"一样，严肃地回望和盘点自己这一天的得与失。他们对自己一天的表现评定等级，写下今天自己表现最好的地方，规划明天自己要在哪些地方改进，并和自己说句心里话。原以为开展这项活动会有难度，怕这些个性张扬的孩子们不接受，没想到他们不但接受了，还慢慢形成了习惯。有个以前很散漫随意的女孩子在小组日记中写道："这种纸质的记录是很好地改变自己的方式，让每一天都过得很有意义。时刻发现自己的优点和不足，优点可以增强自己的信心，不足可以激励自己进步。"而我也一直和学生们一起写，并坚持每天将自己写的反思文字上传到学生微信群，和同学分享我一天的得与失，并以自己的自省精神来激励同学们。下面看几则学生的自省记录：

肖雨桐：2017 年 3 月 13 日。自我评价为 A。"班里的路队纪律好了很多，说话的人很少哟。还有，20 秒集合出班的时候快了很多。我们的路队还受到了教育中心老师的表扬！作为体育部部长，好开心！现在的数学难度加大，一定要努力！"给自己的一句话是："知之为知之，不知为不知，是知也！"

蒋煜阳：2017 年 3 月 17 日。自我评价为 B。"作为组长，我们组接连发现有两名同学没有上交手机，我要好好监管他们了。明天我要加强监管。"给自己的一句话是："像刘开太那样，学习他使用手机的方式，在适当的时候使用手机。"

刘凯宜：2017 年 3 月 20 日。自我评价为 A。"科实课上制作的作品特别用心，第一次没在课上制作时开小差、聊天和画画。相比之前在态度上有很大进步。自己在数学上不太爱动脑子，对待难题十分畏惧，这样的状态必须要改变。"给自己的一句话是："每天一点的改变汇聚的是铸就未来的力量。"

这项活动还处在摸索阶段，学生写下的文字也参差不齐，有多有少，也会有应付的，但他们的自省意识在萌芽，在成长，这是毋庸置疑的。

在我看来，真正的教育始于一个人为理想所鼓舞，能认清自己，思考自己生活的意义和目的，审视自己是一个什么人和应当成为一个什么人。我愿意和学生们一起"自己教育自己"，时时审视自己，矫正自己，只有这样，我们才能不断追寻并遇到更好的自己！

还是引用苏霍姆林斯基的话作为结束语吧："能激发自我教育的教育，才是真正的教育。"

放下心中的执念，才是解决问题的开始

田冰冰

在贵州的一个班主任工作交流会上，有班主任问了我一个有意思又有价值的问题。他说，他班上有个学生特别不爱背课文，他抓背课文任务追得紧了，学生退学了。后来面对二度返校的学生，他主动降低了要求，试着与学生沟通，没料到该生又退学了。

我回答这个问题的开场白是："你为什么非得让他背课文啊……"老师当久了，是容易形成不同程度的强迫症的。当"是否有必要背课文"成为了问题的症结所在，甚至可能让学生放弃学业时，这课文不背又何妨？在解决许许多多类似的学生问题时，班主任放下心头的执念，才是解决问题的开始。

1. 放下对"既定目标"的执念，基于学情重新设定靠谱的目标

"让我不管他，班级成绩怎么办？……"也许你有一连串反问在等着我。不是要你不管，而是不要着急。教师不要急于快刀斩乱麻式地去解决问题，因为教师情绪稳定才能带给学生安全感，才为重建和谐师生对话提供了可能性。

面对棘手的学生问题，有时恰恰是急于把学生拉回到既定轨道上来的这份执念，把教师和学生拉到了战壕的两方。对立的状态，是无从衍生教育智慧的，更容易让学生惶惑甚至产生抵触情绪。

我女儿是一个有着在校午休入睡困难症的幼儿园小朋友。不过这样的僵局很快被她的新老师破解了……"妈妈，我今天又睡着了！"我女儿回来兴奋地告诉我，"老师悄悄告诉我一个人，一周睡着两次，就可以送我一个小星星。"孩子多日的困扰，就因老师的主动降低标准，得到了化解。这样一个简单的例子，就是在告诉我们，放下对既定目标达成度的执念，为特殊学生成长的特殊时段，私人设定靠谱的一个又一个小目标，从真正的学情基础上来看生长，看进步，你才能日日有所发现，而

不是天天吼到声嘶力竭，满心挫败，失望而归。

2. 放下对"常用管理手段"的执念，根据现实状况不断进行调试

我曾写过一个案例《嗨！那个缺作业的老赖，让我们和解吧》。记得我在刚刚步入工作岗位时，面对一个拖作业的高级老赖，坚持用"罚5遍"的简单粗暴方式，反反复复对学生进行同样方式的惩罚，直到最后搞得"头破血流"。这就是教师群体很容易走入的典型的工作误区。面对同样一个问题，明知方法并不奏效，尝试过后，不思调整，而是用同样的方式加大力度再来一遍。试想，一个医生在面对患者的时候，不问诊病情，不对症下药，采用同一种药不断地增大剂量，长此以往，不出问题才怪。

一个简简单单的拖作业的问题，基于学情深入研究，一千个缺作业的理由背后，老师应该给出一千种对症下药的方式。缺作业的问题是这样，许许多多班级管理中的常态问题也是这样。我们要不断总结常规管理当中的问题、误区和有效经验，特别是根据不同时代学生的特点进行相应的调整，适时地摒弃那些已经落伍的策略。对于班级管理而言，班主任也要有方法储备的意识，通过不断地阅读和沟通，丰富自己的管理方法。值得留意的是，班主任在不断总结已有管理经验的基础上，增强预见性，才能未雨绸缪，预防在先。

3. 放下对"限时抵达"的执念，放缓短平快的节奏转为长效关注

让爱喝酒的人参加宴会滴酒不沾，让多年烟龄的人即刻戒烟，让"屏奴"一族远离手机……这是相当困难的事情！但是，班主任天天都在做类似的事情，不是吗？执着地希望别人戒掉天长日久形成的习惯，将心比心，让我们改变已有的习惯，又有多大概率能一朝一夕搞定？

班主任要破除对解决问题效率的热切的追求，改变原有短平快解决问题的节奏，放弃限定时间抵达某处目标的执念，一定程度而言，这既是对学生群体的减压，也是对班主任生活状态的自我救赎。

面对很多学生问题，要在经验积累的过程中逐步去判断分类，不同的事情区别对待，如马上办、延时办、换人办、滞后办、忽略办……我们不得不勇敢或无奈

地承认，有些问题是我们这个年龄或我们这个学段力所不能及的。不妨把过于棘手的问题、不能胜任的问题交给时间。这不是放任，恰恰是重新回到学生基本学情上来，这种"放手"，能够为师生多争取一分生存的空间，而非步步紧逼。

贴标签的行为，只会加重"你心中"学生的"症状"。大胆地把学生放回到正常学生群体中，有意识地去"忽略"个别学生，去放弃那些让你紧张到目眦尽裂的问题，你或许会发现，看似"不管不理"，效果也许会胜过"当年鏖战急"。

有意栽花花不开，无心插柳柳成荫。一味追赶学生解决问题的班主任，只能收获"你追他逃"的无奈。只有你先于学生一步站定，稳稳地站定，才有可能改善和缓解对立的状态。事实上，没有你天天扭着学生日日唠叨，他（她）远远地看着你，反而对你好感略增。如果你舍得放下心中的成见，时不时诚心诚意地夸赞学生几句，润泽的师生关系立马就产生了，教师的权威不知不觉中又重建了。

改变学生，常常也需要解决问题的契机，暂时地放下，并不是简单地放弃，而是耐心寻找学生一言一行中值得欣赏处、闪光处，抓住即便是昙花一现的亮点持续做文章，使之成为转变学生的关键事件，成为"四两拨千斤"点亮学生心灯的关键推手，把师生沟通调整到稳步正向解决问题的方向上来。

班主任的情绪稳定，决定了一间教室的基本生态和安全感，而这种稳定的心态和情绪，常常来自内心的"放下"。教师顶着心头的万千压力，只会自塑一个不堪重负的壳，把自己弄成了一个重度的强迫症患者。放下内心的执念，在微笑面对学生的时候，也许会和教育的又一个春日不期而遇。

山不过来，我就过去

严娟娟

　　宇，我们班的现任班长，思想较复杂，不属于那种清澈透亮、一眼就可以看穿其心底的孩子。对他，我总是无法发自内心地喜欢、欣赏。

　　上学期"六一"前夕，学校让选各种奖章的得主。记得选"礼仪少年"时，我先提了几个同学的名字，当时宇就在底下问："老师，是你选还是我们选？"教室里突然就静了下来，我心里有些生气，但还是平静地说："宇，我只是想说明这几个同学符合'礼仪少年'的标准，并没有说就定他们了呀！"虽然自己当时显得很平静，但我语气中很不友好的意思大家都感觉到了。因为这件事，我们之间悄悄地产生了一些隔阂。我尽力让自己喜欢每一个学生，但是很长时间，对宇，我真的是喜欢不起来。

　　这学期开学，我们采用竞选的方式重新改选班委。那天竞选时，宇没有参与。当时，面对不是很热烈的竞选场面，我对学生们说："没有人竞选班长？没有班长怎么行？没有班长，学校分下来的一些工作怎么做？"这时，听到宇在下面说："那就不做了！"这话从目前还是班长的宇的口里说出，就如同大冬天一盆冷水冷不防地浇在了头上，浇得我半天说不出话。我控制着自己，接着宇的话对同学们说："宇说我们就不做学校安排的工作了，这行吗？可能吗？我们还是学校的一个班级吗？这话从我们的现任班长宇的口里说出，我的心透凉，也感觉非常悲哀！"听了我的这些话，宇脸上的表情极不自然。

　　班会结束后，尽管多数班委都被确定下来，但我的心情却很郁闷。我知道这个疙瘩就是因为宇，宇的举动让我很不舒心。这个疙瘩就让它这样持续下去，越滚越大？不，我要解开这个疙瘩！我把宇叫出了教室，还没说几句，宇的眼泪就往下掉。我说："怎么了？有什么事就跟老师说。"宇还是在流泪，沉默了一会儿，他说："老师，我不想说……"这个"不想说"让我心凉。看来，宇还是不想对我敞开心扉。看着流泪的宇，我决定换一个话题。我轻轻地对宇说："你的英语这个学期一定要努力，老师很为你的英语着急。老师留的需要背诵的部分，以后你每天都来找老师背（每天我是让组长检查同学的背诵情况），好吗？我们俩一起努力，争取让你的英语在这个学期有起色。"宇点了点头，但他突然说："老师，像刚才班里那样的事，您最好私下里和我说，不要当着班里同学说，行吗？"我说："行！"我明白了，刚才宇不想说的可能就是这件事！我突然意识到自己的失误，宇是一个很要面子的学生，我几次当着同学们的面，针对他的问题让大家发表意见，况且，我话语中透出了对宇的不满与愤怒，这也许让他感觉非常难堪，我对自己的不够宽容感到自责。

　　和宇谈话之后，想起他溢满泪的眼眶，我不得不提起笔，决定给宇写封信。我要开始主动走近宇，我不能让宇远离我，我要用我的真诚打动他，我要让宇感觉到老师对他的关爱与期望，我要让宇明白，老师就是他的朋友。第二天，我把信交给了宇，宇没有回信。下午大课间，宇拿着英语书来到我的办公室。他记着昨天我说的话！宇，主动来让我检查他的背诵情况了，我心里非常高兴！这是一个好迹象。当我开始向他走近的时候，他感觉到了这份关爱，他也向我走了过来。后来的几天，凡是我要求背诵的英语对话，宇都在课间来办公室找我背。我突然发现，宇也是那么可爱。

　　当老师和学生之间出现矛盾时，主动来缓解彼此矛盾的应该是老师。传统的师生关系决定老师处于强势，学生处于弱势，学生不会主动接近老师来缓和气氛，只有老师主动接近学生。老师就如同学生的父母，要包容学生。虽然宇和我之间有些隔阂，但当我把真诚与关爱给予宇时，他感受到了这份真诚，那颗远离我的心开始向我靠拢。当我改变自己的心态，主动接近宇，尽力来发现宇身上的优点，用欣赏的眼光来和宇相处时，我发现，原来我和宇之间也可以有那种心的愉悦。

　　"天空收容每一片云彩，不论其美丑，故天空广阔无比。"在和宇的交往中，我更深刻地理解了这句话。当与学生之间出现摩擦时，要有一颗包容的心，要有宽阔的胸襟，山不过来，我就过去，主动迈出一步，真诚地走近学生，迎接你的将是一片快乐、和谐、真情飞扬的天空。

温柔的征服

周　萍

　　我刚毕业那年做初一（3）班的班主任。班里有个叫吴峰（化名）的孩子，小学时是顶有名的"四大金刚"之一。你无法想象那个表面文弱清秀的男孩每天会整出多少乱子。可奇怪的是，开学一个月之后，吴峰陡然像变了个人，先前的桀骜不驯渐渐没了影子，我暗自欢喜的同时，总以为是每日的耳提面命终于感动了顽石……

　　几年后一次偶然的相遇，无意间从已长成大小伙的吴峰口中得知，他的那次改变竟源于我的一次流泪。

　　那是我离开家乡到异地工作后母亲第一次来看我。那个傍晚，吴峰又犯了错误，一天中第 N 次被揪进办公室。我气冲冲地在前面走，他晃悠晃悠地跟在后面。开学一个月了，忙忙碌碌的，想家的思绪倒被冲淡了许多。走廊尽头的办公室里欢声笑语，不似平时的安静。走进去不经意地一抬头，竟看见母亲笑盈盈地站在中间。愣住。怎么可能？意识到是真的时，我奔过去抱住母亲，瞬间的狂喜后是满腔的思念、满腹的委屈，然后全化作泪水，哭得稀里哗啦。慢慢平静下来后想起吴峰，那小子早就溜了……

　　怎么也想不到，当年那一幕除了我还会有人清楚地记得，而且竟是吴峰。那个大男孩对我说："老师，其实那天我一开始没溜走，我躲在窗户外，想看看热闹；可是当我看到你越哭越伤心，看到您的母亲也在抹眼泪时，忽然就难过起来，那是我第一次看见老师也会像个孩子那样不加掩饰地流泪，我对自己说：今后一定不让周老师再伤心，再流泪……"我知道肯定有很多年轻的班主任跟我一样，刚接手一个班时，对学生倾注了所有的热情，可是当这份付出得到的是让人手足无措的顽劣，是状况不断的混乱时，青春的梦想如烟般幻灭，我们委屈，我们心痛，我们消沉。当我们最终挣扎着重新站起来时，我们藏起眼中的关切，隐去嘴角的微笑，我们给自己戴上了一副虚假的面具，我们学会了用冷漠装点自己的威严。于是，日复一日，我们真的冷漠起来。

吴峰的一番话重新唤起了我心底的热情。原来，再严厉的训斥、再苦口婆心的劝诫都不及一次无意中的真情流露。一个受孩子衷心爱戴的老师，一定是一位最富有人情味的人。正是这毫不做作的情感，温柔地触动了孩子心灵的某根琴弦，缩短了彼此的距离。冷漠永远培养不出热情，能够滋润童心的只有真情，还有爱心。

李镇西老师这样说：爱心和童心，是我教育事业永不言败的最后一道防线。对年轻的班主任而言，我们可以没有不怒而威的丰厚阅历，可以没有这样那样的教育技巧，但无论遇到怎样的挫折，我们都不能丢弃对孩子的爱。

心中有爱，举手投足间挥洒出来的是温暖、亲切、宽容。你的温暖让孩子自在，你的亲切会鼓舞他们，你的宽容会启发他们。

也有年轻的同行向我诉苦：学生太皮，教室安静不下来；学生顽劣，会公然顶撞等等。这不是什么大不了的事，但如果处理不当，矛盾就会升级。我告诉他们不妨放下高高在上的姿态，俯下身子看学生。每个人都是一轮月亮，有着自己的阴晴圆缺，更何况是孩子。以一个孩子的视角看问题，我们的心中首先就有了一种宽容。青年人容易激动，在你嗔怒时，要提醒自己，给自己 3 分钟的时间不说话，因为人在盛怒之下往往会怒不择言，而过激的言语对孩子的伤害无异于一把把利刃。要善用你的眼睛，试着将言语的交流化作目光的交流。当你以一种冷静的、不悦的却又暗含了鼓励、信任的眼神一直看向他时，他还会旁若无人地大讲特讲吗？从这样的眼神里，他会觉察到自己的错误，他会感激老师给了他保存自尊的机会，他会惭愧，进而暗下决心，改正错误……

有位网友说得好：教育，不必装饰成豪情万丈的伟岸。我们的孩子需要的，是温柔的征服。

想起一位在私立学校任教的朋友，带的是全校最难管理且已换过几任班主任的班级。他因为一次晨跑中学生精神不振而在班上大发雷霆，结果引起部分同学的反感，甚至有同学当面顶撞。虽然最终教师的威严占了上风，但当天下午学生的态度就来了个 180 度大转弯，以前都称他"阿夫"，现在却恭敬地改称"赵老师"，原本和谐的师生关系出现了裂痕。一旦学生有意识地对老师敬而远之，教育，还能进行到底吗？学生是最敏感的。意识到自己可能操之过急，这位老师在当天的班会上让学生给自己开"批斗会"。老师的真诚最终感动了学生，"批斗会"最终变成师生双方的批评与自我批评。离开教室的时候，这位老师发现班主任笔记本里不知何时夹进了一张纸条：老师，我再给您提一条意见，不许再在我们面前提"辞职"的事！我们需要您带我们到高三！

因为心中有爱，因为爱可以赢得爱。或者，老师的爱应该像阳光。阳光普照世间万物时，它并不会在意每朵花是否都会散发出幽香和芬芳；它所在意的是，光线的每一个细微的部分，是不是都给了花瓣最温暖的触摸。那么，就让我们把愤怒的姿势换成握手，让一句厉声的呵斥变成温和的凝视，轻拍对方的肩膀，给学生一个宽容的眼神，用心倾听学生的话语……

以动人的情怀感动学生，以真诚的爱心呵护学生：我们的孩子需要的，是温柔的征服。

巧借良师撞心钟

王晓平

　　不少班主任都抱怨说，学生心灵的钟越来越厚重了，想要敲响它越来越不容易了。确实如此，在伴随着彩电、影碟、电脑、卡拉 OK 长大的当代青少年面前，班主任的说教，往往显得苍白无力，有的学生甚至对老师的说教产生厌倦感和逆反心理。但是"千教万教教人求真，千学万学学做真人"（陶行知语），班主任"育德"的重任绝不能因此而松懈。我们可以灵活地借助班会课，最大限度地"教人求真"、"学做真人"，千方百计地叩响学生心灵的钟。我深感"育人"仅靠班主任的力量是很不够的，得想办法把一个老师变成十个、百个老师，这样教育的力度也就翻倍了。这也是任小艾老师的教育技巧之一，即"三位一体互促法"。"三位一体"指的是班主任老师要调动起学校、家庭、社会三者的力量，使三者成为一个整体，共同参与教育。

　　韩愈在《师说》一文中说得好，"无贵无贱，无长无少，道之所存，师之所存"，我们不妨借助那些"道之所存"的"老师"，来上班会课。这些新面孔的老师，令学生有新鲜感，被学生接纳的程度较高，他们讲课的效果，常常超出了我的预料。因此这一"巧借良师"的做法，是我班主任生涯中常用的方法之一。

　　举例说说吧。有一年，我接手了高一的新班。第一次集合时，多数同学都低着头，情绪沮丧。这也难怪，我校是一所初高中都有的高校附中，却不是市里的重点中学，初三老师为了刺激学生的积极性，大肆渲染考重点的必要性和前景，现在，将近二分之一的人都去了重点，他们却留在原来的学校，就感到美梦破灭，心灰意冷，羞于见人。这时班主任的首要任务应是满腔热情地帮助他们走出"没考上重点"的阴影，使其打掉自卑感，培养自信心，树立起人生的大目标。

　　我决定开学第一个月的所有班会课，都用来帮助同学们调整心态。为此，我请来了本校毕业生中的三男一女来当"老师"。小刘当年考上了北京广播学院（现为

"中国传媒大学"），小赵正在读研究生，小陈大学毕业后留大学工作，小付学的是艺术专业，电视台还播放了他的吉他演奏。

班会时，我们移开讲台，把课桌围成圆形，大家围坐在一起。小陈一开口，就让教室里的气氛为之一变："中考前，我用零花钱买了一条游泳裤，准备暑假痛快玩，因为没考好，直到高一报到，这条裤子还是崭新的，整个暑假全家都在沉闷中度过。"他的话，很快激起了同学内心的共鸣，心理的距离一下子就拉近了。小赵说，拿到本校高中的通知书，简直像掉进了冰窖，后来慢慢调整心态，懂得了成功主要还是靠自己的努力，就安下心来了。考上大学后，她觉得自己并不差，就开始做考研的准备，一毕业就考上了研究生。自己一定要对自己有信心，也不妨提早做些准备。小刘说，经过高中的刻苦努力，他考上了北京广播学院，当年同班同学考上重点后报文科的有5位，1位考上了本省的本科，1位上了大专，3位复读，事实说明，关键还在于自己。小付说，就是在本校，他的成绩也一直是后几名，当年高考落选了，但是他不气馁，根据自己的乐器特长，改考艺术专业，终于考上了。现在在市群艺馆做着自己喜欢的工作。这个班会，我特意留了10分钟让同学们提问，便于同学们和他们自由交流。下课的铃声响了，同学们仍在不断提问。下课后，同学还三五成群地聚在那几位"老师"身边交谈。从同学们高昂的情绪、发光的眼神中，我感到这堂课的效果非同寻常。

我用"巧借良师"的方法，先后多次请过研究生（每次3～4位）和同学谈理想的追求、求学经历、学习方法，那些来自贫困山区的、父母都是农民的研究生，他们年轻朴实，生活节俭，谈吐风趣，备受同学欢迎（本校在大学校园内，请他们较方便）；我请参加过抗美援朝的老干部讲当年的战斗经历，真实的人和事，同学们感到很亲切；外语学校的焦书记退休了，他曾发表过不少教育研究方面的论文，我请他和同学谈高中生的学习态度、学习方法，因效果很好，一谈就是4次；香港回归时，请过香港的教授，谈香港的历史、香港的概况；请过农民谈他和自己考上了北京政法大学的女儿的家庭故事；还请过搬运工谈他的儿子读高中的往事，谈他怎样用汗水供儿子读大学。这些"外来老师"的课，每学期都争取能有两次以上。从同学们的讨论发言和周记中，可以触摸到他们心钟被撞响的颤动。

有的班主任会发出疑问：现在是市场经济，请人讲课，哪来那么多钱呀？我的确请过不少"老师"来上班会课，但凭的是一颗诚心，登门相请时，坦言"为教育下一代"，只能是义务劳动。在物色"老师"时，很注意对方的人品，所以讲到无报酬时，他们也都欣然应允。一节这样的班会课，物色老师、登门拜访、商定时间和内容、会前再次电话联系，很花时间，班主任付出的时间和精力，数倍于平时的班会课。但它的效果，也数倍于平时说教的班会课。所以多年来，我也就乐此不疲。

　　有的班主任可能会说，这些"老师"不好找呀！其实，就看你是否"有心"了。我们身边就有许多值得学习的、能给我们感悟的人。不要苛求十全十美，"道之所存，师之所存"嘛！只要"有心"，"目标"到处都有。我物色"老师"，并不觉得吃力。在"寻师"的过程中，自己常常"先受教育"了，还因此结交了不少朋友。比如：在菜市场买菜，那位菜农说，女儿考上了北京政法大学。我便和他聊起女儿在高中读书时的情况，听他说得挺生动，就请他"为师"。给我搬家的搬运工，说为了供儿子在武汉读大学，只要有活干，宁可价钱低一些，我又和他交谈起来，也请他"为师"。我到他们两家邀请时，那简陋的住房，陈旧的家具，艰辛的日子，孩子在这种条件下苦学成才，对我触动很大。他们说，文化不高，说不上几句呀，我说，就把学生当成自己的孩子，和他们聊聊天就可以了。他俩那粗陋的服装，黑红的脸膛，满是硬茧的双手，乐观的人生态度，对子女的挚爱，都使学生为之动容。

　　只要我们班主任有"育德"的责任感，有撞响心钟的执着，身边"良师"无数矣！

以儿童的眼光看儿童

徐 莉

午餐刚过，教室里又闹翻了天。"开心果"小 C 正在讲台上手舞足蹈，手里拿着个黑板擦，"啪！"——往讲台上一拍："各位各位，静一静！拍卖会开始了！"

嘿，别小看了他，这么一吆喝，教室里果然静了下来，但马上又炸开了锅："什么呀？你拍卖什么？"小 C 脸一板，眼睛一瞪，干咳了一声："这个么……"突然停了。只见他的眼睛马上眯成了一条线，圆圆的脸堆成了一朵花："拍卖——初吻！""哈哈哈哈！"

"我出 1 分钱！""我出 3 毛钱！""我出 500 万！"教室里又炸开了锅……

这是在五年级（3）班上演的"拍卖初吻"一幕，看到这情形，作为班主任的你会怎么想呢？你可能会想，这帮小家伙简直是无法无天，在教室里这么大吵大闹，还有没有一点点组织性、纪律性？不行，得好好地批评一顿，这么狂傲不羁还像一个班集体吗？批评过后，好好整顿班级纪律。

你可能会想，不得了，现在的孩子怎么成这个样子了？小小年纪，一天到晚都在想些什么呀！早熟！得好好地进行思想教育，找个机会找小 C 好好谈谈，让他意识到问题的严重性，把心思好好放在学习上才对！

如果你这么想，你就会采取批评、谈心、说教等教育手段，苦口婆心、言辞切切、语重心长，动之以情、晓之以理、导之以行，再不行，就在班上狠狠训斥一顿，甚至叫家长，让家长也引起重视。这样的教育后果呢，孩子肯定会印象深刻，或许他再也不敢如此胡闹了，他会认识到这样的行为是可耻的，是越轨的，他会从此收敛，但他的心灵上却从此留下了一条难以抚平的伤痕。

那你何不把自己也当成一个孩子呢？如果你也是一个学生，你坐在教室里，看到同学在"拍卖初吻"，你一定也笑得前俯后仰，你一定也觉得非常有趣，而不会觉得这是多么可耻、多么有伤风化的事。

当我听说了这件事后，我根本不觉得可气，也不觉得震惊，反而觉得这些孩子真是可爱。在活动课上，我开玩笑地问小 C："你怎么想到拍卖初吻的？""好玩啊！"小 C 答得很干脆。"那你的初吻卖给了谁？"小 C 不好意思地挠挠头，旁边的同学都过来凑热闹："哈哈，他的初吻献给了小瑜家的那只狮子狗了！"我笑得喘不过气来："真的啊？哈哈！"小 C 难为情地说："呵呵，她家的狮子狗太可爱了，我就亲了亲它。"

看，其实孩子只是好玩而已，他们的想法是那么的纯真可爱！其实，有时候只是我们把事情想得太严重。在我们成人眼里，或许那些事不像一个小孩子做的，我们以为他们什么都懂，以为他们的思想有问题，以为他们的行为出了格，但是，如果你也以一个孩子的眼光去看待，你就会了解其实他们只是好玩而已，就那么简单！

记得我曾经看过台湾一个电视剧，里面有这样一个片段：小女孩在生日那天很忧伤，妈妈问她为什么，她说："我爱他，可是他却不知道。"她妈妈听了，温柔地安慰她："噢，那你如果各方面都很出色的话，他就会注意你了。所以，你一定要成为一个非常优秀的女孩。"同样地，当知心姐姐卢勤知道儿子暗恋班上一个女孩子时，她给儿子写了一封信："一个国家强大了，别的国家才来和她建交；一个人强大了，别人才会对你友好；一个男人强大了，好的女人才会来找你。"看了妈妈的字条，儿子顿时醒悟，他从苦恼中解脱出来了，将全部精力投放在学习上。

当我们现在听到孩子们说"我喜欢班上的某某同学"时，我们马上想到的是"早恋"；当我们听到孩子们在说着"情"啊"爱"啊的时候，我们马上皱起眉头，认为他们"早熟"。其实孩子们的世界很单纯，虽然现在的孩子心理是比较早熟的，但他们的情感和我们成人眼里的情感是完全不同的。或许正是你的小题大做，玷污了孩子纯真的感情，给他们清澈的心灵蒙上了污垢。所以，千万不要用成人的眼光去看待孩子，不要大惊小怪，以儿童的眼光看儿童，你才能真正走进他们的内心。

有时"无痕"胜"有痕"

刘大玲

　　刚过完热闹的元宵佳节，同学们依依不舍地离开温暖舒适的家，又回到了阔别一个多月的学校，回到这个由 52 个孩子组成的大家庭。

　　我发现同学们以前讲卫生的习惯不翼而飞了：黑板没人擦；教室里这儿一些纸屑，那儿一些果壳；前边一些塑料袋张着大口，后边一些笤帚横七竖八地躺在地上……孩子们一个个只顾吃着、说笑着，对班上的这些细小的事情漠不关心，熟视无睹。我看在眼里，急在心上，孩子们怎么这么快就忘了《小学生守则》的要求？我真想冲着这群欢呼雀跃的小"馋猫"大声训斥，可转念一想，新年刚过，一来到学校就训学生，这未免太不近人情了，还是叫他们收拾干净吧！于是在我的"指挥"下，教室里重新变得桌椅整齐，一尘不染。可是好景不长，一到下午，旧景重现，我只好让上午的"旧戏"重演一番……

　　一连几天，类似的事情总有发生。看来督促管理并不奏效，我打算另寻一个合适而又有效的方法，我思索着……那天正好翻看了杜甫的《春夜喜雨》，"随风潜入夜，润物细无声"启发了我，做学生思想工作不正需要这种和风细雨般的教育吗？

　　那天中午，地上又有了纸屑、塑料袋。我不再像往常那样叫学生打扫干净，而是自己俯下身子弯下腰轻轻捡起来，不露声色地把纸屑、塑料袋放进垃圾箱。我发现孩子们的目光随着我的身影移动，眼神中流露出惊叹和赞赏。连续几天，我都一如既往地默默地做着这些不起眼的小事。也许是受到我的感染，也许是良心发现，以后的日子里，我发现班上地面变干净了，黑板变整洁了，桌椅摆整齐了。即使有了垃圾，孩子们也会抢着去干，班上的卫生工作已经不再需要我督促了。同时，我欣喜地发现同学们其他方面也有了很大进步，班级面貌焕然一新。

　　在这次成功的教育经历中，我深深体会到了班主任"润物细无声"教育的妙不可言。这种"无痕"教育远比空洞说教、大声训斥、当面指责、讽刺挖苦高明得多。是啊！你轻描淡写的一句鼓励的话语，你看似简单的一个轻轻爱抚，你富有深情的那一瞥，你一句深情的嘘寒问暖，你讲的一个感人肺腑的故事，你不露痕迹的一个暗示，你一个浅浅的微笑，你反其道而行之的榜样力量……这些"无痕"的教育方式会给学生留下刻骨铭心的记忆，会在学生心中荡漾起涟漪，净化学生的心灵。这不正是"无痕"教育的魅力所在吗？实施"无痕"教育，班主任必须做到：

1. 海纳百川，有容乃大

教育无痕，即不露痕迹的教育，它既是一种教育方式，更是一种教育技巧。实施无痕教育首先要求教师有宽广的胸襟，有一颗为了孩子的成长甘愿改变自己性情的诚心，具备无微不至的细心、铁杵磨成针的耐心与慈母般的爱心。当学生有过错时，教师要有"海纳百川，有容乃大"的度量；要有宰相胸怀，肚里能撑船；要千方百计多想办法，而不能赤裸裸地教育学生。所以，在育人时要尽量避免正面说教，应委婉地细心地谆谆教诲。苏霍姆林斯基说："造成教育青少年的困难的最重要的原因，在于教育实践在他们面前以赤裸裸的形式进行，而处于这个年龄期的人，就其本性来说是不愿意感到有人在教育他们的。"因此教师要能随机应变地利用教学机智来引导学生，而不是大声训斥、批评、空洞地说教，火冒三丈时厉声叱骂、讽刺挖苦打击，甚至体罚、变相体罚学生。殊不知，这样的教育方式收效甚微，这都是因为你还缺乏足够的诚心、细心与耐心，更缺少慈母般的宽容之心与爱心。用"无痕"的批评教育给学生以良性的刺激，既不伤害学生的自尊，又不丢学生的面子，就如同武林高手"踏水无痕"、"踏雪无痕"一样，在呵护和引导中显示出强大的威力。

2. 德高为师，身正为范

教育是一门需要精耕细作的艺术，教师应以自己的人格魅力去感染学生，教师的师德高尚与否直接影响到祖国的下一代，作为"人类灵魂的工程师"的我们应以身教代替言传，用自己的言行举止让学生在耳濡目染中受到启发与教育，以自己的美好心灵引导学生成人、成才。要以人为本，以学生为本，再小的事也应从教育学生的角度出发，要求学生做到的，自己必须先做到；学生难以做到的，自己也应先行一步。例如要求班上学生服装整洁，做教师的就应该从自己做起，绝不能衣衫不整；要求学生不要骂人、打架，自己就绝对不能打骂学生；要求学生作业工整，自己在黑板上就得写出端庄秀美的正楷字……

3. 集腋成裘，积沙成塔

"勿以恶小而为之，勿以善小而不为"，在"无痕"教育中还要善于引领学生从小事做起，使学生从小事、细节中受到良好的教育，教师用一桩桩、一件件活生生的教育实例让学生从中受启发。老子说："天下难事，必作于易；天下大事，必作于细。"教育学生也不例外。案例中教育学生打扫教室，从而让学生受到讲卫生、爱劳动的教育就是一个实例。《劝学》中说道："不积跬步，无以至千里；不积小流，无以成江海。"只有从小培养，从一点一滴的小事做起，集腋成裘，积沙成塔，良好的品质才会一步步地形成。教师的谆谆教诲如春雨一般无声地滋润着学生的心田，这更有利于学生的健康发展，能收到最佳的教育效果。

写到这儿，我忽然想起了这样一个故事：一个在山中茅屋里修行的老法师月夜散步归来，碰上一个小偷正从他的茅屋里出来。他知道小偷在茅屋里找不到什么值钱的东西，便脱下身上的衣服披在惊魂未定的小偷身上说："你走老远的山路来探望我，总不能让你空手回去呀！"望着消失在夜色中的小偷的背影，老法师感慨地说："可怜的人呀，但愿我能送一轮明月给你！"第二天早上，老法师睁开眼睛，便看见那件披在小偷身上的衣服叠得整整齐齐地放在门口，老法师高兴极了："我终于送了他一轮明月！"

班主任们，让我们把那轮金黄的明月送给我们的学生吧！我们已走出了新课程实施的迷惘和困惑，我们已做好了充分的心理准备，我们满怀着希望进行播种，我们更期盼着：在新理念的引领下，向着"无痕"的教育进程昂首阔步前进。

不妨给学生递个纸条

于建宏

　　不少年轻的班主任由于缺乏工作经验，在接手一个新的班级时，往往苦于短时间内找不到和学生交流的有效载体，对学生的爱起初往往是单向性的，难以激起学生情感的"回流"，这给开展班级工作带来了一定的障碍。我在做班主任工作时，常常会给学生悄悄地递个纸条，让小小的纸条传递师爱，收到了事半功倍的教育效果。

1. 期待和激励是拨动后进生心弦的手

　　后进生，是指那些成绩较差，爱惹是生非的学生。他们往往得不到班主任的爱，容易自暴自弃。班主任要做他们的贴心人，去发现、捕捉他们的闪光点；要对他们寄予厚爱，拨动他们的心弦，鼓起他们前进的风帆。我用小纸条把这些爱的信息悄悄传递给后进生，把师爱洒进他们的心田。

　　案例一：

　　学生 A 是个非常贪玩的男孩，学习成绩较差。期中考试以后，学校举行乒乓球比赛，他在全班无其他人参加的情况下报了名，并且一路过关斩将得了年级冠军！我在他获得冠军的当晚递给他一张纸条："你是机灵、聪明的男孩，要不然乒乓球冠军不会属于你。如果能把乒乓球台前的专注移一点到学习上，优异的成绩一定会使你更潇洒！"没想到这小小的纸条真的改变了他，期末检测时，他彻底甩掉了落后的帽子。

　　案例二：

　　学生 B 行为散漫，纪律性差，但自尊心很强。有一次他上课走神，我发现他正在翻阅自己的写生画册。下课后我向他借那本画册，他表现出十二分的不安。我细细地看完了他的作品，写了一张纸条夹在他的画册里还给了他。纸条上写着这样一段话："你的画非常漂亮，如果你能改变听课走神、行为散漫、不拘小节等毛病，你的优点就会更突出。只要坚持，你一定能成为一名画家。"这孩子后来真的逐渐改正了不良的学习习惯，只在课余练习画画了。

小小的纸条，没有指责，没有嘲讽，推心置腹，情真意切，使厌学的开始发奋，消极的有了朝气……小纸条给了后进生奋发向上的动力。

2. 肯定和尊重是照亮中等生前程的灯

"抓两头，促中间"是班主任工作的原则之一。我在工作中注意及时捕捉显现在中等生身上的积极因素，用小纸条传递我对他们的关注，激发他们努力上进、一展身手的激情。

案例三：

学生C是一个典型的中等生，表扬轮不上，批评摊不着，长期被忽视使她沉默寡言，常常一个人独处。我悄悄地递给她一张纸条："你以前可不是这样的呀，三年级时你的作文就被老师作为范文拿到其他班诵读，对不对？四年级时你参加学校运动会，800米跑到第二圈的时候，你不小心摔了一跤，同学们都估计你不会再跑了，你咬咬牙爬起来，坚持跑到底，结果夺得了第二名，是不是？你为班级赢得了这么多荣誉，更应该和同学们打成一片呀！"我的肯定使C深受感动，她也给我写了一张纸条："老师，没想到您这么了解我，今后我有什么不对，您就狠狠批评我吧！"我当即又递给她一张纸条："让我们做好朋友，互相帮助，好吗？"就这样你来我往，悄悄传递的纸条改变了她。

案例四：

学生D是一个聪明的女孩，但管不住自己的嘴，上课爱说话。一天下午放学我送路队，悄悄地把一张纸条塞进了她的手心："你单纯、聪明，分析力强，这是你的优点；但你自制力差，影响了你的进步。希望你不要被缺点牵制！"当晚，学生D的妈妈就打来电话，说女儿很受感动，决心不辜负老师的期望，早日改正缺点。

借助小纸条和中等生交流，肯定他们的长处，尊重他们的人格，同时又点明阻碍他们进步的问题，使他们在良好的情感体验中审视自己，促使他们克服消极因素，自觉地向优秀生转化。

3. 提醒和批评是催促优秀生奋进的鞭

成绩优异、品行端正的学生常常集荣誉于一身，一般的表扬已引不起他们的重视，"骄"、"娇"二字或多或少地体现在他们的身上。同时，这些学生的自尊心又极强，当众批评会使他们产生抵触情绪。我用悄悄传递纸条的方法，指出他们的不足，既维护了他们的自尊，又能激发他们上进。

案例五：

学生 E 品学兼优，生性喜静，不太喜爱集体活动。我在悄悄递给她的纸条上这样写道："悄悄地学习，默默地思考，轻轻地回答，优秀的成绩在你看来是那么平常。哪一天，能听到你激昂的演讲，看到你优美的舞姿，老师更会为有你这样的学生而骄傲。"赞扬中包含着委婉的批评。E 后来参加县演讲比赛获得二等奖，并且成了学校首届校园文化节的主持人。

案例六：

学生 F 是校文学社社长，人长得帅，各方面都很优秀，就是字写得不好。找他谈过几次，效果不是很明显。我买了一本学生字帖送给他，并附了一张小纸条："一个小帅哥，写一手漂亮的文章，如果再加上一笔漂亮的钢笔字，一定会锦上添花。"此后，他一有空就练字，到毕业时，他已经是学校"写字八段希望之星"。

"响鼓不用重槌敲"，稍做提醒就能使优秀生注意到班主任对他们喜爱中流露出的严格要求，一张张小纸条宛如在提醒他们"无须扬鞭自奋蹄"。

客观的评价，委婉的规劝，善意的提醒，热切的希望……融注满腔爱心的小纸条以含蓄的方式在班主任和学生之间创设了情感沟通的心理效应场，促使学生们自我矫正，其效果是空洞说教或严厉责备所无法比拟的。

年轻的班主任，工作中遇到了麻烦，不妨给学生递个纸条，让师爱在悄悄传递的纸条中流淌！

重视孩子的在乎

朱一花

每天都那个点上班。穿过延安路时，我们班的麟正跟他外婆迎面走来。

"朱老师……"远远地叫了我，这个胖嘟嘟的小男孩。

"麟，今天外婆送你呀！"我停下了脚步。

"是啊！"他乐呵呵地，笑眯眯的样子，真可爱。

"要不，跟朱老师走吧！让外婆早点回家。"我说。正说着，外婆赶紧把手里的书包给麟背上，我顺势把麟的手一牵，往学校走去。

"今天怎么那么早来呢？"我问。这个点，学生到校，是早了点。

"今天我是坐汽车来的。"家不远，坐汽车，估计是前面无法停车，拐角处下车，正好被我遇见了。

"今天你值日吗？"

"不是，我是下下周的周五值日。"他说。

"什么？下下周的周五？"我一听，愣住了。我显然被"下下周的周五"惊到了：离现在还有两周！他竟然能推算得这样清楚，真不可思议！

为了让每个孩子都有锻炼的机会，一年级开学后近四个月，我至今没有一组完整的班干部。每天两名的值日班长，集领读、排队、管理于一身，三个星期一轮，轮到值日的那一天，值日生有一个非常骄傲的名字：班长。然后，那天早上，可以拿着语文书，站在讲台上领着孩子们读书。课间出操了，值日班长可以站在队伍的最前头，高声喊着"全体立正、向前看齐、向前看……"等口令，雄赳赳气昂昂地带领同学们走到操场。课余时间，值日班长会有一种难以言状的"使命感"，成为老师琐碎事情的小帮手。放学后，值日班长拿着路队牌子，带着同学们走到校门口，然后把他们交给等候的家长。多么光荣的称号，多么令人向往的锻炼，多么值得期待的责任！

"下下周的周五？"我特地强调了一遍，正想说，"下下周的周五，你怎么现在就已经知道了呢？"我刚想吐出口，马上就咽了回去——我不在乎今天是谁值日，可是孩子在乎！

是啊，孩子在乎。自从我那份没有安排日期的值日轮流表张贴在醒目的位置后，我再也没有为明天是谁值日操过心。因为，经历这一次值日的孩子，每一天都在期待他们的下一次，根本不用我提醒。值日班长，对于他们来说，就像是等待一场花开，又或是等待那一只只青色的蝌蚪游弋成青蛙，又好像在等待那芝麻粒大小的蚕卵孵化成虫。他们的耐心与向往，超越了我们的想象，也超越了我们那常常感到力不从心的焦灼。我们常常用成人的在乎，去抵制孩子的在乎；同时又用自己的不在乎，去忽略孩子的在乎。孩子在乎的，常常恰是我们不在乎的。就像明天的值日是谁，我不想再去多看一眼那张书写着 35 个名字的表格，就像红领巾入队我们只当是普普通通的一次活动。我们并不知晓他们为了那一次入队仪式曾激动得彻夜难眠，更不知道他们为了这样一次值日而提前几个星期就去推算自己下次受命的那一天。我们仿佛被"快节奏"的生活蒙蔽了自己的双眼——教学进度是要跟上的，每天一课是必须的，运动会上规律节奏地踏步走是要整齐划一的，接力赛是要力争第一的……我们的眼睛仿佛成了挑错的机器，看着孩子们跟不上节奏的踏步，做操时抬不高的小手，听写时拿不到满分的试卷，焦虑就像青藤绕树一样勒得你透不过气来——因为，那是我们在乎的！

我脑海中浮现过一些画面：朱老师，我积分有 80 分了，什么时候给我换礼物？朱老师，体育老师说我可以去换健卡，我想中午就去；朱老师，你给我的这本书是我最珍贵的礼物，我特别喜欢……我想起自己曾经承诺孩子们，每个孩子生日，我都会给他（她）送一本绘本。结果有一次，一个孩子的生日在假期里，她忧伤地对妈妈说："妈妈，朱老师不知道我生日，我没有朱老师的礼物了，怎么办？"……对孩子做的微不足道的事情，微不足道的承诺，在孩子们心中，却成了最美丽最值得期待的风景。

行文至此，那句"我是下下周的周五值日"正回响在耳旁。下下周的周五值日，麟今天就知道了。不，或许更早，早得在我一张贴值日表的时候，就已经知道了。

不可否认，这件事对我触动极大。来到教室，我对孩子们动情地说："小朋友们，虽然你们只有7周岁，但是你们对班级的责任感和集体荣誉感深深地感动着我，就像麟，他下下周的周五值日，今天或者更早，就已经放在心里。他这样用心地牢记自己的值日时间，一定会是一个优秀的值日班长！"话音刚落，班级里小手如林："朱老师，我是下周四值日！""朱老师，我是下下周的周三值日！"……孩子们的声音此起彼伏，我望着一尘不染的教室，欣慰地笑了，眼眶里湿润润的。

从那时起，我暗暗告诫自己，要重视孩子的在乎。

重视孩子的在乎，就珍视他们的每一次亮相。或当一次值日班长，或在课堂中勇敢地将小手高高地举起，或选举每一次的小组长。他们为了达到心中的目标，聚集了所有的力量。他们在等候一场雨露给予他们茁壮向上的力量。

重视孩子的在乎，还要珍视自己的每一次承诺。孩子的向师性决定了教师的使命感与责任感，言必诺，行必果，教师要用自己的实际行动赢得孩子心中那份庄严的尊重与神圣。

重视孩子的在乎，还要珍视孩子的每一次求助。"老师，能否帮我把水杯盖子拧一下？""老师，我饭盒打不开……"每一次求助，都是孩子与教师之间建立亲密关系的桥梁，每一次应答，都是教师回馈给孩子巨大安全感的方式。

重视孩子的在乎，才能真正走进孩子的心里，了解孩子的童真世界，走进教育的内核。

辑四

一个学生，一个世界

让学生在预置的情境中感悟、成长

周玉波

　　一谈解决学生问题，年轻班主任马上就会滔滔不绝，或疾风暴雨，或涓涓细流。其实，教育最便当的就是语言。可是，当有这么一天你突然发现，你的"三寸不烂之舌"也"老化溃烂"、你的"唇枪舌剑"也遭遇"臭弹哑子"时，我们有些年轻班主任却真的不知所从了。

　　这一天，一个 80 后班主任就找到我说："周校长，您能帮我一个忙吗？"我说："什么忙？"她说："我们班一个男生不服管，我怎样说也说不服他。"

　　原来是班里的这个男生喜欢上了同班一个女生，于是就一厢情愿、不管不顾地开始了漫长的追求之旅。不是相约就是表白的纸条满天飞，要么放在女生的文具盒里，要么夹在女生的笔记本里，要么找这位女生的闺蜜转送；听说还在一个周日的晚上，仿照电视剧里的情节，拿着一把吉他，到女生宿舍楼下唱歌。女生一直不理他，可他越发执着，结果有一天把女生逼急了，找到班主任告这个男生骚扰她。班主任找来这个男生谈话，没说几句，这个男生反倒急了："我怎么骚扰她了？我就是喜欢她，喜欢是我的权利，我有追求爱的权利！她不喜欢我那是她的事，我错哪了？"一席话，搞得班主任也哑口无言了。

　　我知道，不是我们这位班主任说服不了他，而是在我们这位 80 后班主任心里或多或少的也有认同。我说："好吧，你叫他来找我吧。"

　　我打开二楼会议室，会议室里有一个 7 米长的会议桌，我在两端各摆了一把椅子。

　　等这个男生来了，我把他带进会议室，让他坐在一端，我坐在另一端，我们开始谈话。我声音不大，学生听不清，就说："周校长，您能不能离我近些？"我说："可以啊。"我往前移了一下，可他还是听不清，就又说："您能不能再近些？"我说："没问题。"这一次，我一直向前移，当我的脸快要贴上他的脸时，他"嗖"地一下站起来躲开了，我急了："你什么意思！你让我靠近你的，怎么又躲开我？"

这个男生非常聪明，好像一下全明白了，和我说了一句："周校长，您什么都别说了，我回去找班主任道歉去。"转身就走了。

过了一会，班主任跑过来惊讶地说："周校长，您用什么招儿这么快就把他说服了？"我说："他去找你道歉了？"班主任兴奋地说："是啊，他说得还真好，他说'过近的人际距离，就是对人的一种骚扰'。"

我笑着说："看，他明白得比我们还透彻。"

"周校长，其实……"班主任红着脸说："尽管他顶撞我，我挺生气的，但开始，我总觉得他说的是有道理的，没想到……他说得还真好。"

我说："你们年龄也差不了几岁，肯定有许多相通的地方。但我们毕竟是教育者，一旦我们的教育失了效，甚至连我们自己都没有底气的时候，就需要我们去思考和改变了。"

我知道，她很好奇，她想知道我今天是怎样"短平快"地就"说"服了这个男生。我让她坐下来，我们从"说"谈起……

其实，年轻班主任教育的常态语素就是一个"说"字，光凭嘴"说"的教育虽然最便当，但也最单一、最枯燥。如果你总是钟情于这种"爱不释嘴"的教育，一天到晚的"唠叨"，总有一天它会失效的。这时就需要改变一下教育思路，回归到教育的本源，闭上我们的嘴，去精心创置一种既针对性强又"无痕"的情境，在情境中，让学生去感悟，使学生受熏陶，如沐春风地改变、成长。

人本来就是从环境中来的，那个最初孕育我们的环境叫"子宫"。其实，人的成长最需要的还是环境，那是一种先天的情有独钟。我们的教育最让学生烦的当属"唠叨"，学生更需要的是情境、是经历、是影响、是感悟，而不是唠叨。学生更容易接受的是形象的、情境的教育。唠叨是强加的，感悟才是自己的。

所以，当学生需要再次孕育的时候，应合乎学生的心理诉求，创置情境，打造适合学生成长的"第二子宫"，不失为一种回归本源的行之有效的好方法。

直来直去的那些"说服"语言，学生多是不会选择的，因为他们不情愿；而我们精心为学生预置的情境，学生就不能不选择，因为他们喜欢，又多是在不知不觉中进行。

一个学生，一个世界。表面上我们面对的是这个男生，而实际上我们面对的却是这样一个内心世界：学生固化了自己的错误认知，却又执拗地认为它是正确的，是堂而皇之的，是理直气壮的，完全沉浸在自我中，全然不顾别人的感受。这也正是当下中学生颇为普遍的负性心理特征之一。

　　所以，要解决这个男生的问题，用再犀利的语言也是苍白的，因此，我用"情境创置法"创置了会议室这个情境，不用一言一语，让他感同身受，大彻大悟了什么是"骚扰"。

　　为了颠覆这个男生已经固化又被强化的错误认知，我选取了"强刺激"，在情境中着意设置了两个细节：一是用我的脸去贴他的脸，一是大声呵斥"你什么意思"！只有这样才能给他一种切身体察、超强感悟，使他固化的错误认知在瞬间颠覆和崩塌。

　　情境教育不同于语言教育，它是立体的、丰富的、感性的，它是熏陶而不是"说服"，它充满着感受点和智慧创意。年轻的朋友们，相信你只要用过一次，你就会爱不释手的。

特别的爱给特别的他

王新国

　　三国时，州官倪寻和李延都感到头痛、发热，便一同请华佗看病。华佗检查后，给他俩开了不同的药。两个人惊讶地问：我们的症状相同，为什么开的药不一样？华佗解释说：倪寻的病是由内部伤食引起的，而李延的病是由外部受寒引起的，因此，治疗的方法不同。二人回去后按方服药，果然病都好了。

　　世界上没有两片完全相同的树叶，人和人都是不同的个体，都具有矛盾的特殊性。一个学生，一个世界。作为班主任，学生不同，教育方法自然各异。

　　2012年，我刚接手高一（2）班，为了了解学生，我让学生以书面形式做自我介绍。有一个学生写道：

　　鄙人姓张，名扬，男性。仅此一家，绝无第二。另类个性，属于没事欠揍型的，动不动就烫个头、染个发，因上学原因，被迫剪个平头。唉！人不遂愿，天意难违呐！鄙人有特殊喜好，如吸烟、喝酒、上网、打架、谈恋爱，故自誉为"五好学生"，应该是刺儿头型的。鄙人生性幽默，乐善好施，出手阔绰……（注：此佳篇可谓惊天地，泣鬼神，为本大师呕心沥血之作。仅限王老师观看。）

　　从教多年，这是我读到的最有个性的文字。从这位"大师"学生"呕心沥血之作"来看，真可谓"惊天地，泣鬼神"。

　　刚接手这个班，只跟全班学生见了一次面，学生姓名和人我都还没对上号，没有单独接触，这位"大师"学生长什么样我还不知道，更谈不上了解，但他居然如此亮底般地自我介绍，可以想象，这绝对不是个"一般"的学生，十有八九是个刺儿头。这样的自我展示，不是示威，也得算是对我这个新老师的挑战。

　　第二天，我想认识一下这位"大师"，便站在教室门口问谁是张扬，只见一个皮肤白净、又高又帅气的小伙子走了出来，随我来到教学楼前的一块空地。

"小伙子很帅气呀!"我微笑着先开了口,"你写的'佳篇'我看了……"

张扬有些不好意思,摸摸头,微笑了一下,说:"怎么样,很真实吧?"——真是给点阳光就灿烂啊!

"嗯,"我说,"很真实,很有个性……"我跟他闲聊,问他初中毕业于哪个学校,家是哪里的,家里都有什么人,对高中生活有什么想法,等等。然后,从他"惊天地,泣鬼神"的"佳篇"谈到了他的个性。

"我很欣赏有个性的学生。就怕学生没个性,都跟一个模子刻出来的一样。"我说,"我很欣赏你的真实,实话实说。真实,意味着真诚。你说你生性幽默,可幽默不是人人都会的,因为幽默是一种艺术,是一种智慧;乐善好施,说明你心地善良;出手阔绰说明你处事大度,心胸宽阔。诚实、智慧、善良、心胸宽阔、处事大度,这些品质可不是一般人能同时具备的,而你似乎都具备了……"估计张扬没有想到我对他这么个"欠揍型"的"刺儿头"学生如此"欣赏"。"高中生活才刚开始,我希望你好好保持你的这些优良品质,做一个真正的'五好'学生。好不好?""好!"

事实证明,张扬这个学生的确很另类,虽然并没有发现他喝酒、打架,但偶尔抽烟、上网吧还是有的。我也不专门找他进行"救死扶伤",没有对他的"多病缠身"狠下猛药,苦口婆心进行教育。对于吸烟、喝酒、上网、打架、谈恋爱等问题,我只字不提。每逢相遇,四目相对,他礼貌地朝我一笑:"老师好!"我也报之一笑:"你好!"心照不宣。每逢班里有活动,我就让他去负责做点事,表现好、有进步,我就表扬他,经常给他点甜丝丝的感觉。

有一次,张扬向我道出了他的实底:从上小学起,父母就在外地做生意,一年回不了两次家,他跟着奶奶生活,是一个实实在在的留守儿童。因缺少父母的关爱,常常感觉孤单、寂寞,于是经常迟到、旷课,到大街上溜达,学会了抽烟、喝酒,学会了上网吧打游戏、染头发扮酷,老师都拿他没办法,批评教育也只管当时,过后依然我行我素,初中三年,他就是混过来的。"我也想让老师看到我的进步,也想让老师表扬我,可我一再努力就是没多大效果,也没人相信我,干脆一个鼻儿的罐子——甩起来了(注:类似破罐子破摔,毫不在乎)!"他说,"我变着法地气老师,就是想看看老师生气的样儿,很好玩儿,很过瘾……"

原来如此！我突然明白他为什么刚一开始就来个"惊天地，泣鬼神"的"呕心沥血之作"了。这是个缺乏关爱的孩子！他在用一种另类的方式来引起老师的注意。美国心理学家威廉·詹姆斯说："人性最深刻的原则就是希望别人对自己加以赏识。"我相信张扬不是无可救药的孩子，其内心深处也有向好、向善的潜在力量。

一晃大半个学期过去了，几个月里，我有意识地创造机会跟张扬接触，走近他，了解他，创造机会让他去表现，让他在潜移默化中体会我的用心，赢得他的信任，激发起他内心自我教育的动力。

我发现张扬并不像他自己说的那么"五毒俱全"，那么"刺儿头"，那么"欠揍"，而是一个阳光、开朗的孩子，积极参与班级活动，越来越进步。

实践告诉我们，每个人都是不一样的。作为班主任，班里几十个学生，个性迥异，情况有别，没有一种方法能解决所有学生的问题。中医讲究望闻问切，辨证施治。这就需要我们走进学生个性化的世界，关心学生的喜怒哀乐，让爱的阳光照进学生的心灵，针对学生的不同情况，因材施教。

对另类孩子：以宽容出牌

吴樱花

从 2002 年到 2005 年，整整 3 年，作为班主任，我一直守望着一个另类孩子的成长。我打出的唯一有效的牌就是给予他宽容，有时甚至是超乎原则的宽容。他叫苏苏（化名）。

课堂 40 分钟，他只听 15 分钟左右就懂了，剩下的时间他就在下面翻看其他书籍。如果不让他看，偏要他听课，他就在下面接话茬甚至捣蛋。我采取的方式是，让他坐在教室的最前排，只要不影响别人，且自己已经听懂了，他可以看其他书籍。

他早恋了，和同桌的女孩。女孩原先成绩不好，开始他是真的帮助她提高成绩。可是，就在女孩成绩不断提高的同时，他们的感情也越来越不寻常。我没有责怪他，而是理性地告诉他要冷静地处理这份感情，让这份热情淡化，保持友谊，或者让感情转移。后来，他选择了篮球。为了排遣心中的恋情，我允许他即使在上课的时候，有需要时也可以跟老师说明去打会儿篮球。

到初三了，学校规定一周 5 次的活动时间改为一次，其他的活动课都让学生做作业，早锻炼也改为早读，但是，他不买这个账，早读课、活动课偏要抱着篮球去篮球场。为此，我备受方方面面的压力。最后，我取得领导的支持，同意他在完成作业的前提下，早读课和活动课可以自由活动。

3 年来，类似的事情不胜枚举，但我永不言弃，宽容他，呵护他，启发他，教育他，我为他一个人写下了 15 万字的成长记录——《孩子，我看着你长大》。3 年的努力没有白费，如今的他像是变了个人似的。中考结束后，他一个人主动留下，帮我把教室整理得干干净净，在我身边久久不舍离去。最终，他以总分 660 分名列全市第一。拿成绩单那天，他恭恭敬敬地向我鞠了一个 90 度的躬。

苏苏是我们学校大家公认的另类孩子。3 年的教育经历给了我很多的启发。

任何一个另类的学生都是极具个性的孩子，只是他们尚不明白如何正确发展自己的个性。又因为初中生正处于身心发展的关键时期，这个时期的孩子的逆反心理非常严重，甚至有时候他们明知道老师和父母说的是正确的，但他们会故意和老师、父母对着干。如果此时老师或父母不理解他们的这种心理，而是强行纠正，结果往往适得其反。

面对这样的孩子，作为班主任，宽容是相当重要的。因为你可能面对很多阻力，也许有人会说你缺乏班级管理能力，也许有人会说你在纵容某个孩子，甚至有的孩子还会错误地认为你是不敢管他，惹不起他等等。其实，宽容他们一些偏激的言行，并不是迁就他们的错误和缺点，而是用师者的宽容给孩子们以无声的教诲。然而，个性不是头上长角，身上长刺，对于那些品德言行极端恶劣的孩子，老师要探究他们恶变的根源，必要时要给予适当的惩罚，而这些都应该是建立在宽容的基础上的。你要坚信：每一个孩子，都是具有反省能力的。

另类孩子都是那些与大家表现不一致、与众不同、个性很强的孩子。由于大多数人不接受或排斥他们，这些孩子往往会被集体推至一个极端，可能有些天分较高、潜质优秀的学生也在其中。我们的教育就在有意无意之间伤害了他们，也可能过早地"决定"了他们的命运，甚至日后的社会就缺少了几个天才。我们不得不承认有一部分孩子，他们不需要花大量的时间做题，他们上课也不需要全神贯注聆听40分钟，他们只需花少量的时间就把书本啃透了，作业做完了。如果剩下的时间还让他们老老实实地坐在那里，不准干其他事情，岂不是浪费这些孩子的智慧和生命？还不如宽容地让他们在完成学业的情况下多学点其他本领，可以看看其他方面的书，可以去发展自己其他的兴趣爱好，或者让他们多去参加一些社会活动，而不是把他们钉死在课本上。

所以，宽容另类孩子，寻求适合他们的教育，为他们的发展设置一个合适的空间，是班主任应该努力实践的课题。

走近"混混生"

郭力众

在平时的班级管理中，最让人劳心费神的往往是那些学习成绩差、思想意识差、没有明确的学习生活目标、不思进取混天度日而又屡教不改的"混混生"，但是，如果做不好这些学生的工作，又往往会给班级管理留下很多隐患。所以，如何走近"混混生"，如何帮助这些学生走出"混"的泥淖，的确是班级管理中一件很棘手的事情。

1．准确的归因

找到准确的归因，是解决问题的关键。学生之所以成为"混混生"，其原因往往是多方面的。有的是由于家庭不和带来了负面影响，有的是交友不慎而"近墨者黑"，还有的是家长溺爱导致恶果，如此等等，不一而足。所以，针对这些"混"的不同类型，只有首先弄清楚了真正原因，才能够有针对性地开展工作，才能够切实有效地解决问题。否则，我们的教育就是盲目的、泛化的、抽象的，就很难落到学生的心里，很难从根本上解决问题。以前我班上有一个学生，父亲长年在外，脾气急躁的母亲一人在家，不会教育孩子，只看重孩子的考试分数，只要看到孩子的成绩不好，就是一顿打骂。甚至在他7岁生日的那天，他的母亲还为一件小事把他拖出学校痛打一顿，让他一直记恨在心。在家里他感觉不到温暖，感觉不到亲情。后来他就和社会上的几个小痞子玩在了一起，抽烟、喝酒、打架、谈恋爱，样样都做，学习却是一塌糊涂，让人很头痛。了解情况后，我首先和家长讲述教育孩子的问题：多关心孩子，要让孩子体会到家庭的关爱；打骂教育不了孩子，要多讲道理。同时，和家长配合，切断他和原来那些"兄弟"的联系。后来，家长改变了教育方法，又做了大量细致的工作，这个学生才慢慢地有了好转。

2．真心的交流

精诚所至，金石为开。相对一般的学生而言，"混混生"更具有"抗教育力"，一般的说教，对于他们很难起到作用。所以，在做这些学生的工作时一定要有诚心，要本着真心帮助学生的目的。只有这样，才有可能走近学生，才有可能打开学生的心扉。同时，就学生而言，只有感受到老师对自己的关心和爱护，感受到老师的真诚，才可能从心里接纳老师，师生之间才可能产生沟通和碰撞，才可能产生共鸣。像上面的那个学生，为了做通他的工作，我花了一年多的时间坚持家访。他的母亲就说："自从这孩子上学以来，从没有老师来过家里，从没有人说他有什么优点。开家长会也总是挨批。"同时，我发现这个学生比较讲义气，就主动和他交朋友。我又给他买了一个笔记本、一本影集（我看到他房间里有一些散落的照片），在送给他这些东西的时候，我说："我是你的老师，也是你的朋友，希望我们之间能够以诚相待，希望你能够努力向上。"后来，他主动给我讲他个人的很多感受和想法，还把"女朋友"的照片拿给我看，我们之间的心理距离缩短了，教育效果也好多了。

3. 妥当的方法

在和学生的交流中，要有方法，要讲究策略。一般而言，"混混生"往往都把自己封闭得很严，对老师、家长有戒心，甚至有逆反心理。如果工作中没有一定的方法，不讲究一下策略，很难达到教育的效果。有时候，我们可以从长辈或是朋友的角度和学生交流，这样有利于缩短师生之间的心理距离，容易接近学生；谈话时间，可以安排在晚上八九点钟，从心理上讲，这个时间段的人比较容易接近，比较容易接受别人的劝告；在和学生谈话交流中，不要伤及学生的自尊和人格；涉及学生个人情感或隐私的问题，要注意为学生保密等。我和这个学生相处过程中，多采取鼓励的方法。因为他学习基础太差，我就给他开了"小灶"，培养他的学习兴趣；对于他谈"女朋友"的事，答应为他保密，绝不对外声张；而家访的时间，我大都安排在晚上。对于他的一些问题，一般采取个别谈话的方式。他觉得自尊心得到了尊重，也就很乐意听我的话。

4. 足够的耐心

"混混生"不是一朝一夕形成的，不良的行为习惯在他们身上往往是根深蒂固的，所以对于"混混生"的教育，我们不能寄希望于一两次的工作就能从根本上解决问题，要有"反复抓"、"抓反复"的思想准备，要有足够的耐心。我对这个学生的关注长达两年之久，因为有了"反复抓"的思想准备，所以对于他的反复，我基本上能够及时指出，细心引导，不急躁。有一次，他甚至对我说："老师，你总是这么有耐心，在你面前我都不好意思再不听话了。"

"就教育工作的效果来说，很重要的一点就是要看教师与学生之间的关系如何"（赞可夫），如果通过我们扎实有效的努力，师生之间形成了一股有效的"教育合力"，岂不正是我们所希望的吗？

让中等生做班级管理的主人

魏发家

说起班级管理的方法，几乎所有的班主任都知道一句话："抓两头，带中间。"在这样的治班思想的指导下，班主任老师们一手抓尖子生培养，一手抓后进生转化，各项工作搞得轰轰烈烈，而且成效显著。

我听过很多班主任的工作经验介绍，包括一些所谓的名师、大师。他们治班跟普通班主任大同小异，抓两头谈得不少，可是很少有人谈中等生的培养问题。中等生似乎成了被教育工作者集体遗忘的群体。

可是我们的中等生，他们的内心深处却充满着希望得到老师重视的渴望。

下面是我教过的一个学生在班干部竞选活动结束后写的作文：

竞选风波

星期天，我们五年级（2）班举行了一个"盛大"的活动——班委会改选大会。

第一个竞选的职位当然是班主任的助手——班长。当老师说："要竞选班长的同学请到讲台上来。"同学们你问我，我问你："谁啊？"当我站起来后，同学们皱着眉头，带着轻视的口气问："他？"当我走上讲台后，高鸣（化名）同学，这个我早已料到的对手也走了上来。后来又有几个同学陆续走上讲台，他们是小丁、小谢、小张等，看到他们走向讲台，我感到很吃惊，因为，我在竞选开始前用了《孙子兵法》中的一招"知己知彼，百战不殆"，把可能竞选班干部的同学都分析了一番：小丁体育不错，应该会竞选体育委员；小谢之前当了文艺委员，当得不错，有可能会竞选文艺委员；小张平时做事扭扭捏捏、黏黏糊糊的，应该不会竞选班长……可现在，他们却都成了我的对手，都成了候选人！

竞选开始了，第一个演讲的是小张，等她读完就轮到我了，我带着既激动又紧张的心情读起演讲稿来："我想当班长，因为我有优秀的管理才能，只不过没机会展现给大家看，所以在人群中被渐渐埋没了……"

等所有同学读完演讲稿后，投票开始了，我的心提到了嗓子眼上。

随后，结果出来了。别的候选人有20票的，有18票的，最少的也有3票，可我却只有1票。我伤心极了，真恨不得大哭一场，可又想到是在上课，我就努力抑制住自己的感情，没哭出来。

班委会改选大会结束以后，在回生活区的路上，我忍了两节课的眼泪终于忍不住流了下来……

你看，这个孩子多么希望当上班干部呀。可是，看似公平的竞选却往往只青睐那些各方面都比较突出的孩子。他，注定会一次又一次品尝失败的苦果。

怎么办呢？我一直在寻求办法，直到产生了承包小组的想法。

产生跟学生承包小组签合同的想法属于偶然的灵感。有一次，课间我没有回办公室，就在教室里坐着批改作业，几个学生就围在我的身边跟我有一句没一句地闲聊，聊着聊着就说到班级考核上来了。大休前迎接省级规范化验收，我们班捷报频传，多次得到校长和其他领导的公开表扬。可是大休回来，就有些松劲，连续几天成绩都不理想。有的同学就说，应该这样才能做得更好。这时我忽然产生了一种想法，何不让他们做起来试试？

晚课前，我做了一个简单的动员，我说："由于我们班是学校建班时间最长的班之一，所以就存在着插班生多的特点，目前各期插班生已经达到了本班学生总数的一半还要多。这些后期进校的同学，可能各方面都很优秀，但是由于他们进校时本班的班委会已经存在，所以他们展示自己管理才能的机会就相对少一些；再者，有一些同学，虽然进校时间比较长了，但是一直没有得到展示自己管理才能的机会。这无论对于上述同学还是班级，都不能不说是一个遗憾。所以，从下周开始，我们班就实行承包管理制，愿意承包班级管理的同学自由组合，组织一个班子，然后就可以跟我签订一个承包合同，以学校的考核为标准，确立一个工作目标，一周一个时间单位，达成目标的奖励，达不成的处罚。奖励和处罚都参照班级公约进行加分和减分。"

第二天，有4个小组来跟我签合同，有的小组5个人，有的3个人，工作目标也不尽相同。签完合同后，第一组的同学就走马上任了。

这样过去了几周，班级工作出现了前所未有的红火局面。可是我期待的现象——中等生主动领衔承包——却迟迟没有出现。

我耐心地等待，一周过去了，又一周过去了，到了第四周，终于有中等生"跳"出来了。这个同学叫楠楠。

自从班级管理实行学生自主承包管理以来，楠楠同学就想一显身手。可是以班长、文艺委员、卫生委员为组长的3个承包小组都没有组合邀请她入自己的"临时内阁"。于是，她就来找我："老师，他们男生都没有邀请我加入承包小组，怎么办？"

我知道楠楠同学很想参与进去，可是目前的情况是班里男生多，女生少，身为女生、又不曾担任过班干部，她的威信也高不到哪里去，所以强迫男生接纳她有些难度，而且有悖于当初自主"组阁"的承诺。我笑着告诉她："那你可以自己组阁呀！"

"行！"她很高兴地走了。

果然，一天不到，她的小组建立起来了，并正式提出了承包下周班级管理的申请。我看了一下小组的名单，好家伙，清一色的女生！

我又与她进行了一次谈话："我很高兴看到你工作的魄力和勇气，你现在分析一下，在一周的管理过程中可能会遇到什么困难？"她想了想，说："就是怕有个别男生不听。"她说出了两个名字。我问："是不是只要这两个同学听了，你就有把握了？"她点了点头。"那好，我教你一招，保准他们会听你的话。"我如此这般说了一番，她满意地走了。

星期天下午正好我倒休，晚饭前来到办公室，就看到桌子上有个纸条，拿起一看，上面写着：

老师，你能给我点时间，让我跟同学们讲一讲我们的"施政纲领"吗？

楠楠

哈哈，施政纲领？我差点笑出声来。我提笔在上面写了几个字：

当然可以，今天晚上7:00—7:10归你支配，祝你成功！

魏发家

然后让路过的同学把纸条带给了她。

离7：00还有半个小时，我的办公室里跑来了两个男生，他们见了我，有点羞涩地对我说："魏老师，楠楠说请我们参加她的承包小组。"我强忍着内心的笑，装作很惊讶地问："是吗？很好呀，她怎么说的？""她说我们两个有工作能力，她说想让我们帮助她管理。""你们愿意吗？""愿意是愿意，可是不知别的同学会不会说闲话。"

看来这只是一个借口了，只有他们说别人，别人谁敢说他们呀。这就是楠楠当初担心不听指挥的两个男生，就这样被"招安"了。

承包工作进展得非常顺利，而且从此打破了男女生各自承包的局面，互相邀请加盟成为时尚。一周后，楠楠高兴地拿到了奖励的积分，两个男生也很高兴地拿到了积分，还一个劲地叮嘱："楠楠，下次承包别忘了邀请我们呀！"

通过承包小组管理的方式，大批的中等生尝到了管理的甘苦，学习的积极性也提高了，班级各项活动都走在了全校前列，期末参加博山区组织的毕业检测，这个班也取得了团体总分第一名的好成绩。

当老师们让我谈经验时，我说："因为我把占大多数的中等生的积极性调动起来了。"

转化后进生工作要得法

邓美兰

W，全校出名。迟到、早退不说，最令你头痛的就是，你入情，他不入理。不管你是关怀他还是训斥他，他就这么乜斜着眼睛看着你，一声不吭，一副毫不在乎的样子。就如一块"坚冰"，让人靠不近，摸不得。面对如此困境，我真有点黔驴技穷的感觉。

又一次谈话，我败下阵来，我真有些气馁，甚至产生了撒手不理这块"坚冰"的念头。这个班是我刚接手的，师生刚刚认识，双方还需磨合。W，是这个班中最难接触的一个学生，刚过一个月我就无计可施。真不服气！我想起一句话："教育，光有爱心是不够的，还要有智慧，讲方法。"静下心来，我决定改变策略。

第一，我决定实施冷处理，不和他正面交锋。我外松内紧，课余时间通过各种途径进一步了解他的情况，寻找突破口。我了解到，他的家庭比较富裕，父母对他十分宠爱，他从不把长辈放在眼里。另外，他对朋友很讲义气，可以为朋友两肋插刀。搜集到这些信息，我精神大振：对，先孤立他。人最怕孤独，一个人倘若被他人孤立，那是痛苦不堪的事情，没有友谊如同生活中没有阳光。

第二，我采用离间计，孤立W。我逐个地找W的朋友谈话，从最外围入手，然后再找到他的铁杆哥们儿，先跟他们分析利弊，再跟他们分析家庭情况，让他们知道自己与W的不同，不富裕的家境经不起挥霍。就这样，瓦解了W的小团体。这不但让他产生一种危机感，而且他看到伙伴们因为和他相处而被我一个个地找去谈话，重义气的他心里很不是滋味。在我的努力下，原来那群围在他身边的伙伴们都能逐渐认识到自己的错误行为，而自觉地避开并抵触他。W在班里再也找不到自己的位置，原来的得意劲没有了，开始坐立不安，满不在乎的神情淡了许多，少了几分锐气，取而代之的是孤独。俗话说"打蛇打七寸"，我点到他的命门了。对待W就得以他的"哥们儿"牵制住他，我想起旧时的补锅师傅，他总是先把锅子的裂缝敲宽了再来施补手艺，才能补得天衣无缝。

第三，把敲宽了的"锅"补好。"人是社会关系的总和"（恩格斯），人是有社会性的，没有离开社会的个人。脱离社会，脱离社会关系，个人就是一个抽象物。十七八岁的学生更渴望友情，更希望得到别人的认可。看着他往日那副软硬不吃的模样如今像霜打的瓜秧一样蔫了，我觉得主动加温融化坚冰的时机到了。我找他谈心，肯定他的优点，给他以信心；指出他的缺点，提出改正缺点的希望。从心理角度讲，一个人处在孤独落魄时，是最容易感动的，别人在这时也是最容易走进受伤者的心坎中去的。老师在这时找他，让他感觉到老师并没有遗弃他，是爱他的。这让他知道了班集体的重要性，培养了他的集体荣誉感。古语云：投之以桃李，报之以琼瑶。当老师出现在他面前，处于失意状态的他感激涕零，态度坦诚，比较容易接受老师的批评指正。

第四，引导 W 的伙伴再回到他的身边去。我又去找他原来的伙伴们，让他们关注 W 的转变。分，当时是大势所趋，要分的时候动员他身边的小伙伴们离开他；如今，合，也是大势所趋，对于一切可教育之人，我们要紧紧地团结他们，这是友爱，这是度量。动之以情，晓之以理，如此这般地引导学生，于是，当初离开他的朋友又和他和好如初了，只是他们不再以"比谁差"为荣，而是携手前进，严格要求自己。

两个月过去了，W 转变了，成绩尽管进步不大，但一改过去那种迟到早退的恶习，精神状态颇佳。想起曾经为他"衣带渐宽"耗心耗力却收效甚微，我感慨万千。是啊，教学上我们讲究因材施教，班主任工作，我们更要得法。育人的工作，光有爱心是不够的，还要讲智慧，讲方法。面对不同类型的学生，思想教育工作切不可操之过急，应该先冷静地思考，摸清学生的性格特点、家庭境况以及班级环境等因素，针对不同的学生采用不同的策略：吃软不吃硬的，尽可以情感人，但要亲而不纵；吃硬不吃软的，则必须以严制之，但要严而有度；软硬不吃的，得巧施小计让他先接受你、认可你，刚柔并济，才能取得最佳的教育效果。

赏识教育也要因材施教

赖联群

"赏识是雨露，能催生出最艳丽的花"、"赏识具有伟大的力量，足以改变人的一生"、"赏识能最大限度地激发人的创造潜能"……在浩如烟海的现代教育卷帙中，我们只要一打开书，关于赏识教育的文章便会扑面而来，但在教育实践中，我们往往能感受到强烈的落差——事实并不尽然。

我班学生小 A，行为习惯很差，上课总爱做小动作，放学后喜欢和一群"痞子"学生混在一起，常常不能按时回家。在学校骗老师说家长带他到哪里哪里做客所以作业没能完成，在家里骗父母说老师没有布置作业，结果成绩红灯高挂。抱着"没有孩子是差生"的理念，我对他开始了赏识教育。上课时，我总是让他回答最浅显的问题来激发他的自信心，下课时总是单独跟他谈心，指出他尊敬师长、为人仗义的优点，努力寻找他的闪光点并当众给予鼓励。甚至在他上课不守纪、作业不能完成等方面我都站在他的角度考虑，为他开脱。我的宽容刚开始时还能换来他一两天的认真，后来，只有一两节课，到最后，宽容和赏识完全失效，他依然天马行空，我行我素。

在这次赏识教育失败之后，我进行了系统的反思。

（1）他为什么完不成作业？通过家访，我了解到小 A 在小学时学习基础就很差，经常考不及格，作业也潦草应付，他甚至还没有养成认真做作业的习惯，每天晚上 8 点钟之前就睡觉。他回家也常常跟父母讲起老师如何如何表扬他，一脸的开心，但父母去检查他作业时却哭笑不得，他连最基本的题目都做错且思路不清，遇到难度大点的题目，他不是不想做，而是根本不会做，与其交白卷，不如两头骗。

（2）为什么不跟进他的行为？小 A 的行为习惯差，不是一两天内形成的，而是长期积淀的结果，可谓根深蒂固。十二三岁的孩子，处在一个自制力较弱的年龄段，没有一定的外在压力，要改变他沉积多年的不良习惯与思维方式，很难！

（3）他为什么不感动？鲁迅迟到一次便在课桌上刻下"早"字，从此不再迟到；陶行知的学生在"三颗糖"的作用下痛哭流涕从此痛改前非。在生活中，很多人因为某件事的触发，或刺激或宽容或赏识或共鸣而"从此以后不再……"，小 A 如此受老师赏识，怎么没有一点感觉？这和老师赏识的技巧有关，更与学生本人没找到"人生省悟点"有关，不是所有的学生在赏识之下都有一个好的结局，感情丰富、容易感动的学生可能会更早地迎来他的"人生省悟点"。

基于以上认识，我调整了自己的教育策略，不单把赏识落实到语言上，更注重深入孩子的心里，根据孩子的实际情况，把赏识落实到持续的行动中。

（1）帮他补课。作为语文老师，我经常在课后把小 A 叫到办公室，或辅导作业或检查背诵或复习课文或解答疑难，同时，要求其家长为小 A 请"综合型"的家教，从而改变了小 A 在学习上痛苦无助的现状。

（2）矫正行为。沉疴用猛药，对小 A 沉积已久的陋习，除了因势利导之外，我采用了严格管制与当头棒喝的策略，当其上课出现不良行为时，我采取课后半小时反思及诚信度减分的办法，且给予当众批评。如此强制定型，使小 A 收敛了上课无所忌惮的行为，从而提高了他的听课效率。

（3）培养情感。任何一种赏识行为，只有被孩子接受并转化成内趋力，才能真正起到引领作用，从这个意义上讲，被赏识对象有丰富的情感、较好的领悟力是赏识成功的关键。我经常推荐一些有关父爱、母爱、师爱类的文章给小 A 读，经常跟他讲述我自身成长经历中的几个关键点，经常向他讲述古今中外名人被赏识后奋发成才的故事。同时，我还坚持和他谈心，让他感受到老师对他的亲近与期待……

如此，通过三管齐下，到期末时，小 A 不管是品行还是学业都取得了较大进步，期末成绩除了英语依然不及格外，其他几门功课都达到 70 分以上，还被评为班级"行为规范生"。

由此案例可以看出，赏识学生的目的在于促进学生健康成长。当面对失败的赏识时，班主任不能急躁，更不能放弃。首先，要充分估计学生可能会遇到的困难，不单从语言上赏识，更要从行动上赏识，切实地帮助学生克服困难。其次，赏识不是无原则地表扬。恨铁不成钢时，偶尔用点猛药往往能收到意想不到的效果。有时，批评也是一种赏识。最后，也是最关键的一点，就是教师不但要从情感上亲近学生，更要培养学生丰富的情感，增强学生对人对物的领悟能力。这样，学生的"人生省悟点"才会提前来临，我们的赏识教育才能发挥应有的作用。

可爱的"犟骨头"男孩

李　晶

　　好几次，从办公楼的窗前经过都看见一个男孩趴在窗台前补作业。那孩子比一般学生要瘦小得多，那小小的背影看着让人生怜。据他的班主任说，这孩子是个"犟骨头"，很难搞。

　　一天，年级组长塞给我一份档案，说："你看看吧，这个孩子是初二病休的，要留级到你们班。"我打开档案，上面的照片有些眼熟："呀！这不是那个'犟骨头'男孩吗？他怎么可能是病休，明明是学习跟不上留级的。"我心里不禁暗暗想。"这孩子我不想要！"我坚决地说，"班里的那几个后进生已经让我很头疼了，这孩子我有耳闻，我搞不定。""领导已经定下来了，说放在你班里放心，你就收了吧。"说完这话还没等我反驳，组长就一溜烟地走了。

　　校园真小，班级里的孩子不知从哪听说"犟骨头"男孩要来我们班，大家纷纷向我爆料。"老师可不能让他来啊，他天天迟到，咱们的班级评比可要落后了。""听说他专门欺负女同学，往女孩子的桌子上放瓢虫。"……我感觉手里的这份档案如此烫手。

　　"犟骨头"男孩来了，他拒绝了我给他安排的第一排的位置，执意要坐到班级最后一排的位置。我想他一定有自己的原因就没有阻止。

　　坐在最后一排，我却不能忽视这个"犟骨头"男孩。每天关于他的事情层出不穷："老师，他放学跟踪女同学"，"他动了您放在讲台上的电子表"，"他进团委办公室不敲门拿了杂志就走"……我和班里的孩子都开始觉得他是一个大麻烦，不由得心生厌烦。

　　高考监考结束，正要回办公室，一个女孩向我飞奔而来："老师，您还记得我吗？"女孩一把抱住我说。"记得啊，瑷瑷。"我也很是激动。"感谢您，在没有学校老师要我的情况下收留了我，让我实现了自己的理想考上了美术学校。我获得了唯一一个保送上美院一本的名额，您高兴吗？"一时间我和瑷瑷都激动得热泪盈眶。

瑷瑷也曾经是个难管的"犟骨头"。抽烟、早恋、打架、逃学、在学校里做生意，一些和女孩、学生没关系的事情都发生在她身上。如今，她巨大的转变让我看到了"犟骨头"的本质也是发光的金子。

对于"犟骨头"男孩，我开始反思自己，我被先入为主的第一印象蒙蔽了，未曾了解就开始厌烦，对于他是多么的不公平。我开始想要了解他，起初谈话他总是不开口。我尝试慢慢接近他，做操站队站在他旁边时常帮他整理下衣服，问问他最近在看什么书，课间的时候问问他听懂了没有，学习上还有什么困难。

细微处的关怀拉近了我们的距离，"犟骨头"男孩开始喜欢围着我，下课偶尔还会来办公室看看我。我们交谈的话题也多了，我发现他有很多优点：他爱读书，能讲《水浒传》里的很多故事；喜欢钻研，按照图纸几下就帮助我装好了书架。交谈中，我慢慢地理解了他。他家有两个孩子，他的妹妹很优秀，学习好长得漂亮，他觉得父母更喜欢他的妹妹，在班级中大家也不接纳他，他是被大家遗忘的孩子。有一次，他的妈妈想给他花钱补习数学，他对妈妈说："还是留着钱给妹妹补习吧。""你真是扶不上墙的烂泥。"妈妈生气时丢给他的这句冰冷的话，让他更加自卑。

为了帮他树立自信，我举办了《水浒传》知识竞赛，"犟骨头"男孩在比赛中表现出色，为小组夺得第一名。同学们都很佩服他，他的脸上第一次绽放出自信的笑容。我又让他负责语文课前两分钟演讲，为大家介绍他看过的好书。他不负众望，一次次的精彩介绍赢得了同学们的好评。随后，他又在校航天知识竞赛上为班级争得了荣誉。同学们开始喜欢他，下课也有人围着他问来问去，他终于在班级中找到了自己的位置，再不是角落里的"犟骨头"男孩了。

我想尽办法激励他，我们定下了一个约定：只要一周没有纪律问题，按时完成作业就发一张喜报给他的父母。积累4张喜报，可以到我这换取一个神秘礼物。"犟骨头"男孩真的变了，我经常看见他找老师问问题的身影。有一次，他高兴地拿着一份70分的数学试卷给我看，对于很少及格的他来说70分曾经是高不可攀的。他的妈妈也高兴地打电话给我，告诉我他的变化，其间几次落泪。

"犟骨头"男孩终于通过努力拿到了我给他准备的神秘礼物，一个写满他优点的笔记本。"9月23日，他帮同学抬饭弄脏了自己的外套却毫无怨言。10月11日，他把图书角上一本厚厚的《西游记》读完了……"看着看着，"犟骨头"男孩流下了眼泪。

也许我的教育生涯中还会碰到更多的"犟骨头"，我想那又将是一次次美好的相遇，每一个"犟骨头"都有着一颗金子般的心等我们去发现。

优等生更需挫折教育

纪继兰

博，人如其名，博闻多才，思维敏捷，深得我的喜爱。小家伙有天生的领导才能，成绩也不错，学习、做事积极性都很高，一、二年级我便让他连任了班长。不过呢，再优秀的孩子也不能一直当班长，其他孩子也很不错，得让他们在不同的岗位轮流锻炼。

三年级上学期换了一位班长磊，这孩子各方面都较为出色，只是胆子比较小，说话做事的魄力还不够，正好可以在班长的岗位上磨砺一下。磊也果真不负所望，自从当了班长后不仅胆子大了，其他方面进步也很快，做事积极负责，能真正起到示范引领作用，我为他的成长感到欢欣。

三年级下学期，磊因其突出表现继续就任班长，本来这是一件再正常不过的事情，可没想到的是，博却对此耿耿于怀，自认为磊样样不如自己，并举出实例说，有一次完成班级文化栏的布置工作，磊手忙脚乱，还是老师叫他出手帮忙才搞定的。因此他笃定我偏心，觉得无论如何这班长一职非他莫属，而不是磊。博的妈妈打电话来，跟我转述了孩子的小情绪，并告诉我因为此事博的学习积极性下降了，他认为老师看不到他的成绩和能力，居然重用一个不如自己的人，这样他以后学习还有什么劲？

我正纳闷呢，博成绩一直不错，这学期学习态度怎么突然间差了很多，书写马虎潦草，作业正确率也不是很高了，正要和家长沟通寻求原因。说句实在话，不是孩子妈妈电话里这么一聊，我还真不知道这孩子心思这么重，他把当班长这件事看得太重要了，一切学习的动机都是为了当班长。当了班长，成绩就好；不当班长，一蹶不振。当博的妈妈告诉我孩子的心事，希望我给博一次机会后，我反而决定这一次绝对不能让孩子得偿所愿。这也许正是让他接受挫折教育的好时机。

一直以来的顺风顺水，无疑滋长了博的虚荣心，令其过分高估了自己的实力。

再加上小孩子的从众心理和对班长一职认识不到位，认为班长就是班里最大的官，谁当了就是谁最有本事。这一切都使博产生错觉，认为除了自己，就再没有比他更优秀的人了，看不到同伴的优势。同时，又因为这两年来长久受宠，从未受到挫折教育，对出现的一点小波折都不能承受，一丁点的不如意都会让他萎靡不振，既不能正视自己也不能正确评价他人。

这使我想到了近些年发生在大学校园里的一些悲剧。有些孩子小学、初中、高中一直是班上的尖子生，总是生活在耀眼的光环中心。到了大学后，由于班级里都是来自各地学校的佼佼者，那种多年由家长和老师捧出来的优越感不复存在，部分孩子便因为不适应或者不能正确摆正自己的位置，进而导致心态扭曲，自杀或戕害同学的事情时有发生，酿成了一幕幕叫人扼腕心痛的惨剧。还有一些在校时的尖子生步入社会后反而泯然众人，也是有这方面的原因的。这个社会从来不乏聪明的孩子，如果不能给他们一个恰当适宜的定位，将来就很容易栽跟头。所以，对这些优等生的挫折教育势在必行。

首先，召开班会让孩子消除认识上的误区。班干部不是用来显摆的，更不是拿来攀比的。班干部只是一个便于学生为班级服务而设置的岗位，班干部不是"官"，更无所谓"官"大"官"小之分，只有分工与责任不同。在这个岗位上，人人为我，我为人人。每个人无论在何岗位上都要做到尽职尽责，为班集体服务。只要你肯为班级服务，谁都可以当班干。对于班长一职，职责更大，所以要求就更高，无论是学习还是品行都要能起到带头模范作用。

其次，引导孩子学会正确面对荣辱得失。人生不可能一帆风顺，不经历风雨哪能见彩虹？想当班长，积极要求进步是好事，可是当班干不应成为我们学习的唯一动机和目的。否则，这个目标一旦不能达成，你就会感到痛苦，学习就成为不开心的事情，我们的人生观、价值观便出现了错位。不能经受一点挫折就萎靡不振，积极阳光的心态比什么都重要。

再次，给予每个孩子自信心，创建公平合理的竞争平台，让他们感受到人人都有当班长和入选其他职位的机会，但机会是靠争取和凭自己的努力得来的，不是靠要或给的。没有人能随随便便成功。

最后，还要让学生明白"山外有山，人外有人"的道理。任何时候既不能妄自菲薄也不能狂妄自大。一个人再优秀，也得有团队合作精神，尺有所短寸有所长，不要老是盯着别人的缺点，也别太高看自己，时时要懂得谦逊，做人永远比学习更重要。

　　在采取这一连串的跟进措施后，我还邀请家长参与进来帮助孩子打开心结。博毕竟是个聪明的孩子，稍一点化，便明白了自己在此事认识上的狭隘。看着小家伙一脸灿烂的笑容，我的心也慢慢舒展开来。

被学生扔牛奶之后

胡春艳

我靠在办公室的椅子上，正准备闭眼小憩，忽然听见"啪"的一声，一盒牛奶被重重地扔在我的办公桌上，伴随着的是一个女高音："还给你，我不要！"

我心里一缩，眉头紧蹙。我缓缓转过身来，看着气咻咻的她。只见她呼吸急促，脸颊泛红，杏眼圆瞪，眉毛挑起。当我们四目相遇的一刹那，我似乎看到她目光里有愤怒的火苗在燃烧。

这到底是怎么回事呢？

事情还得从十几分钟前的级部月考总结会的颁奖说起。因为我班是艺术班，学生之前在外地学习专业，没有参加文化课考试，这次回来赶上了月考，学生参加了考试，但领导在会议之前说成绩暂不纳为颁奖范围。没想到快要给我们班颁奖的时候，领导突然让我把颁奖名单交上去。我赶紧把十几个名字写在纸条上交上去。很遗憾的是，我一下子忘记了她！当级长宣读名单的时候，没有她。经其他同学提醒，我赶紧补上她的名字。在稍后的进步学生合影留念的时候，起初她闷闷不乐，不愿意上去，我拉她上去，她才上去。看着她照相时的笑脸，我放下心来。会议结束回到教室，我把自己买的牛奶颁发给同学们，可是那时候她不在，我只好把它放在她的桌子上。

没想到，这孩子现在居然把牛奶扔回来了！

这孩子，从小跟着父母在广州读书，高中才转回本地。父母忙于做生意，跟她交流少。她有一个弟弟，父母重男轻女。她注重衣着，有时化妆，显得与众不同，和同学们交往不多。她有时不去做课间操，而在教室看书，下课有时会追着老师刨根问底。有同学说她在"装"，老师们说她勤学好问、自尊心强。

这孩子，没想到今天会这样！就算我一时疏忽，那也是因为临时通知，况且我也及时地补上了名字啊。况且，牛奶是我自费买的，她怎么一点都不领情！况且，我课后经常给她辅导功课，对她很包容啊，她怎么还冲我发这么大的脾气？

我在心里一连说了几个"况且"，越想越激动，难受、生气、失望的情绪交织在一起，似乎受到了莫大的委屈。当我的脑海里出现"委屈"一词，我恍然大悟。委屈，是把自己放在比对方低的位置。作为一个老师，我应该承担起自己的责任，我遗漏了她的名字，这是事实，是我工作不到位。买牛奶等行为，是我自愿的付出，不应让学生来感恩，更不应上升到道德的高度。

我要调控好自己的情绪，而当务之急是先舒缓她的情绪。

我深呼吸，说："雯雯，要不我们换个地方说话？"她没有吭声，半推半就跟我来到安静的会议室。我请她坐下来，看着她喝完一杯水，我开始说："雯雯，我知道你现在既生气，又失落、难过，是因为我在大会上忘记念你的名字了，对吗？"她没有回答。

"如果你还很难过，老师陪你，好吗？如果你还在生我的气，你现在也可以打我骂我。"

"老师，你偏心！怎么那么多人你都记得，就不记得我！"突然，她说出了心声！

"老师今天一时情急忘写你的名字，对不起！其实老师一直很关注你啊。你昨天写的作文，把我们学的高级句型立刻用上了，真不错！我还没来得及表扬你！你积极好学，考试进步这么大，老师为你高兴！"她不吭声，眼神似乎不同了。

"还有，要是你身体不舒服，可以暂时不跑操，跟着我散步就好了，好吧？"我继续说着。

她小声地说："老师，我知道了。"

"假如时间可以倒流，你会选择刚才那样吗？你会用其他方式表达你的想法吗？"

"老师，那我下次也给你写小纸条吧。"

"嗯。其实我非常理解你的感受，老实说，我刚才也难过、生气。我觉得我怎么连十几个名字都记不全，也没想到我的疏忽会导致你有那么大的反应。我期望我可以做得更好。我相信以后你也可以用更好的方式去处理问题。那盒牛奶，我就先留着，就当作是你给我的礼物，好吗？"

她点点头。然后，我们一起离开了会议室。

这事算是暂时告一段落。后来，我还邀请她参与出黑板报，并找机会及时肯定她，我们的关系慢慢融洽了。

经过这件事，我加强了对情绪的认识。那么，以后遇到类似的事情，该怎么处理呢？我认为：

首先，我们要调控好自己的情绪。如果不处理好情绪，它要不向外攻击、伤害别人，要不向内压抑、伤害自己。学生是人，老师也是人，我们要明白人性的存在。面对怒气冲冲的学生，我本人也有情绪。但作为老师，我们要对自己多一份觉察，理解和接纳自己的情绪。比如"委屈"，让我对自己多了一份发现。

其次，我们要处理好学生的情绪。学生大部分问题，首先是情绪的问题，然后才是能力、身份、价值、信念等问题。雯雯之所以生气，我认为主要是因为她渴望得到关注、得到归属感和价值感，这与她的家庭教育关系密切。当我"看见"这一点，了解到她行为背后的正面动机，我已转换角度，和学生进行情感连接。

最后，我们要不断提升自己的认知系统，调整我们的心态，理智寻找解决办法。美国心理学家萨提亚说，良好的沟通要关注到三个要素：自己的感受、他人的感受和情境。这样情绪的能量就会流动起来，沟通才顺畅，才会促进双方合作去解决问题。在这个案例中，我基本做到尊重自己、尊重学生、尊重情境，引导学生思考她有更多的行为选择，我想这才是帮助学生的根本。

不要让贫困家境成为孩子成长中的硬伤

王怀玉

周五早上我刚进办公室，三年级朱同学的妈妈就来找我"投诉"：班里郭同学前天放学后，用石头把她家窗户玻璃砸破了，并在她家门外大骂她9岁的儿子。据邻居反映，郭同学骂了良久才悻悻离开……

对于郭同学，行为偶尔过激，是可以想见的，因为他常年只和脾气暴躁的电工爸爸生活在一起。可是，郭同学在班级一直很温和呀，为何这次如此过激？我安抚好"投诉"家长后，找到郭同学调查事情的来龙去脉。他承认因为误会一气之下砸了玻璃也骂了人，现在不仅后悔，还担心邻居阿姨找他爸爸"告状"。

他低着头，又开始抹眼泪。这是他在我面前的一贯表现。曾经，因为了解到他3岁失去母爱，和在工厂当电工的爸爸一起生活，我一直对他格外呵护与关注，有时甚至是迁就，最近发现他在班级也变得有些骄横无理了。

我借机反省：对于这类"弱势"群体孩子，我们到底拿捏到怎样的程度对他的成长才是最适宜的？看来，该给他另外的"营养"了。别人家长找到学校来"投诉"对于一个12岁的孩子而言，是一个"大事件"，我决定以此为契机，逼着他解决事情、直面内心。

1. 欲擒故纵——逼着学生自己去面对

遇事找借口，不敢直面是郭同学当前急需矫正的问题。那就从这个"大事件"入手吧。由于了解到他爸爸脾气火爆，也深知郭同学当前最害怕的就是爸爸知道此事。我故意淡淡地说："这是在家里发生的事情，你这样做一定也有你的道理吧，接下来就交给你爸爸处理，如何？"他赶紧"求饶"要求自己解决，并且主动说先向朱同学的家长诚恳道歉，再量好玻璃尺寸，周末去买玻璃安装好。

我也答应他暂时不跟他爸爸说此事，并希望他在周末把事情处理好。

等他离开办公室，我迅速给朱同学的妈妈打电话，谁知她说，她已经把玻璃换好了，小孩子只要让他知道错了，不要欺负他家儿子就好，玻璃是小事，再说不及时安装家里也不安全。

我谢过之后，就在考虑这孩子会怎么做。

周一到校，我远远看见郭同学正在和周围同学说笑，一脸轻松。见到我之后，他马上收住笑容，显得不太自在。

我也不主动提这事，等着他来找我。可是直到下午第二节课下课，他也没出现。放学时，我让他留下，追问窗玻璃和道歉的事处理得怎么样了。他低声说："周五我回家，发现他们已经换上了好玻璃，所以……"

"所以，你就觉得万事大吉，可以置之不理了？"

孩子低头无言。我于是动用了特别手段——利用课间让他到办公室写心路历程：从砸窗玻璃开始写，一直写到本周一到校期间的心理活动。因为我知道这孩子的写作功底，所以只给他半个小时把事情写清楚。他按时完成，满满的两页半，事情交代得很清楚，心情也刻画到位。

"我真不知道我怎么会做出那样的举动，我自己也实在想不清楚……"很真实。尤其是写到他自己曾经远远地看着他们家的窗子，问自己怎么办，但是找不到办法。他不敢上前道歉，因为他知道朱同学的妈妈也很"厉害"（威严），他怕……想到反正玻璃已经安装好，他就想过几天再道歉。

"窗户玻璃是安上了？但是你心底的石头落地了吗？你担当起了应担当的责任了吗？"

他摇摇头，眼里露出了泪光。我又说出让他写经过的目的，有些事情已经发生了我们必须去面对。逃避不但解决不了问题，有时还可能把事情拖得更难以处理。

2. 刚柔相济——逼着学生自己去解决

一番心理战之后感觉事情对孩子有触动了，下一步就是如何引导孩子采取行动。我说："我下午下班后陪你一起去阿姨家吧，顺便到你家坐坐。"

"别别别，老师。阿姨下午上班不会在家，我爸也是上夜班到晚上 10 点才回的。"

我选择相信并尊重他的意思。"那怎么办？"

经过讨论，决定由他先写一封道歉信，晚上亲自送到阿姨手中，并且准备好玻璃钱还给阿姨，感谢阿姨对他的包容。

第二天，郭同学一脸轻松地向我汇报，他昨晚得到了阿姨的原谅，玻璃钱他也赔了，朱同学也表示愿意继续加入他的社团。

事情解决了，郭同学如释重负，和我似乎也亲近了一些。我借机了解他为什么近来情绪不稳定。他才告诉我一件事：爸爸要娶新妈妈了。我说这是一件大好事啊，终于有人照顾你和爸爸了。孩子脸上露出的神色很复杂。我没有多说，决定和爸爸深入交流一次。

第二天，郭同学神秘兮兮地走到我身边，问我昨天和爸爸说了什么，他发现爸爸变了，晚上在他的被窝里躺着聊了一会儿天才离开。看着郭同学有些兴奋的表情，我"诡秘"一笑，闭口不谈。他乐呵呵地跑开了。

放学后，我在办公桌上又收到了他的留言条，不，是一封信。郭同学在信中说："老师，虽然你没有告诉我你对我爸爸说了什么，但是我知道你没有告诉爸爸我砸邻居家玻璃的事。还有，我猜测那个'横蛮'的阿姨这次能原谅我，一定也是您对她说了什么……所以，王老师，请您相信我，我以后不会再给您添这样的麻烦了。我知道您想让我成为一个真正的男子汉，我会努力的。"

读着这封表态信，我笑了。

6 月的火熄了

苗臣耿

翻看影集，一个活泼的女孩跃入眼帘，她和我拉钩的情景还清晰可见。那是我们的一个约定，她考上重点本科我要请她喝酒。我的思绪又回到了 3 年前那个惊心动魄的 6 月。

6 月，天热得像青春少年，躁动不安。即将临近的期末考试，让每一位学生绷紧了弦，能不能进高三的重点班就在此一举，虽没有喧嚣，但教室已狼烟四起。

但这一切对李洁婷（化名）来说都如浮云，她每天沉溺于手机聊天中。收缴一部，又变戏法似的出来一部，而且和我玩起了猫和老鼠的游戏，知道她在玩，但就是抓不到。周六上午我又当众狠狠批评了她一次，希望她能有所收敛。周六下午没课，她早早离开了学校。宿舍管理员晚上 10:30 点名的时候她还不在，打电话给我。我心里一惊，到哪里去了？出事了怎么办？谁知道她去了哪里？一连串的疑问涌来。我赶紧到校，和她室友好朋友联系，打听询问，一无所获。是不是回家了或到她大姑家了？联系后也是无果。她父母安慰我说："没事，明天可能就回来了。"

等待了一晚上和一天还是不见踪影，心悬了起来。周日晚上和她大姑一起找遍了全县的网吧、歌厅、舞厅。凌晨一点的夜漆黑一团，阴凉的风让我瑟瑟发抖，焦灼的心一遍遍期望在下一个路口遇见她，终无所获。她大姑安慰我，明天等她回来吧。我拖着疲惫的身躯回了家，一夜无眠。如果她出现任何差错，我的教师生涯将就此而终，我不敢想象下去。又一天没有人，再一晚也不见人。她父母一遍遍追问我她去哪里了。我无言以对。在焦灼中等到了天亮，6 点多到教室等待，愣愣地看着空空的座位。

临近早读的时候，背着书包的她远远地从校门口进来，和一个男人挥手道别。走到楼梯的时候和她撞见，我怒吼着问她去了哪里，怎么不签离宿条，怎么不和家人打招呼，那个男人是谁，和社会上这些不三不四的男人来往到底想干什么……她见我涨红了脸，说出那么难听的话，也向我狂吼："我的事不要你管，那是我表哥，你不要侮辱人！"头也不回地进了教室。我拉她出来。她拿着凳子走到走廊栏杆边，站在凳子上怒吼："我跳下去，死给你看！"我快跑上前把她从椅子上拉了下来，一边紧紧攥着她的胳膊，一边拨打级长的电话。级长把她带到办公室，联系了家长。暂时先由家长带回家休息几天。期间，我带着礼品去家访。她向我道歉，想回学校上课。

通过努力，她有幸进入重点班，并和我约定，考上重点本科要我请她喝酒。最后她终于考上了自己喜欢的本科院校。

青春年少，有着火一样的激情，点燃小宇宙既能爆发大能量，也能焚烧自己。李洁婷爱玩，叛逆，早恋，手机控，也有点小聪明，成绩不上不下。如果引导得当，是一颗好苗子；如果刺激过度也许会走上一条不归路。

对这样的学生，我们不妨静待火熄灭。

首先，了解她，理解她，尊重她，接纳她。人的成长环境不同性格各异，在个性张扬的时代，更需走进学生内心，和他产生情感共鸣，悦纳学生的优点，也要包容学生的短处。正如陶行知先生所言："真教育是心心相印的活动，唯独从心里发出来的，才能打到心的深处。"一滴墨水落入碗中会弄黑一碗水，但落入大海，海洋依然蔚蓝。教师要用大海般的胸怀包容一切学子，尊重独立个性的学生。高三下学期李洁婷有次模拟考试很不理想，压力很大，和三位同学到外边喝酒解压，醉醺醺地要回宿舍，宿舍管理员不让进入。我没有批评她，只是让她家长带回家，并告诉家长也不要批评她，酒醒就好了。因我的宽容，她痛改前非，发誓再不给我惹事。

其次，让能量通过合理的渠道燃烧，让聪明发挥在关键点上。学生感到学校生活枯燥乏味的时候，从学习中找不到成就感和愉悦的时候，往往开始惹是生非。丰富班级活动，开展多样运动，让学生找到兴趣点，释放青春能量是不错的选择。我根据李洁婷的学科特长，高三让她做了语文科代表，每天给她布置任务。早读她来领读，自习课布置作业，收发练习册，检查背书默写，给同学们讲题：她俨然成了我的助教。每天给她安排大量的事做，她自己的能力提高了，也没时间聊天了。最终，她高考语文考了 123 分，全校第二名。

最后，放大优点，发挥长处，在晕轮效应下让其熠熠闪光。苏联伟大的教育家苏霍姆林斯基曾说过："从儿童进学校的第一天起，就要善于看到并不断巩固和发展他们身上所有好的东西。"人之初，性本善。每一位同学都带着善来到了学校，教师需要做的就是让学生的善发展好并帮助其找到更多的善。李洁婷虽然给我惹了很多事，但她本质不坏，人缘较好，比较仗义，承担的任务也能尽职尽责地完成。我正是改变了教育方式，以顺为主，不抚逆鳞，抓住她的优点大力表扬，表扬到她不好意思。所以，高三一年她转变很大，从疯疯癫癫的傻丫头变成了邻家淑女。

　　青春年少，如6月的火，猛烈，敢于肆虐一切。迎风而扑，只会引火烧身。不妨让其在空旷的原野燃烧。熄灭了，也许就成熟了。

用"温柔一刀"降服"四大金刚"

张国东

刚刚送走高三毕业班，还未等我喘过气来，又接手高三（5）班，这是一个全校公认的差、乱班，从高一到高三已换过7位班主任，我是第8位。班上有爱说爱闹好捣乱的孙岩、李宏旺等"四大金刚"，天天把教室闹翻天，任课教师都不愿在这个班上课。原班主任曾多次做他们的思想工作，甚至请过家长，可他们"涛声依旧"。了解这一情况后，我调整好心态，做好随机应变的准备。

高三开学伊始，"四大金刚"好像变得懂事了，一个月风平浪静，正当我为他们的进步高兴时，他们旧病复发了。

那天下午第一节课是英语课，上课十几分钟后，办公室门外响起清脆的报告声，是班长艳秋的声音，还没等我示意进来，她就跑到我的身边。

"老师，您快去看看，孙岩、李宏旺等人刚才与李老师发生了冲突，把李老师气跑了。"

"他们为什么与李老师发生冲突？"我问道。

"上课时，李老师让我们背单词，他们连书都不打开，陈建（孙岩的同桌）读一遍，孙岩用标准的汉语音译读一遍，声音怪怪的，李宏旺等三人听到孙岩的声音，东施效颦，不仅声音大，还变得口吃起来，李老师不让他们这样读，他们好像没听见，反而声音更大了，李老师很生气，便把他们轰出教室。在楼道走廊处李老师批评他们时，孙岩又与李老师发生争吵，说老师冤枉了他们，声称自己就是这样学英语的。他说的是实话，他学英语就是用汉语音译。他们的言行让英语老师很气愤，便骂了他们，孙岩还了嘴，就这样把李老师气跑了。"

听完她的解释，我意识到这是典型的课堂纪律问题，我便迅速奔赴教室，在楼道走廊处，他们四人看见我时，都低下了头。我并没有批评他们，稳定好教室里的学生后，就去找李老师了。

说起教英语的李老师，巾帼不让须眉，对教育充满激情，与同龄人相比，专业成长的步伐较快，因教学成绩突出，颇受学校领导重视和同仁的高度认可。高三教师聘任大会上，李老师优先被高三年级聘用。此时，她正在年级主任那里哭诉事情的经过，情绪很激动。我来到年级主任办公室后，连忙向她道歉，又给她戴起了"高帽"，夸她关爱学生……在我和年级主任的真诚劝慰下，她情绪渐渐恢复正常，便回教室上课去了。

该处理"四大金刚"了，真让人头大！以孙岩为首，他们每天想做的事情是——旷课、迟到、上课起哄、乱说话、看小说、玩手机、抽烟、打架等，不想做的事情是——学习。如何处理他们呢？苍白的说教、批评教育等已在他们体内产生强烈的抗体。我决定不按常规套路出牌，用"温柔一刀"降服他们。

我马上把他们带到心语室："你们四个人真让我很佩服，把生物知识学活了。"我夸赞的话语让他们一头雾水，纷纷睁着好奇的眼睛看我。我接着说："我们刚刚复习完生物知识——染色体与染色质的关系，它们是同样的物质在不同时期的两种存在状态。你们学以致用，在不同老师面前表现出两种不同状态。在我的面前，是温柔的绵羊，在其他老师面前，却露出狐狸的尾巴。"我说此话时，他们的脸上泛起了红晕，一一低下头。

我继续说："我已经和你们的家长协商好了，准备让你们回家反省（其实我根本没有和家长说此事）。""老师，我们不想回家，到家后一定会挨打的，我们错了。"他们几乎异口同声地说。

"你们错哪了？"我问道。

他们保持了沉默。"大胆说出来就是你们认识错误的过程。"我在旁边鼓励他们。"（1）不尊重老师的劳动成果，故意捣乱。（2）不服从老师的管理，顶撞老师。（3）不尊重老师，辱骂老师……"孙岩小声地总结了若干条。"你总结得真好，李老师做错了吗？"我问道。"没有，李老师责任心很强，当我不认真读单词时，对我进行了提醒，可我没有听她的话。她很生气，才把我轰出教室的，至于骂我一定是她在发泄怒气。"

"今天发生的事情，你们该怎么办？"我把这个"球"踢给了他们，他们沉默了。"我替你说吧，在班上公开向李老师道歉，态度要诚恳，承认自己所犯的错误，写一份说明书，把事情的经过写下来。"他们听懂了我的话。

第二天中午，李老师微笑着告诉我，在早读课时，孙岩等人在班上公开向她道歉，并把一份保证书交给了她，保证今后自觉遵守课堂纪律，不再捣乱。

我深知，如果他们能够遵守课堂纪律，教室就会安静下来，所以我决定再给他们烧一把火，用诱人的官位约束他们。于是，我任命孙岩为纪律班长助理、李宏旺为班干事，委任其他两人担任宿舍区值勤干部。这让他们找到了丢失已久的自信。

为激励他们，我实行曲线救国战略，利用休息时间和他们谈人生、谈理想、谈做人，唯独不谈纪律。不知不觉，两个月过去了，这四位同学交上了令人满意的答卷，再也没发生过在任课教师课堂上捣乱的现象，丑小鸭已向白天鹅的方向进化。

如何处理问题学生，仁者见仁，智者见智。面对"四大金刚"，我摒弃传统教育方法，采用"温柔一刀"，保护了他们脆弱的自尊心。在尊重他们的前提下，用温柔渐渐唤醒他们，进而帮助他们走出迷途，收到了良好的教育效果。通过这件事，我意识到班级工作创新的重要性，做创新型班主任是我追求的奋斗目标，也是我的教育理想。

不妨听听谎言背后的故事

冯华荣

　　好多年前，我班上曾有一个名叫小薇的女孩。人如其名，小薇生得小巧而美丽。正如一切美好的事物都或多或少地存在瑕疵一般，小薇并不完美，她的缺点是爱说谎，这一缺点虽不致命，但让她在同学圈里不太受欢迎。

　　每逢双休日返校后，小薇会凑到同学面前说："这个周末，妈妈又带我去买衣服了，还给我买了一大堆好吃的。"奇怪的是，她的衣服换来换去总是那么几套，而且大都比较破旧。有时候，她会跟同学说，她爸爸周末又带她上哪儿旅游了，同学们向她打听旅游的地方有哪些好玩的项目，她又支支吾吾地答不上来。

　　久而久之，她成了众人眼中的异类——爱慕虚荣、谎话连篇。没有人愿意相信她了，也没有人愿意和她玩了，她成了一只孤雁。

　　我想帮助她，却又不知道从何处入手，找她谈了几次话，可效果几乎为零。

　　一天晚上，我打开电视，电视里正在播放湖南卫视的大型访谈节目《背后的故事》，那一期的访谈嘉宾是赵本山。看了几分钟节目，我脑海里很快有了主意，我想，这就是所谓的灵感吧。没有人愿意为说谎而说谎，谎言背后总有原因，小薇的谎言背后一定隐藏着一段耐人寻味的故事。我决定到小薇家中家访，和她的家人聊一聊。

　　当我按照花名册上的地址找到小薇家时，我惊呆了！实在难以想象，这座经济发达的城市里还有这么贫困的家庭，门不像门，窗不像窗，屋子里光线昏暗，散发着一股霉味。小薇的奶奶是一位60多岁的老人，头发花白，满脸沧桑。老人见到我，忙端来了一个凳子让我坐下，然后坐在我对面和我聊开了。

　　原来，小薇的身世非常可怜。在她很小的时候，妈妈就和同村的一个男青年私奔了。此后，小薇再也没有见过妈妈，当同龄的孩子躺在妈妈的怀抱里撒娇时，她只能对着仅有的一张妈妈的照片，悄悄地抹眼泪。妈妈离开后，家里的半边天塌了，小薇的爸爸因接受不了这个打击，精神失常了。小薇虽然父母双全，实质上，她成了孤儿。

小薇年迈的爷爷奶奶不得不重新把家扛起来，既要照顾年幼的孙女，还要养活疯了的儿子。爷爷在一家单位做门卫，奶奶在花圃帮人种花。小薇的奶奶似乎要把满肚子的苦水倒给我，我连插句话的机会都没有。

提起小薇，奶奶沧桑的脸上才微微露出些笑意，浑浊的眼睛里才透出些光亮。小薇从小就很懂事，成绩虽不出色，但她特别用功。放学后，撂下书包就开始干活，洗衣烧饭、缝补浆洗她都行，俨然一个小小的家庭主妇。早上，她总是早早就起床，帮家里把早饭做好后，再去上学。周末，她总是待在花圃里帮奶奶干活，一忙就是一整天……

小薇奶奶絮絮叨叨说了两个小时，我一直静静地听着。我理解这位不容易的老人，她实在太需要一个听众了。小薇也默默地坐在一边，她低着头，眼神游移不定，几乎不敢看我，如同一个犯错的孩子。

我一把拉住小薇的手，对她说："小薇，你是一个了不起的女孩。"

小薇抬起头，露出难以置信的表情。

"真的！你是一个了不起的女孩。"我把刚才的话又重复了一遍。

"老师，我错了！我不该撒谎欺骗大家。"小薇的脸一直红到了耳根，稍做停顿后，她接着说："老师，你知道吗？在学校，我最害怕同学知道我家里的情况，怕他们知道我妈妈跟人跑了，怕他们知道我爸爸疯了，我怕他们嘲笑我。"

"你的确错了！不过不是因为你爱撒谎，而是因为你的想法本身是错误的。生活把沉甸甸的苦难降临到你面前，你没有被它吞噬，反而表现得自强自立，和爷爷奶奶共同扛起整个家，同学们佩服你还来不及呢，又怎么可能会嘲笑你？即使有人会嘲笑你，那也是他们的价值观出了偏差。一个连正确的价值观都没有的人，你跟他计较有什么劲？"我说。

"真的吗？"小薇一脸的将信将疑。

"虽然生活给你出了一道大大的难题，但你永远不是最惨的一个。前几天，我在一本书里看到了赖东进的故事，他是台湾一家专门生产消防器材的大公司的厂长。他的父亲是个盲人，母亲重度智障。父亲和母亲只能当乞丐，住的是乱坟岗里的墓穴，他一生下来就和死人的白骨相伴，能走路了就和父母一起外出乞讨。上了学，每天一放学就去讨饭，讨饭回来就跪着喂父母。甚至母亲每次来月经，都是他给换草纸……长大成人后，他对生活充满了感恩，对工作充满了热情，在事业上取得了很大的成就。后来，他还当选为'台湾第37届十大杰出青年'呢！你看，他战胜了生活的苦难，成了生活的强者，有谁敢瞧不起他！"

这次家访后，小薇有了很大的变化，她再也不是众人眼中那个爱慕虚荣、谎话连篇的女孩了，身边的朋友也渐渐多了起来。毕业后，小薇考上了职高。职高毕业后，她找到了一份可以养活自己的工作。

提起说谎，人们很容易把它等同于道德品质恶劣，其实不然，不少孩子表面上看起来爱撒谎，不过是因为他们有着这样或那样的苦衷，就像我的学生小薇，她生活在这样一个支离破碎的家庭，因为担心同伴嘲笑她，她用谎言为自己包装了一个温暖的家庭外壳，为自己虚构了一对体贴入微的父母，事实上她没有任何恶意。

不同的孩子撒谎的动机往往是不一样的，为了更好地帮助那些爱撒谎的孩子，我们不妨学学湖南台，走进孩子的家庭，聆听一下孩子们谎言背后的故事，或许你就会对爱撒谎的孩子多一分宽容，多一分理解，甚至可以通过背后的故事挖掘出孩子爱撒谎的"病根"，然后再依据病根开出合适的"药方"，或许"药"一到，"病"就痊愈了。

荐读名著，巧点情痴生

刘姿爽

那天一上班，学生常胜的妈妈就打来电话给他请假，说他身体不舒服。我也觉得常胜近来精神有些恍惚，问候几句后也就同意了。两天后常胜仍然没来，我觉得有些不对头——难道他病情很严重？正在纳闷，常胜妈妈又打来电话了，声音里透着焦急和无奈："刘老师很抱歉啊，其实常胜没病，可不管我怎么劝，常胜就是不想来上学啦。问他为什么，他死活不说，您说这可怎么办呢？"我也感觉有些奇怪，决定到常胜家里去看看。

联系好家长后，我抽时间登门家访。家里只有他们娘俩在，常胜见到我后还有点不好意思。寒暄后，他们娘俩陪我坐在沙发上，但常胜一言不发，又不时抬头看我几眼。我很快会意，便请常胜妈妈回避一下，他妈妈借口买菜出去了。我很严肃地说："常胜啊，你是个懂事的学生，明明没病，却不按时到校上学。你有什么想法能不能跟老师说一下，我们一起来想办法解决。"常胜欲言又止，一番纠结后才说："刘老师，我说了您可不能鄙视我，更不能跟我妈妈说，也不能跟同学们说，不然我就彻底完蛋啦。"我不禁哈哈大笑，说："有那么严重嘛，我答应你，先说说看。"

原来，常胜暗恋上了班里的女生何丽颖。何丽颖人长得清秀，品行端正，学习成绩也很好，还多才多艺，是位素质很全面的学生；而常胜淳朴善良，比较内敛，平时不大受同学们关注。可他却把何丽颖当成了心中的美神和爱神，如果何丽颖偶然跟他说句话，他就觉得阳光温暖了自己的心房，跟过节似的会幸福好几天；如果人家几天不跟他说话，他又不知所措、失魂落魄，生怕自己什么地方得罪了人家。后来常胜还写了封信，想向对方说说心里话，却实在没有胆量交给对方，生怕遭到拒绝，时间一长就成了煎熬。常胜心理和情感上无法承受，经常处于莫名的煎熬中，实在没有心思去上课听课了，干脆请假回家当起了逃兵。

明白个中原因后我稍做思考，说道："常胜啊，感谢你的信任，我一定会保守秘密，绝对不告诉你爸妈和同学们，也不会告诉何丽颖。我很理解爱上一个人却又无法表白的那种煎熬和痛苦，毕竟我也是过来人。这么着吧，你先在家里待着，别人问就说养病，可别忘了复习功课。我明天托人给你捎来一套书，也许你已经看过了，但可以'温故而知新'，你看完了咱们再聊。"很快我托人把一套路遥的《平凡的世界》送给常胜，让他看完后再联系我。

三天后常胜通过 QQ 联系我，我也就趁机跟他聊了起来。

"常胜，看完了小说有什么体会？理解老师让你读这部小说的意思了吗？"

"老师，我觉得是让我感受小说里人物的爱情故事吧？"

"对啊，你怎么看小说里几位主要人物的爱情波折呢？"

"老师，我很痛心孙少安跟田润叶不能成为终身伴侣，更痛惜田晓霞早早殉职，不能跟孙少平成就美满的婚姻。"

"你能看到这点很好，能说说孙少安和田润叶为何不能成为终身伴侣吗？"

"其实孙少安始终爱着田润叶，但双方家庭、地位等社会条件的限制使得他不得不放弃这份真爱，他觉得既然不能给田润叶带来更美满的幸福，还不如毅然放弃更合适，他很快跟秀莲结合就是一种委婉的拒绝。我觉得他的选择是理性的，虽然从情理上我仍然无法接受。"

"对啊！鲁迅说过，悲剧就是把美好的东西毁灭给人看，也许这正是小说的文学魅力所在。那么孙少平和田晓霞呢？"

"他们所处的环境比孙少安时有了很大进步，而且田晓霞明显要比她姐姐更独立、更阳光、更勇敢。孙少平身处社会底层，虽说后来在煤矿上待遇提高了，可环境险恶，安全度低。可贵的是他不甘平庸，从未消沉堕落，一直坚持读书学习，始终有自己高尚的人生追求，这正是田晓霞热恋他的原因。"

"对！假如田晓霞不殉职的话，你觉得他们会结合在一起吗？"

"我觉得爱情是爱情，现实是现实，爱情和生活并不完全一样。人在环境里时刻在变化，如果孙少平不离开煤矿的话，我觉得即使田晓霞活着也有可能产生变数。"

"你能看到这点我很欣慰。说句自私话，我很理解路遥先生让田晓霞早早牺牲，或许将来怎么安排她，路遥也有自己的难处吧！"

"老师说得有道理，我也正为这事纠结呢。"

我觉得该进入正题了："那你如何看待你爱上何丽颖这件事呢？"

"读了这本书，我对自己有了比较客观清醒的认识。爱一个人，首先要尊重对方，人家不是自己的私有财产，不一定非要让对方接纳自己。尤其是我们还都是学生，彼此都不能给对方承诺什么。我觉得能让所爱之人在人生道路上幸福平安也是一种幸福。"

我立刻点赞："好！不愧为我的学生。"

"可是老师，我还是忍不住会思念她，这个怎么办？"

"思念不是罪过，这是一种很单纯很美好的感情，你要珍惜。但爱情不是生活的全部，不妨试着转移自己的注意力，可以像今天这样多读点有益的书，还可以多去参加一些有益的健身活动，你不是乒乓球打得不错吗？近来难道没有技痒吗？再者，也要坦诚、阳光地跟何丽颖交往，为何不把她当作生活学习中的良师益友呢？"

"老师，我明白了，我会摆正自己的位置的。您放心吧，我明天就去上学。还希望您多多关照，这段时间给您添麻烦啦。"

"没问题，你放心吧。"

到这里，我才长舒一口气，虽说还要费些周折，但我们的常胜肯定要回来了。

辑五

借助家长的力量

巧妙铺设幸福的红地毯

王　莉

　　苏联著名教育家苏霍姆林斯基曾说过："人生的最高目的是幸福，教育的目的就是培养幸福的人。"只有幸福的老师和幸福的家长有效联合，才能培养出幸福的学生。因此家校关系已经成为班级管理工作中最重要的关系之一，几乎所有的班主任都知道借力家长可以让班级管理更高效，更实效。但在实际操作中，老师往往忽视了家长被借力后的心理感受。曾经一位家长抱怨说："学校什么事情都找我们家长，家长成为学校的打工一族了。"其实这样的抱怨说明家长在家校合作中没有感受到教育的力量，更没有感受到教育的幸福。让家长感受到教育的幸福，从而心甘情愿配合学校的教育刻不容缓。

　　孩子是家长参与学校管理的核心，失去孩子这个轴心，家校联合教育便会成为一句空话。青青的教育便印证了这个道理，让我终生难忘。

　　青青的爸爸突然出车祸去世，她的妈妈因此得了抑郁症，几次自杀未遂，青青的成绩和表现也直线下滑。青青妈成天以抱怨的口气怨恨学校对孩子的教育不好，抱怨孩子成绩不好，都是班主任不负责任等等，三天两头找茬。于是我成了她家庭悲剧的出气筒，我也一度无法和家长正常谈青青的教育问题。阴霾笼罩着这个家庭，也笼罩着青青的教育。

　　一天中午，青青和妈妈发生争吵后，一气之下跑上 33 楼天台，想跳楼自杀！走投无路的青青妈妈打电话向我求救，我第一时间赶到天台。看到天台上的青青手扒着栏杆，摇摇欲坠，我的心一下子揪了起来，我强迫自己冷静下来，今天面对一个鲜活的生命，面对一个残破的家庭，这次营救我只能成功不能失败啊！我慢慢走向青青，用极其轻柔的声音对她说："青青，你是老师心中最懂事的孩子，你这是怎么了？有什么事下来说吧！那里很危险！"青青看到我来了，哭得更凶了："王老师，我不想活了，我妈妈不理解我，还骂我！"我顺着青青的话往下说："妈妈不理解你，还有王老师啊！你有什么委屈，下来和王老师说。如果是妈妈不对，王老师让她给你道歉好吗？王老师那么喜欢你，你可不要吓唬我呀，孩子！快下来吧！"我一边说一边慢慢靠近青青。青青听了我的话，眼里露出了希望的光芒，她跳了过来，扑进了我的怀里，紧紧抱住我，嚎啕大哭，看到被家庭磨难折磨得几近崩溃的孩子，我控制不住地哭了。此时青青的妈妈也扑了过来，抱着我和孩子一边大哭不止，一边不停地说："谢谢老师，对不起老师……"

后来我和青青妈进行了长谈，谈孩子的教育，孩子的未来，鼓励她树立人生的希望，要成为孩子的依靠，一定要坚强起来。遇到困难，不能总是怨天尤人，更不能把坏情绪传染给孩子，要成为孩子的精神支柱和骄傲。青青妈这次破天荒地没有拒绝我的劝谏，表示愿意尝试，我离开时，她把我送出去很远，一再感谢我对她孩子的救命之恩。

一位班主任，无论受到多大的委屈，无论家长理解还是不理解，都要设身处地地为家长和学生着想，一定会让家长感受到教师的真心和责任感，一定会得到家长和学生的认可。

此后，青青和妈妈之间有了隔阂，青青妈因此更焦躁了，也许是我救了孩子，她对我的依赖也更多了，因此青青妈隔三差五地给我打电话，诉说心中的苦闷，询问孩子在校的情况。我在尽量安慰她的同时，给她源源不断地输入正能量。我也经常电话"骚扰她"，让她闲不住，让她没有时间沉浸在悲痛里。此外，吸纳她为班级家委会的活动策划部长，时常带班里孩子搞一些有意义的小活动。为了打开青青的心结，我在班里找活泼开朗的女孩子和青青做好朋友，我也经常去家访，在青青面前称赞青青妈能干，帮助班级做了许多好事，同学们都羡慕青青有位好妈妈。美国著名心理学家威廉·詹姆斯说过："人类本性中最深刻的渴望是受到赞美和关注。"慢慢地，青青和妈妈的关系逐步得到缓和。

我想要青青和妈妈之间完全冰释前嫌，还需要再烧一把火。

机会来了，期中考试青青大有进步，我灵机一动，决定在班级搞一次隆重的颁奖活动，5月份又恰好是母亲节，母亲节庆祝会自然和颁奖活动合并在一起。因此我把这次活动的主题定为"幸福的红地毯"。

因为这次家长会特殊，我要求只能是妈妈来开家长会（青青自从"跳楼"事件后，一直让奶奶来开家长会）。每位学生提前准备好母亲节礼物：一段感恩的话，一个深情的拥抱，一句"妈妈，我爱您！"和一支自制玫瑰花。所有获奖的同学均由妈妈上台亲自颁奖，妈妈要给孩子一句鼓励的话和一个拥抱。所有获奖的同学现场把母亲节礼物送给妈妈。环节设计很动感，也很煽情，孩子动情的感恩诉说，真情的拥抱，让所有的妈妈都沉浸在巨大的幸福里。

最后的大奖是班级"进步金奖"，这是我班的最高奖。而这次只有青青一人获得此殊荣，青青妈踏着《感恩的心》的旋律，满怀感动地把奖状颁给青青时，幸福的泪花在脸上滑落，她紧紧地抱住女儿说："你真棒！你是妈妈的骄傲！更是妈妈的幸福！"青青已经被一波又一波的感动感染，她流着泪紧紧抱着妈妈说："妈妈，我爱你！你也是我的幸福！"于是教室里掌声雷动……

那以后，笑容重新回到了青青和她妈妈的脸上，幸福的青青妈也成为了我班级管理的合伙人。我也为自己努力挽救了一个家庭，感到由衷的幸福。

"幸福的红地毯"成为了我和家长之间最珍惜的活动，也成为了家长和孩子幸福沟通的源泉。

让家长会成为班级故事会

王振刚

　　作为一名班主任，开好一场家长会将具有重大意义，不仅可以展现班主任的专业素养和人格魅力，而且还会得到家长的认同和信任。家长会上讲什么呢？讲与班级工作密切相关的内容，讲与学生发展密切相关的内容，讲与家庭教育密切相关的内容……如何让所讲内容走进家长的心底，并引发家长深深的思考呢？故事是最好的载体！

1. 在故事中，让家长理解老师

　　面对孩子的错误，有的家长不能接受班主任对孩子的批评。如何让家长理解班主任对孩子的严格要求呢？我给家长分享了这样一则故事。

　　有一个地主老财，上了年纪，只有一个独生子。孩子6岁了，该上私塾了。地主老财请来一位私塾先生，没上几天，就被他的独生子气跑了。就这样，一连换了10多位先生。后来，一位年轻人主动前来应聘，要担任私塾先生。面对这个霸道的独生子，年轻人打不还手、骂不还口。一天，独生子坐在村头，像往日一样，拿弹弓打来来往往的村里人。因他爹是地主老财，村里人忍气吞声。可这一天，独生子拿弹弓打到了一个土匪首领的脑袋。土匪首领不干了，尽管手下人告诉他，这是地主老财的独生子。土匪首领说，管他是谁的儿子。掏出枪，要了地主老财独生子的性命。这个年轻人告别了地主老财，告诉他，任务完成了。原来，年轻人就是被地主老财害得家破人亡的。年轻人知道毁了他的下一代，就是毁了他的全部。

　　我还郑重地告诉家长：老师面对孩子的错误，敢于批评，这是对孩子的一生负责。作为家长，要用发展的眼光看待老师对孩子的批评。

2. 在故事中，让家长改变认识

班上有个孩子，常常招惹其他同学，不是把同学弄疼了，就是把同学弄伤了。惹事孩子家长有时还要带着受伤的同学去医院救治。后来，家长跟我说，他们做家长的，总是为老师平事，完全是在支持老师的工作。孩子招惹了是非，家长的行动是在教孩子如何对他人负责，在某种意义上说，对他人负责就是对自己负责。家长没有认识到这一点，相反把给同学救治这件事看成是为老师平事。

家长会上，我分享了这样一则故事。

1920年，一个11岁的美国男孩踢足球时不小心打碎了邻居家的玻璃。邻居向他索赔12.5美元，这在当时可是一笔不小的数目，足足可以买125只下蛋的母鸡！闯了大祸的男孩向父亲承认了错误，父亲让他对自己的过失负责。

男孩为难地说："我哪有那么多钱赔人家？"

父亲拿出12.5美元，说："这钱可以借给你，但一年后要还我。"

从此，男孩开始了艰苦的打工生活，经过半年的努力，终于挣够了12.5美元，还给父亲。

这个男孩就是后来成为美国总统的罗纳德·里根。他在回忆这件事时说，通过自己的劳动来承担过失，使我懂得了做人就得肩扛起责任来。

故事讲完了，我郑重告诉家长，当孩子出现了哪些行为，必须让孩子为自己的行为负责呢？一是孩子出现了利己主义行为，二是孩子出现了冷漠的态度，家长必须要引导孩子为自己的行为负责。

引导孩子为自己的行为负责，是教育的智慧。每一位家长都想把自己的孩子培养成有责任意识的孩子，那教育的起点在哪里？当然是引导孩子从对自己的行为负责开始。今天，孩子为自己负责；明天，孩子才会为他人负责，为集体负责，为家庭负责，为社会负责。

3. 在故事中，让家长重塑自我

在与众多家长的攀谈中，我隐约感到：家长觉得对孩子的教育，应该是老师的职责，忽视了自身对孩子的教育责任。其实，家长才是孩子的第一任老师，家长更是孩子永远的班主任。可是，很多家长并没有意识到这一点。

如何引领家长在孩子的心目中重塑形象？家长会上，我和家长分享了《老沙的故事》。

老沙住在沈阳最大的工人聚居区，家里的陈设很简单，他和上高二的儿子各占用半张圆桌，他的那半摊着稿纸，儿子的那半是一堆习题。

老沙很勤奋，常常寄作品给杂志社，但总缺了些才气。偶尔发表几篇，也大多是补白。然而，他还是一篇篇地寄。

杂志社要开"作者读者座谈会"，编辑准备邀请老沙参加。他家没有电话，写信又不保险，编辑决定登门相邀，这才知道老沙的真实情况。编辑不知该说什么好，老沙却喃喃地说："您别哄我了，我自知不是那块料，但我还要写下去。"

"为什么？"编辑问。老沙很坚定地说："我儿子大了，作为一个父亲，我没权没钱没地位甚至没工作，毫无一点让孩子尊重的资本。但我要用每晚坐在他对面刻苦写作来感染他，为孩子做个好榜样，让他以后比我强。"

我相信，《老沙的故事》一定会燃起家长向上的激情，无论何时何地，都会给自己的孩子做一个好榜样，用自己的言行激励孩子力争上游，持之以恒。

家长会上，给家长朋友分享生动的故事，让生动的故事带给家长深刻的思考，这是一条开好家长会的捷径。

家长会上讲故事，你准备好了吗？

家访"三字心经"

曹建英

我们都知道：学生的成长和发展是教师、家庭、社会相互作用的结果，因而，开展好家校沟通工作更有着非凡的意义。而家校沟通最传统的方式就是家访。家访是联系学校、社会、家庭的桥梁，是我们了解每一个学生家庭环境和背景的最好途径，更是把握学生个性特征和学习动态的主要渠道。然而，随着科技进步，经济快速发展，家访工作一度出现淡化趋势，这对我们工作的有效开展非常不利。如果长期疏于与家长沟通，那么我们的工作将处于被动或者孤立的状态。因而，在新时期，作为班主任，我们更应强化家访意识，注重结合时代特点，积极采取传统式家访与现代式家访相结合的方式，积极、有效地与家长进行沟通交流，使家访工作更具实效。

下面我来分享自己多年来在开展家访工作中积累的宝贵经验：

1. 以"诚"为基石，重传"情"达"意"

中国自古就讲求"君子以诚为贵"，而"诚"在我们与家长进行面对面沟通交流时，显得尤为重要。而要做到"诚"，我们在面对家长时就一定不可一味放大孩子的优缺点，更不能肆意去掩盖孩子的优缺点，而应该实事求是地与家长进行坦诚交流，同时要注重表述的方式方法，理性而又不失感性色彩，在第一时间赢得家长的信任。

写到这里，不由让我想起了前几年到学生佑城家家访时我与他妈妈的一段对话。

曹老师，这大冷的天还专门来我们家，真是让我们感动。这孩子不争气，又给班上拖后腿了。

嫂子，可别这样说。孩子虽然学习上是有点吃力，可特别懂事。在学校，关心集体，每一次劳动总是抢着干，不怕脏不怕累，还特别爱帮助同学，我和孩子们都非常喜欢他。这次领通知书，孩子没去，所以今天专门来家看看他，顺便和嫂子商量商量孩子假期学习的事。佑城主要是对字词的学习比较吃力，以至于影响到其他学科的学习，您看，假期您是不是在监督他完成我们规定的作业的基础上，再跟他一块巩固巩固字词？孩子挺乖，脑子也挺灵活，所以我们一起帮孩子一把，给他鼓鼓劲。

老师，让您这么一说，我也这样想，一定配合！佑城让您费心了，我和他爸都特别感激您……

从这几句简短的对话中，我们不难感受到美好的真诚，是它让我们和家长的心紧紧连在了一起。

2. 以"实"为准绳，讲求"同"存"异"

前面提到"诚"字是做好家访工作的首要前提，而要真正开展好家访工作，我觉得更应在"实"上多下功夫。

家访，在我看来，不一定是家家都访，那样只会流于形式，而把工作真正落到实处，我们要有选择、有针对性地进行，要在"实"上下功夫。落实家访对象要"实"，选取家访内容要"实"。

就对象而言，我想对于学习优秀且家庭教育良好的学生，我们不必非要家访，采用电话或者微信沟通的方式就不错，这样既方便又快捷；而对于平日学习较吃力或者特殊家庭的孩子，我们则尽量选择家访的方式，这样更容易打开缺口，通过家校合力来促进孩子转变。由于这样的孩子多缺乏自信，因此在与其家长交流时要坚持多鼓励少批评的原则，委婉地针对孩子存在的实际问题与家长进行沟通，及时给出合理化建议或改正措施，让家长看到希望，帮孩子建立自信，从而真正实现"做好一次家访，带动一个家庭，影响整个班级"的教育效果。

3. 以"新"为突破，重守"旧"迎"新"

最后，我们还要善于在"新"字上下功夫。当下，随着信息化的飞速发展，传统的家访遭受到越来越多人的质疑，但是不可否认，尽管传统，耗时耗力，家访仍有着它独特的优势：很多时候，不通过家访我们很难实现跟家长及时而有效的沟通，更难以帮助一些特殊学生打开"心结"。

我们需要在坚守的基础上有所突破。如家访时，除了真诚的交流，我们还可以给家长略备"薄礼"。如：给他们带去孩子的成长小档案，让他们更好地了解孩子在校的一些出色表现；给家长当面发份邀请函，真诚邀请他们参加班级组织的丰富多彩的活动；趁家访之机向家长传递孩子们羞于向父母表达感激的真实的心声；送给他们一些自己收集的家教美文等。以此来坚守"老方"以引得活水使其焕发特有的魅力。

总之，我觉得"诚、实、新"对于在新时期开展好家访工作尤为重要。最后，愿我们努力通过家访来实现教育的一致性，以此帮助每一位学生健康快乐地成长。

家校合作从跌倒中爬起

宋丽婷

刚下课，级部主任递给我个本子，说："你写一写吧！"写什么？我打开本子。班主任辞职信，弄错了吧，我怎么会辞职？看我不信，她清了清嗓子说："没弄错，就是你写。""为什么？"我问。"不为什么，你就写家庭困难不能干了！""我怎么会家庭困难？到底为什么？"我反问。她冷笑一声说："我不想让你干了。"说完放下本子走了。

我一下就懵了，赶紧召集家长商量对策。听到消息的家长们义愤填膺，大家一致同意绝不能半途换班主任。在外地开会的家委会主任，打来电话说："少安毋躁，我回去再说。"几天过去了，呼声很高的家长们，没有了声音。原来家长们心不齐，在"少安毋躁"下，观望不语。

最终，我被免去班主任职务，发配到初一带课。那段时间，我情绪低落，茶饭不思。

遥想当年，雄心壮志，热血沸腾地带领家长成立家委会，开展家庭教育讲座，与"家长智囊团"共商班级管理措施。下班后，一个人在办公室简单吃碗方便面，匆匆背上包开始挨家挨户地家访。夜幕下，与家长促膝长谈的一幕幕，至今记忆犹新；周末放弃休息，领着大家来到老年公寓看望老人，带上学生走进社会福利院关注残疾儿童，跋山涉水来到沂蒙，山村老人攥着孩子们的手，那一句"你们何时再来"曾让多少人泪湿衣衫。再看看墙上的那面锦旗"携手创造未来，共撑一片蓝天"记录了曾经的岁月，柜子里的奖杯、证书，又诉说了多少辉煌的过去。还有那酒桌上推杯换盏的交情，此刻都去了哪里？真是"往事一幕幕，伤心一幕幕"！

总结过去，反思失败，我知道我错在了哪里。在选人标准上，以为"单位好、实力强、能说会道"的家长将来可以"借力"，却忽视了占人数最多的普通家庭才是家委会的主力。话语权，过于集中在家委会几个骨干家长上，却忽略了大多数家长的权利。过于频繁的社会实践活动，让家长疲于应付。那所谓的创新，又让家长忙的苦不堪言，这一切都是为了虚荣！

最可怕的是与家长关系过近，丧失了教师应有的尊严。俗话说"吃人家的嘴短"，面对犯错的学生，因为与其家长关系好，而网开一面，显失公平。家长进课堂看似为了促进教学，却忽略了任课老师的感受，导致同事关系紧张，这些都是失败的原因。

面对失败，我唯一的选择就是从跌倒中爬起，主动申请做初一新生的班主任，吸取教训，从头再来。

让学生填写"家庭信息一览表"是必不可少的工作，这既是为了了解家长也是为家访做好准备。虽然是信息化时代，但是家访必不可少，方式上既可以小区为单位，集中家访；也可以时间为单位依次家访。有些确实不方便家访的，可通过微信、QQ进行交流。家访之后，我成立了家委会。家委会是家校合作的机构，也是学校发现问题的另一双眼睛，是家长、孩子与学校沟通的桥梁和纽带。当然，这次明确家委会的工作是帮忙不添乱，尽职不越位。

学生家长各行各业的都有，有些家长非常热情，很想进家委会工作，却怕能力低让人笑话。我对家长说："没有谁天生就能胜任某一项工作，不试试怎么知道行不行，积极参与，我们一起成长。"这样一来，家长们热情高涨，很快全班64名家长全都报名。根据工作需要，我设置了5个小组，分别负责宣传、组织、读书、写作、讲座等活动。每个小组设组长、副组长各一名，下设组员若干名。只要愿意干，参加哪个小组都行。人人有事做，事事有人管，家委会真正让家长有了归属感。

家长进课堂，是我们家校合作的特色之一。那天，学校安排家长听课，没有事先告诉我和任课老师。结果，引起任课老师的不满，新授课临时变为小测验，把家长晾在了一边。家长们生气了，老师也满肚子怨气，评课时，相互不满，发生语言冲突。站在中间，我左右为难，说谁都不行。以后，尽量减少家长进课堂，并做好提前告知任课老师的工作。

家庭教育"起于母胎，终于坟墓"，既是各种教育的起点，又是各种教育的归宿。面对孩子青春期叛逆、早恋、厌学等问题，家委会开展了"三五"家教法系列讲座。"三"是指理念、知识、心态三项基本准备，"五"是指倾听、表达、鼓励、处置、议会五种基本方法。"三五"家教法共9节课，系统讲述了家庭教育方法与亲子沟通技巧。9节课之后，我们又开展了父母道大讲堂、家长俱乐部、家长共成长学习小组等活动。

一年过去了，在家校合作的道路上我们走出了自己的风景。家长们的教育观念变了，待人说话的方式也变了，人际关系变得更加和谐。家长们的写作水平大大提高，在家委会的组织下，出版了《家有儿女Ⅰ》和《家有儿女Ⅱ》两本书。年底，广播电台为我录制了三期家庭教育节目，淄博晚报也有了我的教育专栏。随着父母道大讲堂的开展，一批家长迅速成长起来，他们也开始登上讲台做讲座。

生命中的每一次伤痛、挫折都有它的意义，我们与其抱怨命运的不公，不如努力地从跌倒中爬起。风暴打不败阳光，只要生命还在，一切从头再来！在跌倒中爬起，你将拥有别样的精彩！

我给家长送"礼"

马彩云

我们班曾发生过这样一件事。一个学生在离家出走后，我们在他的课桌上看到一张纸条，说是老师打击了他。经过家长学校多方寻找，几天后，家长把离家后一直躲在网吧玩游戏的孩子带到学校。在校长办公室，我们问孩子：老师说了什么话打击了你，以至于你要离家出走？在校长和家长面前，孩子说了实话：本来在苏州没人管玩得挺好，被父亲逼着回到南京，实在不想学习，就找了借口离家出走。看着孩子父亲尴尬的表情、校长如释重负的神情，我更多地想到了如何面对日益复杂的家校关系。

我想：孩子表现出的问题，大都是家庭问题的折射，教育学生，必须加强与家长的沟通。为此，我尝试了一些方法，也取得了一些效果，这些方法便是我给家长送的"礼"。

1. 善用家长会，家校休戚与共

家长会之前，我会和孩子们一起细心布置教室，注重每个细节。从中专一年级到三年级，根据不同的阶段，我的家长会侧重点有所不同。

一年级着重于常规教育。让家长知道学校的作息时间，了解孩子上了中专以后，学习的重心与初中、小学有所不同，要着重掌握技能、锻炼能力等。最后，我会请家长和孩子一起欣赏两篇文章《木匠和房子》、《给家长的 33 条建议》。家长会后，让学生和家长一起思考：我要给自己建一座怎样的房子，怎样建，写下来并张贴在专栏里。

二年级着重于感悟亲情。一般在母亲节前开，让学生提前给母亲准备好礼物。学生不同，我安排学生给母亲的礼物也不同。2007 级是提前给母亲写一封信，2010级是给母亲梳头，2016 级是抚摸母亲的手，拥抱一下母亲，并说出当时的感受。

三年级着重于成人教育。先呈现两年多来用数码相机定格的每个孩子成长的精彩瞬间；一张张图片，一段段视频，把家长们看得热泪盈眶。随后是孩子们为家长手语表演《谢谢你》，伴随着刀郎充满深情的演唱，看到孩子们情真意切的表演，家长们已泣不成声。最后成人礼宣誓，家长会达到高潮。

用朴素的情感经营班级，用成长的喜悦打动家长，才能争取到家长的支持，使家校休戚与共。

2. 借助家长群，激发向上斗志

家长群早已不是什么新鲜事物，但很多老师怕进群，家长"随时随地"的问题会无谓地消耗掉大量的时间和精力；很多家长怕进群，怕老师发到群里的批评，有时简直如坐针毡，汗流浃背。微信、QQ群能够超越空间的限制，如果能够巧妙利用起来，就能发挥出普通家校联系方式所没有的强大功能。

（1）大窗表扬，小窗提醒。我们班家长群里看到的信息一定是这样的，"孩子们都挺好的，偶有犯错也正常，给孩子们成长的时间和空间"，"班级拟定了班名，请家长们给个建议啊"，看到哪个家长冒了泡，会说"×× 不错，寒假开学以来成熟了很多"。而对于学生成长过程中出现的问题，我则是小窗一对一交流，把孩子的学习、日常表现反馈给家长，同时叮嘱家长不要着急，大家一起想办法让孩子逐步成长。

（2）即时播报，见证成长。很多学生家在外地，有的家长很难见到孩子，我便及时把班级各项活动、日常生活学习的照片及视频发到群里，让家长及时了解孩子在校的情况，让家长群成为家长爱看爱参与的家校交流平台。

（3）互动班会，激发内驱。家长不在校，有了家长群，依然可以让家长"现场参与"班会课。要给孩子们颁发"班级之最"奖了，这是一个隆重的颁奖仪式，也是一个激发学生向上动力的良好契机。我提前在家长群里吆喝："各位家长，我班下午第二节班会课有颁奖仪式，到时我把照片、视频发到群里，家长们给孩子们鼓劲点赞啊。"最刻苦勤奋奖、最热心助人奖、最遵规守纪奖、最吃苦耐劳奖、最文明礼仪奖……教室里，孩子们兴高采烈地领奖，基本上人人有份；家长群里，群情激动，留言一条接一条；我则把家长的留言截图发到班级群，投到大屏幕上，看到父母发来的热切的话语，孩子们的内心充满了向上的力量。

3. 巧用家长力，智慧引领成长

每个班里都会有几个让班主任头疼的问题学生，如果能巧妙地借助家长的力量，就会达到事半功倍的效果。

庆泯是对口单招班的学生，现在在一所本科院校读书。当初他厌学情绪严重，懒惰成性，每天在学校混日子。了解到他很孝顺父母，尤其和他爸爸关系和谐亲密，我请来了他的爸爸。在办公室里，他低头站立在一边，听着爸爸被我滔滔不绝地"教训"着。我的声音很大，好像可以震撼整座办公楼，爸爸一直低着头，红着脸。他很羞愧，自尊心也被重新唤醒，他决定要给爸爸一个补偿，让爸爸挽回面子。他知道自己能做的唯一补偿便是取得一个不错的成绩。当他拿到本科录取通知书兴奋地向爸爸报喜时，才得知当初我"训爸爸"是为了唤醒他的孝心，激发他的斗志，那是我和他爸爸合演的一出"双簧"。

我为家长送的礼，是在教育好孩子的共同目标下，送去对孩子的关心，送去与家长的沟通。古人说：礼尚往来，来而不往非君子。我发现，当我想着法子给家长送礼时，家长也想着法子回馈我，让我有很多感慨：教育孩子尊重老师，经常关注我的 QQ 空间动态点赞，逢年过节发祝福短信……我总结了一句话：做一个快乐的班主任，就要学会给家长送"礼"。

对家长，我们要真宽容

彭亚明

作为班主任有时我们苦恼，我们愤怒：你教育学生不要随手乱扔垃圾，但你无法阻止成人从楼上抛撒垃圾；你教育学生尊老爱幼，但你无法惩罚虐待老人的不孝儿女；你教育学生分清是非，偏偏有家长是非混淆；你教育学生互相友爱，家长偏偏告诉孩子自己舒服就行，这就是教育的社会环境。在教育过程中，你所面对的不仅仅是需要教育的学生，还有形形色色的家长：他们有的望子成龙、望女成凤；有的教育孩子条条在理；有的不能客观地看待问题，一味地相信自己的孩子，看不到孩子身上的缺点；有的……你都要一一面对，这就是现实的教育环境。所以，你在教育的过程中什么样的家长都会遇到，什么样的事情都会遇到，什么样的苦恼都会随之而来。面对不同阶层的家长，面对不同知识水平的家长，面对不同教育观念的家长，我的建议是：我们要真诚地面对，要有海纳百川的胸襟和气魄。

有一段尘封的记忆我总是小心翼翼地回避着，像一块伤疤，打开它要经历揭痂之痛。

斌斌在我这个班里显得是那样的与众不同，不仅因为他学习差，而且因为他脸黑黑的，头发总是乱糟糟的，身上的衣服要不经常不合身，要不就是脏兮兮的。这在我们这个"择校班"或者说是"关系班"里显然是格外出众了。也难怪呀，这个班的家长不是市政府的，就是某某研究院的，要不就是某某大学的，反正像斌斌父母这样只有微薄工资的"小人物"是仅此一家。也许因此，他自己觉得气势上就低人一等，矮人一截。也许因此，同学都不拿他当回事儿，甚至发生了冲突，大事小事都怪在他身上，同学们都喊他"锅筤儿"。

我一接手这个班，就特别注意他。这几天我发现他总是愁容满面，一个人躲在角落里发呆。我利用让他替我抱作业的机会把他叫到办公室，"怎么啦？"我的话既柔和又具感染力，可是他却看着自己的脚尖不说话，我用手轻轻地抚摸他的头，一贯受到批评和指责的他这时大颗大颗的眼泪涌了出来，但还是不敢看我，不说话。心灵受到伤害也许会让一个人变得一时无法接受美好的事物。我立刻板起脸来严厉地说："连实情都不敢说出来，眼泪救得了你吗？今儿，不说实话别回去上课了。"我故意不理他，判起了作业。约5分钟左右，他见我没有让他去上课的意思，就紧张地看着我，这时我转过身来，温和地劝导他说出实情原委。一听他的诉说，我拍案而起，"四年级的孩子竟然这么干，这还了得！"我安慰了他几句，叫他回去上课了。而后立刻把当事人小钊叫到办公室，经过斗智斗勇和苦口婆心的教育，在几个证人面前，这个诡辩多精的小钊终于承认了逼迫斌斌从家里拿钱给他的事，并把今日刚得的"赃款"悉数上交。我感到了事态的严重性，当即决定请小钊的父母到学校解决问题。

下班时，他的父母如约赶到了学校，经过一阵寒暄，我知道了这两位家长都在师范大学上班，心里暗喜：同行呀，解决起问题来容易得多了。我把事情和盘托出，家长"腾"地一下站了起来，我赶忙劝阻，害怕家长不冷静伤到孩子。可没想到他父亲竟然怒目相向："彭老师，您是新接班的吧，恐怕对很多问题了解不多，今天的事儿我们还要再问问小钊。"说完拉着孩子走了。我既尴尬又气愤地呆在那儿，心里说不清什么上不来下不去地堵着。"这不是明摆着不信我这个老师吗？袒护孩子也得分事儿啊。孩子不及时教育岂不毁掉了？"我真搞不懂，家长想的是什么。第二天一早，小钊的父母来了，事情也来了个180度的大翻个：小钊拒不承认自己曾经那样做过，家长还提供有力的理由——"我们平时不缺他的钱花，他有必要这样做吗？再说从小我就教育他不乱花钱，上次因为这个，以前的班主任还表扬他了呢。"我想说："但你们忘了，他在成长，什么坏的影响都有可能发生……"我继续和他们谈论着，甚至是争论着，好让他们意识到自己孩子的问题是很严重的，也想让这对糊涂的家长擦亮他们看待自己孩子的眼睛。我摆出了物证、人证，他们终于哑口无言了。看到家长由刚才的兴师问罪到现在的理屈词穷，我见好就收，谁知他的母亲拉着吊起的脸子说："彭老师，我们也是教育人的人，那几个孩子平时就和斌斌混在一起，现在的孩子可不比从前老老实实的……""说不定我儿子是被人合伙陷害的。"我想这肯定是她没有说出的后半句话。"嗨，他们怎么就是看不清问题的真相呢，父母是教师，孩子就不犯错误了？"我是急急不得，气气不得。我把班里的大部分学生找来，好让蒙在鼓里的两位家长了解孩子真实的现状。没想到我的良苦用心，让家长误会更深了，认为我有意针对他们家孩子，大家不欢而散，事情也就此搁下，不了了之。

沉寂了一段时间后，一天我正在上课，校长突然"传唤"我。我莫名其妙地走进办公室，校长铁青着脸：桌子上摆着一封信。我一下子明白了，有人告我的状了，不用问准是小钊的父母。那段时间我的情绪很不好，总也搞不清楚自己究竟做错了什么，心里装满了疑问和伤感。一位老教师指点我说：很多家长对学校、教师处理问题时存有偏见，有的确实是我们有些教师怀有个人情绪处理问题不当，也有的是家长本身对教育心存偏激的观点。无论怎样，我们要学会容忍，学会宽容，学会与家长真诚地沟通交流，最关键的是让他们自然地认同你的教育观点，这样教育的几方才能形成合力，共同完成教育任务。我不住地反思自己的教育行为，没错，家长不接受我的意见，那是因为没有表现出教育孩子的真诚，而仅仅像检察院公布"罪行"一样，通知家长他们的孩子所犯的错误。为了消除隔阂，于是我利用休息日，买了些水果到小钊家做一次家访。当家长打开门时，惊讶和尴尬之情在我真诚的问候和关切的微笑中很快过去了，我实事求是地向他们表扬了小钊的进步，又询问孩子学习上有什么需要帮助的地方。家长没有想到我此行的目的在此，刚开始那紧绷着的怕我兴师问罪的弦彻底放松了，又是斟茶又是拿水果，小钊的妈妈拉着我的手想说什么，又难以启齿的样子，我赶忙接过话来发自内心地说："子不教，父之过，教不严，师之惰。看来教育孩子是我们共同的责任，孩子犯了错误，我这个当老师的也脱不了干系呀！"我们都笑了。那天，我们就孩子的教育问题聊了很长时间……

在后来的教育经历中，我努力地实践着面对家长要真诚、宽容的准则，结果是工作中无论遇到多么棘手的问题，无论遇到多大的困难，和家长携起手来总能找到顺利解决的办法。

家访千万别告状

俞永军

　　家访是联系学校和家庭的纽带，是联系老师和家长的桥梁，是联系学生在家、在校的通道。初为人师，后又成为新班主任时，经常听一些老班主任说，家访应该把学生的缺点、失误和盘托出，有一说一，如实相告，从而有利于家长和老师配合教育。当时，我未置可否。后来学校让我担任五（2）班班主任，我也正儿八经地家访过不少次，或多或少有点体会。对家长而言，他们都希望自己的子女成绩优异，都期望能从老师的嘴里听到赞扬的话语。如果老师家访只报忧不报喜，老师屁股一抬刚出家门，家长就会对其子女大施"刑罚"。对学生而言，自己挨了打，就是因为老师告了状，于是怨恨老师，平日课堂里更加与老师作对，纪律自由涣散，学习缺点更加暴露无遗。因此，我认为家访不应该只报忧不报喜，而应既报忧也报喜，既说好话也说坏话。当然，这里的好话也是学生本身就具备的优点，而并非是空穴来风，无中生有。

　　当时，学校有个后进生，上低年级时所有老师都不重视他，将他列为"白痴"类，上课任他在座位上做小动作，抑或玩耍；更有甚者随他在校园内、大街上闲逛。于是，人们经常发现他趴在某个教室的窗台上静静地守候，或者在街上捡拾破烂到处叫卖。之前班主任每次去家访，都列举他的种种不是，说他一天到晚在学校里捣乱，要求家长把他带回去，甚至恶语中伤、挖苦其家长。家长只能笑脸相陪，唯唯诺诺。他升到我班后，情况也确如那位班主任所说，不仅成绩很不理想，还经常违反学校各项规章制度。但他也有优点，而且还不少。比如个头大劳动积极，心眼好喜欢帮助别人。针对这两点，我家访时，拉着他父亲的手，先把他孩子的优点详细道出。接着，说他成绩不太理想，最主要的原因是家庭作业总不及时认真做，希望家长严加督促检查，俗话说，好记性不如烂笔头。然后劝告他的父亲误了自己手上的事还可以从头再来，但千万别耽误了孩子的美好学习时光，否则后悔莫及。

临走时，这位朴实无华的父亲紧紧地握着我的双手说："你是第一个表扬我儿子的老师。我知道他很笨，学习不好，之前我对他一直有一种破罐子破摔的思想，但今天听了老师的一番话，我一定多加管教。"从此以后，这位学生的家庭作业不仅按时上交，而且也认真多了。令人感动的是，每次作业旁都有歪歪斜斜的 3 个字，那是他父亲的亲笔签名。

孩子是祖国的未来，人类的希望，我们这些教育人的人，千万别扼杀孩子的自信心、自尊心、自爱心、上进心。陶行知老前辈有句话："千教万教教人求真，千学万学学做真人。"因此，我企盼所有老师家访时能运用正确的方法，客观公正、合情合理、有情有义地评价学生，不要一味地夸大缺点，面对家长喋喋不休，历数学生的种种不是。想想小学生，这群可爱的孩子，就是犯了错误，又能怎样？他们毕竟还不成熟，毕竟还好动，毕竟还好玩。

快乐的家长会

么文轩

家长会常常在家长与孩子之间造成"交火"，教师永远是家长会的主角，学生一概被排斥在家长会之外……"家长会也该改改了！"很多家长都有这样的愿望。那么，家长会，应该怎么开？

我们可以转变一下观念，换一种思路，运用一些巧妙的办法，前面就是一片新天地……

尊敬的家长：您好！您的孩子升入了新的年级，有什么变化吗？他们适应新的老师吗？欢迎您本周五来学校坐坐，看看孩子们的表现，与老师和其他家长谈谈您的困惑、您的教育体会和您的经验。

家长同志：期中考试刚刚结束，您一定非常关注孩子的成绩和孩子在学校学习生活的情况；孩子长大了，在家肯定会有与以往不同的表现，您可能也会有些问题想跟别人交流。请您本周三在百忙之中抽时间光临学校，参加我为您和孩子组织的座谈会。希望您带来宝贵的教子经验，与大家分享。

这是两份面目全新、带着几分温暖与体贴的家长会通知。它们不再是往日学校、教师板着脸对家长下的命令了。班主任要在会前通过这张通知把家长会的内容告诉家长，让他们有备而来，而且时间还可以有弹性。

新型家长会中最重要的，是教师角色的转变——由以往当"家长的家长"、一个人口干舌燥却常常徒劳无功地唱"独角戏"，到教师、家长还有学生共同唱一台戏；开会时不再是老师站台上家长坐台下，而是围成一圈，相邻而坐。学生也不再被一概排斥在家长会之外，成为永远的"缺席被审判者"，有些家长会让学生参加，有些家长会的内容还请学生讨论决定。例如：

交流式：针对教育中的共性问题进行理论探索，或做个案分析，或开经验交流会；

对话讨论式：就一两个突出的问题进行亲子、师生、教师与家长的对话；

展示式：展览孩子的作业、作品、获奖证书或学生现场表演等，让家长在班级背景中了解自己的孩子；

专家报告式：就学生入学后某个阶段或某个共性问题，请专家做报告并现场答疑，以提高家长的教育素质；

联谊式：教师、家长、学生相聚在一起，用表演等欢快的形式，共同营造和谐的气氛，增进感情和了解；

参观游览式：学生、家长、教师一同外出参观游览，在活动中发现问题，促进沟通。

下面我就简单介绍一下我所召开的两次家长会。

家长会是从一个名为"盲行"的游戏开始的：家长被蒙上眼睛，由不是自己孩子的学生搀扶走过一段有障碍有转弯的路程。在行走过程中，不能用语言交流，只能以动作暗示。这个有趣热闹的游戏给家长会营造出了气氛后，班主任亲切道出设计这样一个游戏的初衷：请家长体验在黑暗中被搀扶行走的心情，让学生体验搀扶的艰难——这是一次部分学习存在困难的学生的家长会；"这些孩子目前就像在黑暗中行走，需要亲人的扶助，孩子和家长双方都要互相体谅。"这就是本次家长会的主题。接着，老师拿出15分钟请家长和孩子倾心交谈。之后有几位学生站起来主动谈了自己平时在学习和生活中存在的问题，家长也纷纷检讨了自己过去不当的教育方法。最后，我请每一位家长给自己孩子写下一句赠言，鼓励孩子树立信心。对于这样的家长会，家长们感觉既轻松活泼，又有严肃的主题，形式又新又好；学生们反映这次家长会后，对学习的认识比以前深了，有了一些自觉性，希望以后多开。

班里出现了考试作弊问题，我没有像以往那样批评学生或找家长，而是不动声色地让每个学生养一条小金鱼，一周后开家长会时带来。面对一桌子的鱼缸，我说："我们今天要搞一个金鱼的评比，但不是比谁的鱼大，谁的鱼漂亮，我们是要比谁的鱼的的确确是自己养的。"在一片愕然的目光中，我引出了诚实的话题，请家长和学生共同进行讨论。我要用这种特别的讨论式家长会，使问题更平和而积极地解决：不仅帮助学生提高对诚实的认识，还要使家长们意识到"分数"不是最重要的，应该首先关心孩子的人格塑造，与老师共同引导孩子学习做人、做事。讨论后的发言中，家长们再三表达了对孩子品德的要求与希望，反思了自己在教育过程中的疏忽之处。我在最后总结时点题："刚才同学们都与父母进行了交流，我相信你们肯定向父母做出了后半学期的保证，而且你们一定是慎重提出的，负责任的……"最后，所有家长和学生一起分享了"诚实是金"等赠言。一次本来可能会充满火药味的家长会，以这样的形式给了家长和学生提醒和教育。

家长们欣喜地感觉到了这种变化和由此而带来的收获。一位家长说："开过好多次孩子的家长会，但这种老师、家长、学生面对面地直接交流，还是第一次。真的是很新颖和丰富，帮我更全面地了解了孩子，也帮我建立了新的教子观念。"还有家长给老师写来自己的感想："以前总以为自己很了解孩子的一切，便忽略了对孩子更进一步、更深入的了解。没有了解，谈何理解？所以我们理解不了孩子的一些怪异行为，孩子理解不了家长的良苦用心。今天听了孩子写给父母的信，感到很震惊，也感到很高兴。震惊的是孩子心里藏着这么多的委屈、抱怨，而最关心疼爱孩子的我们却不知道；高兴的是孩子把想说的话说出来了。今天是一个新的开始，几位家长的发言对我们很有启发，孩子一天天长大了，关心孩子的最好方法就是和孩子交朋友，为他们创造宽松和谐的环境。"

老师们在改变了以往的"成绩汇报"的方式后，也找到了班主任工作的新感觉。往往是家长会后，家长拉住老师的手感慨万千。家长看到了老师对学生的关爱，对工作的热情，多了了解，便对班主任的工作给予了有力的支持。

学生们呢，看到在家长会上，老师是如何真诚地欣赏他们的每一点进步，是如何巧妙地指导家长接纳他们的不足，看到老师确实是为了他们的健康成长而召开家长会，感到一座心桥畅通了。

用家访打开后进生的心扉

周爱华

翔子，校内小有名气的一位学生，课外作业几乎没有一次是按时完成的，就连课堂作业也要在老师的"监视"之下才能完成，那笔字简直就是"鬼画符"；课间还经常欺负小同学，脏话不断；成绩也是一路"红灯"，同学都不愿意跟他玩。这孩子有着浓厚的厌学情绪，缺少自信心和竞争意识，完全一副"破罐子破摔"的样子。到我班时，他已进入六年级了，我决定对其进行家访。

通过家访，我了解到他还有个姐姐，正在读高中，成绩优秀，在班里一直数一数二，人又乖巧，很受老师和家长的喜爱。而翔子在他姐姐这只"白天鹅"的对比下就犹如一只"丑小鸭"，经常受到爸爸妈妈的责骂，连爷爷奶奶也经常拿他和姐姐比。他的家人常挂在嘴边的几句话是：

"你看姐姐多优秀，从不让我们操心，成绩那么好，你怎么就不学学你姐姐？"

"你看你，成天只知道玩，玩，玩，真是气死我了！早知道还不如不生你呢。"

有一次，翔子听了这话竟然哭着跑出了家门，边跑边说："既然你们不喜欢我，还生我干吗！我再也不回这个家了。"最后全家发动找到夜里11点多，才把他从外面找回来。从此，家里对他是又气又恨，又不敢打他、骂他，而翔子也就更加"野"了。翔子哭着告诉我："家里的人都不喜欢我，他们只喜欢姐姐，姐姐优秀，无论我怎么努力也比不上姐姐的。老师，其实我也不想这样！"

就这样，在家人的一片责骂声中，在姐姐的鲜明对比下，翔子失去了学习的自信，失去了做人的尊严。

看着翔子妈妈一副恨铁不成钢的样子，我给她布置了一道特殊的家庭作业——每星期给翔子找一条优点，每周一的早上由孩子亲自带给我。这样，孩子就巧妙地知道了"妈妈也爱我，妈妈对我有信心"，也等于告诉老师"我有优点了"或"我进步了"。我也会隔三差五地给翔子一张纸条，让他交给妈妈，上面或写着"翔子今天的课堂作业字迹工整，准确率高"，或是"翔子在今天的劳动中很积极，能主动帮助小个子的同学擦玻璃"，或是"翔子今天上课回答了一个难度较大的问题，同学们很佩服他"……对翔子的一个个闪光点，我则利用早会大张旗鼓地进行表扬，增强学生和家长的信心。

过了一段时间，我又到翔子家里家访，给翔子的妈妈带去了两本书，一本是《告诉孩子，你真棒！》，一本是《好孩子是夸出来的》。翔子的妈妈也欣喜地告诉我，这段时间翔子变化很大，回到家里能主动掏出作业来做，遇到不懂的还缠着姐姐讲给他听；作业做好后还能帮他爷爷捶捶背，跟奶奶讲讲学校里有趣的事。他妈妈笑眯眯地说："现在可省心多了！"

在那年的小学毕业会考中，翔子顺利地考上了镇上一所重点中学，后来又考上了南京农业大学。

古人云："知其心，然后能救其失也。"长期以来，在教育学生特别是后进生问题上，校外教育和校内教育的配合不够，一方面学校苦口婆心地教育后进生，另一方面，社会上不关心和讽刺后进生的现象比较普遍，从而削弱了学校的教育效果。在后进生转化的过程中，我们既要充分发挥学校的主导作用，又要充分利用校外因素对他们的积极影响，尤其要十分重视家庭教育的作用，做好后进生家长的工作，取得家长的配合和帮助，达到共同教育的目的。俗话说"浪子回头金不换"，只有真正为后进生营造一方和谐的"精神家园"，才能使他们摘掉后进生的帽子，成为一名品学兼优的好学生。

让我们共同努力，家校互联，构成教育合力，摒弃对后进生的偏见，多给后进生一些爱心，让爱的阳光温暖后进生的心灵，让爱的雨露滋润后进生的成长；让我们积极探索新方法和技巧，努力加强对后进生的转化教育工作，或许另一个伟大的人物就在你我的手中诞生！

家长，请正确认识您的孩子

刘　祥

晚间，我正在电脑上查阅资料，电话铃响了。

"是刘老师吗？我是沈冰的父亲啊。不好意思啊，打扰你休息了。我想问问我家沈冰在学校的表现情况，打听一下上学期期末考试的名次。我家沈冰这次考得很差吧？"

电话是我们班的班长沈冰的父亲打过来的。

沈冰的人品和成绩都是十分优秀的。作为班长，他能够热心帮助其他同学，对班级各项事务积极处理，在同学心目中有着很高的威望，是我十分得力的助手。学习上，他也特别扎实勤奋，文化课考试从来没有低于班级前 10 名。

我很诧异沈冰父亲的问话，告诉他沈冰这次的成绩依然很优秀，是班级第 8 名，年级内四个平行班级的第 30 名。

"最近他在家中的情绪始终不好，今天晚饭前他向我要求上会儿网，我没有答应，因为我担心他上网影响成绩，我说你考试成绩都退步了，不好好把精力集中到学习上，还想着上网玩。他显得特别烦躁，气得饭也没有吃完就去上自习了。请你找他好好谈谈。在这个关键时刻成绩下降这么多，还对家长有这样大的抵触情绪，这该如何是好？"电话那端传来做父亲的无可奈何的叹息。

我把沈冰各门功课的具体成绩报给了他的父亲。在期末 5 门功课中，沈冰数学、物理是 130 多分，生物是 140 多分，英语考了个 99 分，语文因为作文写走题了，只得了 85 分。

"成绩我都知道啊，你看他这语文、英语这么差，还能考上大学吗？我要他好好学习，不能贪玩，抓紧时间把两门薄弱科目补上去。实在不行，想给他请两个家教辅导辅导。可是这孩子太倔强，根本不理会我们做父母的苦心。"

沈冰父亲的话，让我明白了沈冰和父亲抵触的原因了。这个孩子属于自尊心特别强、凡事争强好胜的人。他这阶段情绪低落，肯定是因为觉得考试的成绩没有达到自己预定的目标，心中对自己充满了恼怒。在这种情况下，他提出要上一会儿网，肯定是希望通过网络来缓释一下自己过于疲乏的神经。他现阶段最需要的是精神上的宽慰，是家庭提供的宽松温馨的氛围，这样，他才能让始终绷紧的神经放松下来，可是父亲不但不能理解他心中的苦闷和提出上网要求的原因，不给他精神上的安慰和鼓励，而是对已经十分努力的他进行批评。在沈冰看来，这种批评是一种对自己的不理解，是对自己所付出的努力的否定，所以，他心中的怒火就发作了，就采取了一种消极反抗的方式来表达自己心中的不满。

于是我针对沈冰父亲既对孩子要求过高又不能正确理解自己孩子的行为提出了善意的批评。他因为沈冰曾经在期中考试时考过年级第一，所以就一直用第一的标准来要求孩子。在主观意识上没有能正确认识好成绩变动的必然性。在对待孩子的学习成绩上，只看结果不看过程，不关注孩子学习的辛苦努力，而是仅仅注重考试后的名次变化。对属于正常范围的波动不能正确理解，就想当然地认定为孩子近阶段放松学习了，就不切实际地开始批评教育。这样的结果，当然是孩子特别反感的。

我提议从明天开始，做父亲的把以前的批评的话语全部替换成肯定和褒扬，在孩子考试以后能适当控制住自己对成绩的过分关注，在孩子学习疲劳时能主动带孩子做些学习以外的有益身心健康的活动。这样，也许能很快扭转父子间的不和谐的局面。

他接受了我的提议，表示将抽时间好好和孩子分析分析考试成败得失的原因，对孩子的努力将给予褒扬，并向孩子检讨自己的过错，对孩子的一些娱乐请求也将视情况尽量满足。

事后第二天，我以找沈冰谈班级工作的理由和他聊了半个小时。我询问了他近期的学习情况，发现确实如昨晚我和他父亲所分析的那样，他的精神压力太大。感觉自己已经十分努力了，却总是达不到理想的目标，所以很苦闷。我从他的学习实际上帮助他分析了产生波动的情况，充分肯定了他现有的成绩，也客观分析了他语文和英语成绩不够理想的原因。他的情绪有了一定的好转。

一周以后，沈冰父亲又打电话给我，告诉我自从他开始不再只是用第一的标准来要求儿子后，还真发现孩子身上的很多优点。他把这些发现都告诉了儿子，所以现在儿子也不拒绝他过问学校和学习上的事情了，因为他现在是"参谋"而不是"教练"的身份了。

沈冰父亲身上发生的故事，是很多家长都经历过的。我们的家长，出于"望子成龙、望女成凤"的迫切心理，总希望自己的孩子能达到最理想的状态，而孩子的学习基础和努力程度等因素往往被他们所忽视。这样，家长在和子女交流时，就时常会对子女求全责备，要求他们能达到自己预期的目标；而子女又总抱怨家长的盲目要求和无休止的唠叨，这就特别容易产生家庭中的矛盾冲突。这种矛盾，又反过来影响着孩子的心情，使他们陷入更加痛苦的困境中，这对成绩的提升和身心的健康都十分有害。要解决这样的矛盾，其实方法简单得很，只要我们的家长能客观公正地认识自己的孩子，能用赏识的眼光、宽容的心态来看待孩子，能在他们遇到困难时理解他们、帮助他们，而不是用过分的目标来强迫他们去实现，用挑剔的目光来限制他们除了读书外的一切活动，就可以解决问题了。

辑六

换个思路做德育

教育，有时需要"不公平"

韩素静

对待学生要公平公正，是教师应遵守的基本教育原则。教育应该是公平的，绝对不应有任何附加条件，站在老师面前的，就应该是一个个平等的孩子，不应有高低贵贱之分，不应该被附加条件所"绑架"。但，听了某班主任的班级管理经验——"为了彰显公平公正，班内有严格的班规班纪，只要学生犯了错误，不用班主任出面，直接让班规班纪说话就可"，我产生了一个疑问：这貌似公平公正的处理真的公平公正吗？真正的公平公正是通过一种方法来解决所有的问题吗？不同的学生，都适合采用刚性处理手段或者柔性处理手段吗？其实，教育，有时需要"不公平"。

在我班就发生过极度"不公平"的事件。那次学校要举办"朗诵比赛"，在学校比赛的前几天，我班崔莹莹和孔德源同学刚代表学校去参加全市中学生朗诵比赛，并获得全市第五名的好成绩。最初，当接到朗诵比赛通知时，我的想法也很简单——让崔莹莹和孔德源直接参加校级比赛就好了。但，当我抱着这个想法走进班里宣布朗诵比赛事宜时，全班同学不约而同地都把目光投向了崔莹莹和孔德源。再看这两位同学，他们也露出了满不在乎、骄傲的表情，似乎这次比赛非他二人莫属。那一瞬间，那个满不在乎的表情忽然改变了我的主意——这次朗诵比赛不让他们两人参加，即使是"不公平"。

是的，如果还是这两位同学参加，人人参与、人人竞争的班级氛围如何形成？更重要的是，这两位同学会不会因此产生自满、骄傲的情绪？就在那一瞬间，我有了一个"不公平"的想法：不让崔莹莹和孔德源参加，给其他同学提供一次表现的机会。

于是，我当场宣布了我的决定，班里顿时哗然，大多数同学纷纷鼓掌叫好，而崔莹莹和孔德源着急了，当场站起来质问："为什么？为什么我们没有参加的资格？

老师，这不公平！"等大家平息下来，我这样解释："崔莹莹和孔德源的朗读实力是不容置疑的，市里的比赛名次已经说明了这点。可是，如果校级比赛还是这两位参加，就显示不出我班其他同学的朗读水平了。所以，我建议二位退出比赛，把机会让给别人，好吗？"听了这些，其他孩子纷纷表示赞同，但崔莹莹和孔德源却明显摆出不高兴的样子。

怎么办？此刻，我又动起了脑子：是啊，其他孩子有了机会，但这两位的情绪却低落了，怎么办？思考片刻，我当场做出一个决定："从今天开始，我们班增加这样一条规定：凡在学校各项比赛中取得过第一名的同学，再有校级比赛时主动退出，只代表学校参加校外比赛。校内的比赛，尽管取得过第一名的同学自己不参加，但要指导其他选手，力争让其他选手拿到第一名，班级给你颁发优秀辅导奖。"听到这个规定，全班同学都欢呼雀跃起来，这其中，理所当然包括崔莹莹和孔德源。

没有了孔德源和崔莹莹的压力，其他同学参与的积极性高涨起来。他们纷纷举手要求参加初赛，崔莹莹和孔德源高兴地充当起了评委，制定比赛规则和评分细节等。经过紧张的角逐，他们终于选出了合适的朗读人选，然后又从朗读材料的选择，朗读时语气、表情、手势等方面对选手进行指导。后来，学校朗诵比赛赛场上，果然不出所料，我们的选手取得了全校第一名的好成绩。

干国祥老师曾写过一篇题为《作弊的悖论——对两个作弊事件截然不同的处理》的文章。文章记录了干国祥老师面对两个同样考场作弊的孩子采用的不同处理方式：一个是在全校广播上宣布了处分通知，根据规定将她该学科的分数做零分处理；而另外一个孩子，他却放弃了一次"公正"，主动帮女孩隐瞒了起来。面对同一性质的事件，干老师却采用了两种截然不同的方式，为什么？原因很简单，两个孩子的性格有太大的区别。是的，教育面对的是活生生的生命，每个生命都是一个极其复杂的个体，正如每个人都有一张区别于其他人的面孔一样，每个人也都有着不同的禀赋、不同的性情、不同的智力、不同的成长背景、不同的成长经历……你看，课堂上，有的孩子一听到老师提问就高高举起手，不管自己有无清楚的思路，首先要争取发言的机会；有的孩子则不同，他听到问题往往要先思考一番，有了思路才会举手。同样，班会课上，当班主任批评某种现象时，孩子们也会有不同的表现，有的孩子从来没有犯过这类错误，但也会敏感地审视自己一番；而有的孩子恰恰相反，即使犯错的就是他本人，他也觉得老师批评的是别人，跟自己毫不相干……这样说来，当这些性格、兴趣以及承受能力迥异的孩子犯了同样的错误，老师却只按固定的、硬性的班规班纪来处理时，显然是不合适的。班规班纪面前，老师一定要考虑学生的综合因素，很多时候，真正的公平需要"不公平"来体现，这里的"不公平"，也许恰恰是因人而异、因材施教的教育方式。

　　教育，面对的是活生生的生命，面对的是性格迥异的个体。班级是一个有生命的林子，不顾个性，无视个人努力程度的绝对均等是要不得的。公平不是分配给每个人相同的资源，而是平等地给予每个人应得的资源。公平并不意味着完全相同，很多时候，真正的公平需要用某些貌似"不公平"的方法来体现，这"不公平"的选择，也许恰恰是教育的大智慧。

愚人节，我和孩子们这么过

吴菊萍

  4月1日，是西方民间传统节日愚人节。这天，不分男女老幼，可以互开玩笑娱乐。近年来，这节日已经在中国蔓延，国人互开玩笑，令人防不胜防。

  虽然身份贵为教师，我也屡次被学生开玩笑，而我也会和学生开玩笑，师生之间互相"愚弄"，拉近了师生之间的距离，增进了师生之间的感情，倒也其乐融融。

  眼看今年的愚人节就要到了，我一方面担心被学生开玩笑，另一方面还要考虑如何和学生开玩笑。当网上各类消息传播的时候，我发现了几个有点意思的事例，可通过一定的内容联系在一起。于是，我决定按照自己的想法做一下，让这个愚人节变得不同，变得有点意义。

  上课铃声响了，我迈着悠闲的步子，缓缓进入教室，对着孩子们微微一笑。我打开电脑，大屏幕上投出了一个人的两张照片，这是那人在最好的年华拍出的最帅的照片：绝色的五官，慵懒的眼神，深邃的微笑。我问孩子们："你们觉得这个人怎么样？"孩子们惊呼："太帅了！"我接着孩子们的话说："他就是张国荣，不仅帅，而且特别有才华！"随后，我在大屏幕上打出了在网上搜的文字：

  2010年，香港电台"爱香港的理由"评选结果揭晓，第一名：张国荣。2010年3月，美国CNN评选"香港影坛19位最俊美的男星"，第一名：张国荣。2010年8月25日，美国CNN举办"过去五十年闻名全球的五大指标音乐人"评选，张国荣排名第三，是唯一上榜的亚洲音乐人……

  我和孩子们一起看完这段文字，然后对孩子们说："这个人特别有才，你们看到的只是2010年他获得的荣誉，其他时间获得的荣誉更是不胜枚举。这么优秀的人，你们知道在他身上发生了什么事吗？"孩子们回答不知道。我打出白色的大字：2003.4.1。"你们知道这是什么日子吗？"孩子们说是愚人节。我说："对，除了是愚人节，还是张国荣自杀的日子。这一年的愚人节，46 岁的张国荣用他特有的方式与世人开了一个玩笑，跳楼身亡，了却了自己的一生。"孩子们震惊："为什么?!""据说是他患上了抑郁症。每年这一天，张国荣的海量粉丝都会祭奠他，悼念他。所以，孩子们，为了亲人，为了那些爱你们的人，你们要爱惜自己的生命，尊重自己的生命。"

孩子们还沉浸在张国荣的去世中没有反应过来，我又在大屏幕上打出了数字：2013.4.1。我："你们知道这组数字是什么意思吗?"孩子们思索片刻："不知道!"我说："告诉你们第二件事，这是一个凶杀案发生的时间。"就在孩子们疑惑之际，我在大屏幕上打出了从网上搜的文字：

2013 年 4 月 1 日，复旦大学硕士生黄洋喝下一杯含有极高浓度 N- 二甲基亚硝胺的水。4 月 16 日，28 岁的黄洋经抢救无效去世。舍友林森浩是最大嫌疑人。林某因与黄洋在生活琐事上发生矛盾，便将剧毒物质注入饮水机槽，致黄洋饮水身亡。上海警方在刑拘林某时，他向警方供述毒杀室友的理由："闹着玩的。"2015 年 12 月 11 日，林森浩因故意杀人罪被依法执行死刑。

孩子们看完了文字，议论纷纷：住一个宿舍，怎么能这么狠心；有这么闹着玩的吗？都出人命了；就是生活琐事而已，何必那么计较？……我接过孩子们的话："是呀，室友之间，仅是一点琐事，闹了矛盾，便要了命。你们以后要上高中，上大学，那都是要住宿舍的。如何与人相处，这可是很重要的。千万别因为一点琐事，就被一杯水、一把刀、一个锤子，要了命。所以，任何时候，既要学会尊重自己的生命，也要学会尊重别人的生命。"

看着孩子们若有所思的神情，我继续在大屏幕上打出了这样一组数字：811922001.4.1。我问孩子们："你们知道这组数字是什么意思吗?"孩子们摇头。我在大屏幕上显示出两张照片，照片上的人站在飞机旁边，气宇轩昂，雄姿英发。孩子们疑惑地看着我："这是谁?"我说："81192，不只是一串数字。4 月 1 日，不只是愚人节。"然后我在大屏幕上打出了从网上搜的文字：

2001 年 4 月 1 日，美国一架军用侦察机在中国海南岛海域上空活动，中方军用飞机对其进行跟踪监视，美机突然向中方飞机转向，致使中方飞机坠毁，飞行员王伟牺牲。英雄王伟生前发出的最后回音是："81192 收到。我已无法返航，请继续前进，继续前进！"

我问孩子们："看了这段文字，你们有什么想说的吗？"孩子们义愤填膺："为什么美国的飞机可以跑到我国的上空活动？为什么美国的飞机要撞我们的飞机？为什么我们不去报复美国？"

"是呀，一百多年前的祖国，是任人宰割的，可是有邓稼先、闻一多、鲁迅那样的民族英雄，为了祖国鞠躬尽瘁死而后已，让祖国站起来了；可是当我们的祖国还不够强大的时候，依然遭受列强欺辱。我们的生命很宝贵，可是当祖国需要的时候，王伟们为了祖国献出了宝贵的生命。司马迁说过：人固有一死，或重于泰山，或轻于鸿毛。王伟的牺牲就重于泰山。虽然已经过去了 16 年，可是这些民族英雄我们不会忘记。希望你们努力学习，用自己的知识与能力报效祖国。愿我们的祖国繁荣昌盛，愿世界和平。"

2017 年 4 月 1 日，我们就这样过愚人节，我和孩子们一起讨论关于生命的话题。因为，生命，不是个玩笑。

为特殊学生树立一个励志的榜样

许丹红

第一眼看到小燕，觉得她与国内颇有争议的国际名模吕燕长相类似，不美但有味道。这孩子内向，沉默寡言，成绩一般，衣着普通，属于不被关注的那一类。

我翻看了她的成长记录册，父母一栏中，只写了爸爸，且已年过50。我觉得很蹊跷，与孩子聊，才得知她从小没有妈妈。找原班主任问询，原来这孩子是领养的，依靠奶奶、姑姑拉扯长大。爸爸是一个轻度低能人，只能从事一些简单体力劳动，没有娶妻生子，一直跟随着妈妈和妹妹生活。为了解决养老之忧，奶奶领养了一个小女孩。孩子平时的生活起居由奶奶负责，学习由同属一小区的姑姑打理。我时常找她聊天，她告诉我，现在去姑姑家少了，平时和年迈的奶奶住一个房间，爸爸住在隔壁。她也知道，自己不是爸爸亲生的，是奶奶和姑姑领养的，话语之中，孩子充满了淡淡的忧愁和无奈。

有一天，静坐在校园里面那块圆圆的石头上，我给她讲了"台湾十大杰出青年"赖东进的故事：一个在坟墓地里、猪圈中睡了20年，忍受了20年的讥讽、耻笑与鄙视的小乞丐，凭着一股"不服输"的意志，从小努力学习并拼命工作，最终成了一位厂长，并当选了"台湾第37届十大杰出青年"……

我告诉她，要想改变自己的命运，必须得努力！孩子默默地点了点头。我从网上买来了赖东进的自传《乞丐囡仔》，当作礼物送给她。孩子如获至宝，一有空就阅读……

一个周六下午，我来到了学校后面的小区，这是一个居住着颇多外地人的小区。在姑姑电话的引导下，我来到了小燕的家。孩子爸爸不在，奶奶、姑姑皆在，姑姑热情招待着我，泡茶、送水果。

我让孩子去看会书，我和孩子的奶奶、姑姑聊会天。孩子房间里，只有两张床，没有写字台、台灯、书架等学习用具，颇为简陋。我告诉奶奶和姑姑，孩子很乖，写的字越来越漂亮了，学习成绩也在进步，就是有点内向，上课也不发言，一个人有点郁郁寡欢。

孩子奶奶告诉我，孩子 10 个月的时候被领养，全家人都很宠她。年老体弱的奶奶拉扯大一个孩子的确不易。姑姑自己生的是儿子，把小燕当成亲女儿一般对待。小时候，小燕经常去姑姑那里，完成了作业奶奶再接她回来，现在渐渐长大，越来越不肯去姑姑家了。

我告诉她们，孩子现在慢慢长大，她心里也在开始寻找家的归属感了，总在姑姑家做作业的确也不合适，希望姑姑能帮助她添置写字台、台灯、书架等物品，给孩子创造一个良好的学习环境。姑姑、奶奶听了我的剖析后，觉得很有道理，答应马上给孩子买好。

我让姑姑有空时，多与孩子聊天，多让儿子陪陪她、帮帮她。走访亲戚，出去办事等社会交往时多带带她，平时多鼓励，多聊天，增加她的社会交往能力，让她多开开眼界。

她姑姑听了我的话后，对我说，的确有点忽略。以前让她和哥哥一起串亲戚，许多时候她说不想去，也就不勉强。以后，一定在这些方面多加引导。

我把姑姑电话存进了我的手机。当小燕取得点滴进步时，我时不时地向姑姑报个喜：小燕姑姑，在您的关心帮助下，小燕越来越活泼了。今天的语文课上，她发言了三次。我替小燕谢谢您！

小燕姑姑回复道：其实，最要感谢的是许老师。是你的关心，让我家的小燕有了这么大的进步！

……

小燕变得一天比一天活泼，她与同学、老师交往有了显著变化，脸上的笑容越来越灿烂，甚至还因进步大，评上了单项积极分子。

她在日记中写道："曾经我觉得自己是世界上最可怜的人，可是，与赖东进比起来，我又算得了什么呢？我一定要好好学习，让含辛茹苦抚养我长大的奶奶、爸爸享福。"

我看了后，内心泛着感动。我送了她一条绿兔毛围巾以示祝贺！围着绿围巾的她，双眼开始变得灵动而富有生机……

其实，班级里时常会遇见一些特殊家庭里的特殊孩子，或留守儿童，或特困家庭，或隔代抚养等。面对这些特殊孩子，我们班主任除了要给孩子多一些关爱，平时也要多与孩子沟通、聊天，更要与家长真诚沟通。

1. 树立励志榜样

特殊家庭里的特殊孩子，往往比较内向或自卑。这时，班主任最需要为孩子寻找一个励志的榜样，可以是身边的，也可以是书上介绍的典型榜样。赖东进的故事，给了小燕很大的震撼和启迪。她明白了，一个人的出身也许难以选择，但只要自己勤奋努力，一样可以改变命运。

2. 以赞扬为主，看到孩子的优点

特殊家庭里出来的孩子，相对来说，人格发展滞后些。对此，班主任与家长沟通时，要以赞扬为主，充分肯定孩子的优点，再感谢家长的不易，取得监护人的认可和认同。比如说，我在与小燕的姑姑和奶奶沟通时，充分肯定小燕的乖巧，懂事，肯为班级做事，讨人喜欢等。还赞扬了奶奶孩子带的好，也充分肯定姑姑对孩子的全心付出。这样，家长觉得多年的养育没有白费，进而会更支持配合班主任的工作。

3. 关注人格，全方位引导家长

我们班主任不要始终只关注冷冰冰的成绩，要全面关注孩子的人格发展，人际交往，在社会上的生存与发展能力，孩子的学习兴趣等。与家长沟通时，不要只说成绩、作业，要全方位委婉地引导家长了解孩子健康发展要注意的事项。由于小燕的姑姑增加了对孩子社会交往的指导，多关注了孩子的心理健康，提升了家庭教育素养，小燕才有了一个更好的发展。

必须开展职业规划指引活动

范　睿

　　哈佛大学曾经对学生做过一项人生目标的调查，结果是：27% 的人没有目标；60% 的人目标模糊；10% 的人有清晰但比较短期的目标；3% 的人有清晰而长远的目标。25 年后又对这些学生进行了跟踪调查，发现 3% 有清晰而长远目标的人 25 年间朝着一个方向努力，几乎都成为社会精英；10% 有清晰短期目标的人，短期目标不断实现，大多生活在社会的中上层；60% 目标模糊和 27% 没有目标的人，几乎都生活在社会的中下层，还常常抱怨生活不如意。

　　由此可见：一个人的命运往往由他的人生规划决定。每个人的时间非常有限，越早规划自己的人生，勇敢追逐梦想，就能越早成功。一个想要让自己的人生精彩的人，就要趁早制定自己的人生规划。

　　由于长期以来忽视中学生的生涯教育，现在的初中生，升学压力又大，除了考试得高分交差，似乎没什么其他追求。还有将近一半的初中生考不上高中，他们只能去读中专技校或者外出打工。因此中学生涯教育意义深远，班主任就成为实施生涯教育的基本队伍，成为学生职业规划的指引者，成为学生人生中的重要他人。这种指引不是生硬的说教，而是要融入到学生在校的日常学习活动中，"随风潜入夜，润物细无声"。

1. 班名拟定

　　每每新接一个班，我首先要打造班级特色文化。班主任首先要和学生一起为自己的班级取一个充满正能量的名字。这样的名字，既有温度，也有力量。我现在带的班级就叫"追梦 3 班"。班名是学生自己想的，寓意是每个人都有自己的梦想，大家就应该朝自己的梦想前进。我相信，这些孩子如果能在班名的启示下，努力地去践行，就会一步步地找到自己的目标，最终到达成功的彼岸。

2. 学科融合

我教授的是语文学科。学生初一入学，为了培养他们说的能力，我在语文课前设置了课前 3 分钟活动，按照座位轮流上台脱稿发言，讲 3 方面内容：（1）3 年后想去哪里读高中？（2）介绍自己名字的起源。（3）介绍同姓氏的名人。认识自己、知道父母对自己的期望都汇聚在自己的名字中；向同姓的名人学习，为自己的宗族添光加彩。

早一些制定自己 3 年后的目标，为进一步规划人生奠定基础。在大家面前大声说出自己的目标，让同学们监督和见证自己努力的过程，一起交流想法和做法，共同进步。初中 3 年 6 个学期，每学期的课前 3 分钟活动的主题都不相同，有名人故事启迪，社会热点引导等等，逐一变换，从不同角度和不同程度上对学生人生规划进行了引导。

3. 新老学生交流

2016 级初一快结束时，我 2004 级的学生班长给我打电话说，2004 级的同学们已初中毕业 10 年，大家都想回母校看看，见见曾经的老师，重温一下初中生活，举行一个仪式。我说好呀！接着就开始想怎么利用这次活动带动一下我现在的学生，让他们见见师哥师姐，听听师哥师姐工作 3 年后的感受，树立榜样，交流经验，提高现在学生学习的主动性和自觉性。征求了 2004 级学生同意后，我们三方一起设计了活动方案，两届学生各选一个主持人。

首先，2016 级学生班长介绍班级情况，学生畅谈 3 年后的理想。其次，2004 级班长介绍班级情况，大家交流工作感受。第三，两届学生共同畅想 10 年后的自己。第四，举行了 10 分钟两届学生篮球友谊赛。最后，我作为班主任总结发言，两届学生合影留念，我还让现在的学生制订学习计划及目标。

此次活动结束后，我很欣慰，没有白忙活，现在的学生懂得了珍惜学习时光，树立目标，为之努力。毕业的学生又聆听了老师的教诲，信心百倍，努力开创未来！

4. 国旗下班级文化展示

升入初二，我校有一个传统活动，就是在周一升旗仪式后每周轮一个班级展示班级文化。班委和同学们商量后将活动主题定为"追梦"，流程是：一展示"团结梦"，宣传班级精神文化，如班名、班服、班旗等；二展示"艺术梦"，班上学生多才多艺，上台表演大方自信，赢得全校师生满堂喝彩；三展示"体育梦"，班上体育健儿大展身手，排球、篮球、跳绳样样拿手；四展示"我们的梦想"，在全校同学面前畅谈自己的梦想，伴随着羽泉的《奔跑》，同学们依次大声说出自己的梦想，将展示引向了高潮。

5. 运动会入场式表演

升入初三后，学校又要召开一年一度的运动会了，要求班级学生入场式方队要有新意。为了让初中最后一届运动会给学生留下深刻印象，我和班委商量运动会入场式，让同学们穿上10年后想从事职业的职业装走秀。有的学生借来了白大褂，有的学生穿着空姐制服拖着拉杆箱，有的学生西装革履，总之五颜六色，各式各样。方队行进到主席台时，全体学生面向主席台，进行了一分钟表演。然后全体蹲下，学生代表站起来大声说出自己10年后的梦想，五六位学生讲完后，全班一起跃起，大喊"我们的未来不是梦"，最后再列队离场。这次展示之后，我班获得最多掌声，并获得校运动会唯一的入场式大奖。蔡校长非常认同我在初三利用一切机会对学生进行"人生职业规划"的引导，这大大增加了我做职业规划活动研究的信心。

"初中生职业规划引导活动"的探索研究我也还在路上，愿我和我的学生在追梦的路上越走越优秀，越走越幸福！

让感恩教育走进"情境"

刘振远

  感恩教育是学校德育的重要组成部分，感恩父母则是其中最重要的内容之一。在这方面，班主任的普遍做法是召开主题班会、利用节日给父母洗一次脚、端一杯茶、做一顿饭等，应该说这些常规的教育活动都有一定的教育效果。但在学生小凯的案例中，我对感恩父母的方式做了新的尝试。

  小凯的父亲因犯罪被判刑。那时小凯还小，每当小凯问起父亲时，母亲就哄骗他说父亲去外国打工了，准备为儿子将来出国留学积攒学费。小凯那幼小的心灵被将来能出国留学激励着，还经常以此向同学炫耀。但 10 年后，小凯心中那座伟岸的高山轰然倒塌了——父亲空手而回。巨大的反差使小凯痛不欲生，他恨父亲让自己丢尽了脸面，他恨母亲隐瞒自己太久，愤怒之下，他发誓，从此与父母一刀两断，于是住到了乡下的爷爷家，转到了我的班上。每次父母来看他，他不是避而不见，就是沉默不语，冷眼相对。我一次次苦口婆心地劝说和他父母的痛哭流涕也无法温暖他那颗冰冷的心。小凯的父母痛苦绝望，我也是焦急万分，这样下去，不仅不利于孩子的成长，还有可能酿成恶果，孩子残害家人的事件已经屡见报端。

  小凯与父母的关系发展到如此程度，着实让我伤透了脑筋。辗转反侧，我彻夜难眠。想到自己的孩子孝顺懂事，每到节日、生日都发来信息问候，让我们感到温暖。突然，我产生了灵感：何不创设一个给父母过生日的情境，尝试改善小凯与父母的关系，也对其他同学进行一次感恩教育？

  班会课上，我向学生提出要求：第一，掌握父母过生日的时间；第二，讲述父母疼爱自己的事；第三，讲祝福的话。大家先是沉默不语，然后是窃窃私语。我随机抽查，竟有近三分之一的学生不知道父母的生日是哪一天，看来，这样的活动早就应该开展，不仅仅只是为了小凯！

  在学生准备的过程中，我有意识地接近小凯，也许是受大家情绪的感染，当聊起父母时，他的眼中似乎多了一些平和，少了一些仇视。

情境"戏"上演那天，班里摆了鲜花，黑板上画了彩色气球，正中是一行大红字"祝爸爸妈妈生日快乐"。我请了教英语的女老师做"妈妈"，我做"爸爸"，我们两个坐在正中间，等待"儿女们"给我们"拜寿"。

班长小天第一个上阵："我没有爸爸，平时，老师像爸爸一样关心我，爱护我，我祝愿老师爸爸身体健康，全家幸福……"他哽咽了，这意外的祝福不仅感动了我，也感动了在场的每一个人。我偷偷看了看小凯，他的眼睛红红的。接着，是学习委员小颖给妈妈的生日祝福，小颖的话更加催人泪下，我再看看小凯，他也在抹眼泪，时机成熟，我示意小天让小凯上台。

"下面请小凯同学为爸爸妈妈献上生日祝福！"掌声雷动，一片沸腾。

小凯狠狠地抹了两把眼泪，走上讲台。由于激动，他声音颤抖："今天，大家给父母的生日祝福，深深地感动了我，任何变故都改变不了血缘关系，可我却把父母当仇人，简直不是人啊！"说着，他竟然"噗通"一声跪在地上，向我和英语老师一抱拳，"请爸妈原谅不孝的儿子吧！"他连磕了三个头！顿时，掌声、哭泣声、喝彩声交织在一起，同学们跑上前来，把我和英语老师团团围住，我们紧紧地拥抱在一起……

第二天，小凯请假回家了。两天以后回学校的时候，我看见，爸爸妈妈一边一个，拉着小凯的手，儿子的头靠在爸爸的肩头，我知道，亲情重新回到了那个濒临破碎的家。

之前，尽管我做了很多工作，也没能改善小凯与父母的关系，但这次在同学感恩情绪的感染下，在大家精心准备给父母过生日的氛围里，在同学们声泪俱下的诉说中，是情境渲染的亲情触动了小凯，让他一跪三磕头，请求父母的原谅直到亲情回归，这样的结果，是正常的教育方式所达不到的，"情境"在这里发挥了至关重要的作用。这个案例，使我对"情境"的作用有了新的认识，"看戏"的人与"演戏"的人的感受不同，让学生由被动地完成老师交给的任务到积极地参与到活动之中，教育的效果也不同。

我想，"情境"既然能够弥合小凯与父母亲情的"裂痕"，对于其他学生的感恩教育来说就更有效，这启发我开始了"让感恩教育走进情境"的探索和尝试，从那以后，无论班里是不是出现了"小凯"，为父母过生日都成了我进行感恩教育的"保留节目"，直到发展为由老师"演家长"到直接请家长到学校过生日，每一届学生，那场感恩的"戏"都要上演一次，而每一次都由于学生身临其境而收到真实的教育效果，甚至是"轰动效应"。

寓感恩教育于情境之中，学生感到新鲜，充满好奇感，参与性强，会起到常规教育所起不到的功效，"情境"成为了我进行感恩教育的"撒手锏"。只是在使用的过程中，教师要根据学生的具体问题类型设计情境，一般来说，情境与学生生活越接近，就越容易达到预期的教育效果。

换一个思路天地宽，感恩教育如此，我想，所有的品德教育都如此。

变"努力"为"借力"

管宗珍

　　班主任，如何才能高效工作，让自己不那么"忙而累"呢？这就需要我们学会变"努力"为"借力"。

　　有这样一则寓言，讲的是北风和南风比威力，看谁能把行人身上的大衣脱掉。北风大发威力，寒气逼人，结果行人把大衣裹得越发严严实实的；南风徐徐吹拂，春暖花开，行人纷纷脱下大衣。

　　班主任，您是北风，还是南风？是让学生"把大衣裹得越发严实"，还是让他们心甘情愿"脱下大衣"？

1. 向学生借力

　　接到通知，我要外出参加学习。外出之前我这样跟领导沟通："为了不给学校添麻烦，我的课已经调好了，我不在班级这段时间，班级孩子们会像老师在时一个样，欢迎领导有空帮忙检验一下学生的自我管理情况。"听我说得这么笃定，领导半信半疑地点了点头。

　　虽然领导知道我们班的孩子自我管理能力很强，但还是不太放心。第二天一大早，领导就借巡视的机会暗中观察。只见整洁明亮的教室里，孩子们正在值日班长的带领下井然有序地开展学习活动——大家都端坐在座位上，双手捧书，眼睛认真地望着书，大声朗读呢！早操铃响了，体育委员立刻督促大家按规定排好队去做操。第一节是数学课，铃声一响，数学科代表马上提醒同学们准备好书和文具，同桌互相检查。每一节课都有相应的科代表负责，一切都有条不紊地开展。

　　下课了，领导来到一个孩子面前，好奇地问："今天班主任老师不在校，你们为什么能做到和老师在时一个样呢？"

　　那个孩子指了指黑板左下角，自豪地说："我要为我们组争光。"原来，黑板左下角有一个评比栏，上面记录着早读、晨会、做操及每节课各组纪律的得分情况。

"大家为什么乐于服从值日班长管理呢？"领导打破沙锅问到底。

"值日班长是我们自己选出来的，我们当然愿意服从啰！"孩子认真地回答，"我们班每一个岗位都是轮流负责管理，谁管得好，自己的表现也好，谁就能当值日班长，大家都想争取呢！"

听到这里，领导赞许地点了点头，欣慰地笑了："不错，你们都很棒！"

把班级还给学生，让学生真正成为班级的主人，这样做，可能在开始阶段会出现短暂的"混乱"或者不适应的情况，但是在老师的多次指导、帮助、反馈下，孩子们的综合能力就在这样不断地锻炼中得以成长，也有效地解放了班主任自己。

2. 向任课老师借力

班级要布置一面"笑脸照"的文化墙。怎么设计好呢？在美术老师韩艳华的多次专业指导下，我们少走了很多弯路。

比如布置之初，在收集齐了师生们的笑脸照以及每个人独创的学习、教育格言后，怎么合理布局无疑成了一道摆在眼前的难题。

通过QQ，我把自己的困惑提了出来："文化墙上任课老师的照片到底怎么放好呢？如果分放在四角，寓意为老师以学生为中心。这样合适吗？"不等答复，我又抛了一个问题出来："怎样区分老师和学生，既要统一又要有变化呢？"

韩老师及时回复："老师的照片肯定要比学生的大，放在四周显得太呆板了，不妨随意安插在学生中间，显得更和谐、丰富而又有变化。"韩老师的指导，犹如一盏明灯，让我所有的困惑一扫而光，眼前立刻豁然开朗。在她的全力帮助下，我们集思广益，群策群力，不断完善，最终设计出了理想的文化墙。

走廊的墙壁上，大都荒废着，挺可惜的，何不利用起来呢？我把想法和各任课老师一讲，就得到了大家的积极响应。于是，英语角、优秀作品展、书法比赛、专题小报等具有鲜明特色文化的走廊墙就成了我们班又一道亮丽的风景，吸引了许多过往师生、家长们驻足的目光。

平时，无论哪位任课老师遇到困难，我都会及时伸出援助之手，解除他们的后顾之忧，做好他们坚强的后盾。

学会沟通，将心比心，用真情赢得真情，尊重每一位任课老师，不时给任课老师"添添麻烦，压压担子"，相互配合，发挥出各任课老师的特长，使任课老师成为班级建设的一支重要力量，保持教育影响的一致性，从而提高教育效果。

3. 向家长借力

家长是我们最好的同盟军。因此，我常常有意识地主动沟通，帮助家长成长，提升家长的育儿水平。

除了班级 QQ 群、班级博客、电话、短信这些沟通方式外，家访、家长会、作业本等都成为我们家校便捷的沟通渠道。长期灵活、丰富的沟通，使家校双方心心相连。

除此之外，我还主动搭建舞台，请进来，走出去。我结合校情和班级实际，创造性地尝试开设家长讲堂，请家长担任编外老师、邀请家长进课堂听课、参与班会活动，组织庆元旦包饺子以及参观家庭昆虫展等大型活动。通过这些丰富多彩的活动，各种形式的沟通，不仅增进了感情，锻炼了家长们的自主管理能力，而且让家长充分了解了老师的能力和素养，也很好地树立了老师在家长们心中的威信，让家长们更加理解、信赖学校教育。家长们在活动中自发呈现出的自主管理能力，也无疑成为了孩子们努力的方向！

学会借力，善于沟通，变"努力"为"借力"，充分发挥学生团队、教师团队、家长团队的主观能动性，团结一切可以团结的力量，整合一切可以整合的资源，形成教育合力，会让我们的工作轻松而高效。

宽容铸就心情美

赵登亮

9月2日，雨，星期五。细雨霏霏，我漫步在沭城好景时代广场。"老师好！"一个壮年男子迎上来握住我的手，"又有不少天没见面了，老师还是这么富有精气神。"男子身边一位女子，身姿婷婷，举着一把小花伞，颇雅致。我说："朱永新先生说，活人与活人比，主要是精神；毛泽东也说过：'人是要有一点精神的。'"刚落音，女子说："我早听说，老师也是有才气的。"男子是我弟子，女子是其爱侣，我便随意说道："才谈不上，气是有一口的，活人与死人比，主要是多了一口气。"记得这也是朱永新先生的话。

我的弟子说："老师有个好性格，我的成长与您的关怀是分不开的，您做我的班主任的几年间，给我留下的印象是终生难忘的。"我故意说："我怎么没啥印象？"他说："如点名风波、情书事件、生病之时……"这我都有印象。点名风波是我任班主任时处理的第一件事。当时新接一个班，第一次讲话我就开诚布公地说："过去的都已过去，未来的还没到来，我们应看重现在。我对大家的印象就如一张白纸，说不上好，也说不上坏，我们一切从头再来。在我与大家相处的第一周内，我保证既不批评任何人，也不表扬任何人。我观察你们，你们也观察我……"谁知第二天第一节课点名时，我刚点到"56号"，一个小男孩从我面前有空当的教桌下跳出："到！"我被吓了一跳，引得哄堂大笑，我也啼笑皆非。当我的心情向恶劣方面转变时，我立刻加以严格自制："要冷处理。既然说过在一周内不批评人的，这个恶作剧的学生也不能批评。"我轻声笑着问："你这样做对不对？"他低头说："不对。"我说："怎么办？"他说："随老师批评处理。"我微笑着说："我不批评也不处理，你自己看该怎么办就怎么办。"于是他到座位上取书又回到讲桌前，翻开书像我的助教似的听课。课正常上，讲课中我偶尔穿插些富有教育意义的小故事，印象较深的是《小兵张嘎》。下课后仍一如往常，等于忘了此事，可他真诚地找我认错。

想到这里，我说："十来岁的小孩，那恶作剧其实正是天真烂漫的表现。"弟子爱侣笑眯眯地对爱人说："原来你从小就是调皮大王呀。"我笑道："他其实还是恋爱高手呢。"弟子说："老师不要揭我短了。"我说："我是扬你所长。"当时的孩子们情窦初开，性意识刚刚觉醒，异性间产生好感实属正常现象。可发生的情书事件，却让调皮大王冤屈得向我含泪表明，他绝没有写情书给女同学。原来，是一个高中男生在校园梅豆架处拾得一张小纸条，上面有几句向异性表示好感的话。那男生一张扬，我班有的男生就跟着起哄，说这"情书"就是他写的。"情书"到我手中，其实也算不得什么情书："我真想看到你，我一看到你笑，心就像醉了……"小孩知道什么是醉？我根据日记的字迹一对照，倒像班里的另一男生写的。但我在安慰这位男生后，在班里主要讲了男女生之间的正常友谊，没批评任何人。让这位男生情书事件的冤屈得以"昭雪"，让他从此仍能昂首挺胸地做人。"老师，你的心肠真好，这是我读书以来的最深印象。"弟子说。

我说："回想起来，用我现在研究的课题的特色说，应称心情美。"弟子爱侣说："心情美这说法新鲜，我以前只听说心灵美、行为美、语言美、环境美，现在才听说心情美……"我说："心情美、心态美，这都是人应当注意的心理现象。心灵美，常与心肠好差不多；而心情美，主要是指情感方面的宽容、大度、豁达，一般小事不计较，能与人为善。这对做教师的来说，尤为重要。特别是班主任老师，如果没个好心情，整天忧心忡忡，愁眉苦脸，对学生说话不和气，一点小事就发脾气，动辄训人，哪怕你的心灵再美，学生也明知你是为他们好，他们感情上也不一定接受。但是有了好心情，对学生的一时过失，哪怕是故意的恶作剧，都能以春风化雨般的话语化解，学生就容易心悦诚服，育人才会产生长效。"弟子说："老师你真的做到了这一点。""那次生病，老师对我的帮助，直到现在我仍然记得清清楚楚……"弟子说。"这我好像听你讲过，"其爱侣说，"那是你胆道蛔虫发作时的事吧？"对此，我也记忆犹新。

那天他刚刚又犯了一个错误：团支书在黑板上写开会通知，他在下面以小石子向上投掷，有几个同学也学他的样子，结果黑板和支书的头部都受到了袭击。学生向我报告，岂不气煞我也？我按住火气，首先不动声色地走进教室，向学习委员要一张白纸，将黑板下方的所有小石子一一捡起，然后郑重包好，一声未吭地离开了教室。我回到办公室后，心情不能平静，思忖着应对此事的对策。我甚至认为这都是因为我的心情美而导致的，如果狠一点，让学生有"怕觉"，那么谁敢犯上作乱？看来，这次要给为首的一点颜色看看，起码要让他写一篇深刻的检讨书，并在全班同学面前读一遍……"老师，你在想什么？"弟子提醒我。我说："我在想那次打算严肃处置你的事……"弟子说："通过那次生病，您对我无微不至的关怀，我的自由散漫的毛病真的被您整治好了。"我说："自由不是坏事，散漫才该是病。那次我背着你上医院，你可还有印象？"他感慨道："印象非常深。"其爱侣说："听说，是您付的药费，是您把他带到自己宿舍，还是您亲自为他取药倒水，他服过药，又是您为他铺床盖被……听他说，那天，他不仅流了汗，同时还暗暗地流了泪……"弟子说："那次生病后，老师一字也没提处理我的事，我感到比打我还难受。病好了，老师也没提处理我的事，但我在日记上还是写了一篇长长的检讨书。"我说："我通过阅读日记已感到了你认识的提高，所以就没有再提让你在全班同学面前读检讨书的事……"弟子爱侣说："这可能就是'润物细无声'、'此时无声胜有声'的审美效果吧？"我笑道："哎，你也懂得美育？"她嫣然笑道："我读过您的书呢。""哟，怎么这么巧，都聚一块了？"

"往事重提，愈想愈有深意；旧创再理，刺心的苦痛怎禁得起？"我想到了殷夫的诗。我由衷感到，有个好心情，对为师者真应属人生之一美也。

让音乐滋润孩子的心田

陈明磊

　　乐教，是中国传统文化非常重要的组成部分，《礼记·乐记》中说"正教者先始于音，音正而行正"，孔子说"兴于诗，立于礼，成于乐"，"乐"的完成是人格养成的最高境界。

　　"大乐与天地同和，大礼与天地同节。"音乐是和谐的，是内在的，同"礼"一起体现宇宙的自由和谐与张弛有度的普遍规律。俞伯牙摔琴谢知音，白居易泪湿青衫，都是源自音乐的力量，它让陌生而寂寞的心灵碰撞在了一起，温暖在了一起，音乐唤醒良知，人性重归善良；法国大革命时期的一曲《马塞曲》，迅速将"自由、平等、博爱"的民主精神播撒到了广大人民的心中，封建专制的腐朽制度呼啦啦土崩瓦解，音乐驱除了邪恶，社会重归正义，这就是大乐之"和"吧？可是，我们现在的音乐教育却有很大的缺陷，第一是没有教真正的音乐。从小学到中学，甚至大学的学生，除了一些流行小曲让他们或癫狂或萎靡外，他们还知道并为什么音乐感动过？第二是教育方法科学化、技巧化。看看那课本，看看那课堂，逐级而进，一点一滴地传授、思考加分析，从小就把孩子当成了作曲家、演奏家、表演家来教育。那么音乐到底该怎么教？需要的是耳濡目染，要不拘一格，要时时贯穿在每一个教育细节中。

　　几乎每周的班会课，我们都要先欣赏一会儿音乐，再开始进入我们的班会主题；因为我还教授语文课，有时在课上也穿插一些音乐欣赏、演唱活动，从流行歌曲《童年》、《外婆的澎湖湾》，到贝多芬的《月光奏鸣曲》、《命运交响曲》等，学生都耳熟能详。有一次，我们欣赏《欢乐颂》，同学们说，这首曲子让我们感到了爱的博大和心灵的温暖，于是它就成了我们的"班歌"，逢活动必唱，神情庄严，内心愉悦，宽容大气的班风就此诞生了；为配合古诗文诵读，我经常让班里的同学进行古筝演奏：《高山流水》、《春江花月夜》、《出水莲》……一人抚琴，众人齐诵，大家沉浸在优美的旋律中，心灵变得纯净高尚。孔子闻《韶》，三月不知肉味，说的就是音乐的感染力和教化作用。下面，具体地说一个实例。

"六一"那天，学校举行合唱比赛。我班的孩子们以一曲 20 世纪 80 年代的老歌《校园的早晨》夺得第一名。荣誉其实是次要的，让我高兴的是孩子们用歌声唱出了那个辉煌时代蓬勃向上的精神，又一次让人聆听了那个辉煌时代的热情洋溢的号音。

记得那是正式比赛的前几天，大概下午 5 点多了，办公室里逐渐安静了下来，我班里几个孩子在门口探头探脑，他们总是喜欢选择这个时候来找老师聊一聊。我让他们凑在电脑的耳机旁，听了《校园的早晨》这首歌，听第二遍时，孩子们开始随着旋律唱了起来，一脸的幸福。后来，我说："合唱的歌曲用它可以吗？""耶！……"几个孩子好一阵兴奋。第二天一早，我看到了黑板上写下了《校园的早晨》的歌词：

> 沿着校园熟悉的小路，
> 清晨来到树下读书，
> 初升的太阳照在脸上，
> 也照着身旁这棵小树。
> 亲爱的伙伴，亲爱的小树，
> 和我共享阳光雨露，
> 让我们记住这美好时光，
> 直到长成参天大树。

这是小石同学的笔迹，端庄大方。早来的孩子纷纷抄写下来，昨天听了会唱点儿的孩子自豪地哼唱了起来，引来同学钦羡的目光。我知道，孩子们真心喜欢这首歌了。我让孩子们到多媒体教室跟着下载的歌曲学唱，跑调的地方由音乐天赋好的孩子及时纠正了过来，两三遍后学生们就唱得有余音绕梁之感了，不久又请来音乐老师讲了几个需要注意的技术细节，《校园的早晨》就这样来到了孩子们中间。之后的排练过程中，总有一些建议从队伍里飞出：

"老师，唱'让我们记住这美好时光'时，大家应该互相亲切地看一眼，发出会心的一笑。"

"'直到长成参天大树'那里，我们应该握住手然后一起高高举起。"

音乐润泽了孩子们的心田，激发了无尽的想象力。我好像也受到了启发似的，随后带孩子们通过互联网游览了几处大学的校园，从一张张精美的图片中感受到了一种扑面而来的人文气息。

"哇，还有比公园更美的地方呀！"

"老师，你带我们到你的母校去玩好吗？"

"我一定努力学习，将来走进那美丽的校园。"媛媛同学的话也许代表了大家共同的心声，一个并不遥远的梦想从此诞生了。教育是润物细无声的，它播撒的不仅是知识，更是理想和信念的种子。我一直在这么努力着，今天孩子们那一张张生动的脸上写满了教育的神圣和伟大。

正式的比赛开始了。我和孩子们一起上台演绎了《校园的早晨》这首歌曲。我把写在孩子们的习作《萌芽集》扉页上的小诗朗诵了出来：

你们如
一粒粒饱满的种子，
在这里
睁开了明亮的眼睛，
向蓝天
舞动那细嫩的小手，
一个梦
从此和太阳一同升起！

拉着我的手的胡亚男同学深情地望着老师，表达着大家的共同心愿：

多么想做一棵小树，
初春的季节站在你的窗前。
你会惊喜地凝望我的新叶，
或者叫一声："发芽了，快看！"

为了让你这样地看我，

我从天上、地下汲取营养，

让光彩渗进我的每一张叶片。

轻快的旋律又一次响起，姜威同学挥动着灵动的手臂，指挥起了全班的合唱。歌声如清泉般欢腾而来，每一个孩子朝气蓬勃的脸上洋溢着幸福的微笑，现实和理想在顷刻间交汇在了一起。

音乐折射出的是人生的本质，是真善美的心灵。在相继不绝的乐音里，是自然生命的长河在滔滔奔流，使人体会到永远与瞬间之一致，感受到了什么叫永恒。我一直认为好的音乐可以帮助学生形成健康向上的人格思想，《高山流水》与《命运交响曲》这样的音乐让孩子从小到大一直听下去，深入他的心灵，将使其受益终身。越优美越纯净的音乐对他的情感智慧启迪就越深刻越长远。

为了这样的理想，我将"乐"教纳入了自己的班主任工作和语文教学的体系。我主动接过了管理学校多媒体教室的工作，宁可多担责任和劳务，也要得到近水楼台的方便，让学生能够每周集体去听一些曾经感动过我自己的曲子。一年下来，学生收获几何？那天一曲用心灵演唱的《校园的早晨》让我感动得潸然泪下，谁也没有告诉孩子们怎样去演唱，但孩子们准确地把握了音乐的精神，演唱起来形神兼备，彰显出一种卓尔不群的超然气质。音乐为语文教育再增奋飞的羽翼，蓦然回首，在音乐的流动中老师的精神正悄然无声地融入学生的生命之中，学生们活泼的身影多了几分思考的沉静色彩，思维多了一些情感浸润的灵动，如此教育，不亦乐乎？

班主任要真正融入新班级

焦照锋

一年一度的新生入学又开始了。俗话说："万事开头难。"一个好的新生班主任应尽快融入新班级，演好新角色。那么，该怎样做呢？

首先，努力熟悉班级情况，力争开好第一次班会。

开学军训期间，我通过各种渠道走近每一个学生，熟记他们的名字，了解他们的兴趣和特长。第二天，我一一叫出每个人的姓名，跟他们交流我的打算和治班方针，征询他们的意见。这样，我取得了他们的初步信任。

第一次班会课上，我问学生："什么样的老师才算称职？"学生们纷纷举手，各抒己见，讨论热烈。我让一个"调皮"的学生把同学们的观点写在黑板的左侧，我接着问："什么样的学生才算合格？"同样，学生们积极讨论，提出更多条"要求"，我让他写在黑板的右侧。我说："左边这些是同学们对我的要求，我将尽力做到；右边这些就是同学们对自己的要求，我希望并相信同学们也能做到。让我们互相监督。"最后，我在黑板上签了名，再让班长代表全体同学签名。这样，我与同学们在轻松愉快的气氛中签订了"诚信合同"。

这几件事，让我很快在感情上与学生缩短了距离，走进了学生心灵，得到了他们的初步认可。

其次，组建班内的干部队伍。俗话说"火车跑得快，要靠车头带"，在最短的时间内组建一支精明强干的班委队伍尤为重要。培养学生干部可以因人而异，但必须遵循一个基本原则：让学生根据自己的性格、特长，在班集体中自主寻找合适的位置。我带的班级，都采用"四级干部制"（这不是凭空而来，而是通过学生自荐和活动观察评选出来的）：第一级是"核心力量"，班长和团支部书记，他们是班主任的主要助手，是全班的带头人；第二级是"中级干部"，班委和团支委全体成员，他们各负其责，独当一面；第三级是"基层干部"，组长和科代表，班中日常性事务都落在他们身上；第四级是各兴趣小组组长，这些干部有自身的爱好和专长，他们在班里的课外活动中起关键作用。干部队伍组建后，要给他们权力，定职责，进行分级管理，即班长管全面，学习委员主抓各科科代表工作，各小组长负责各小组的工作，宣传委员主抓各兴趣小组的工作等。在班内开展竞争，如各小组之间、各科之间、各部门之间的竞争，其结果都和评选"优秀干部"挂钩。学生的考勤情况、行为情况，都与评选"三好学生"、"德育等级"、"卫生之最"挂钩。每周小结一次，评选出"本周之最"在黑板上张榜公布。

实践证明，"四级干部制"是金字塔状的全员参与的管理模式，通过树干、树枝状的渗透，班级中的每个人都找到了自己的位置。在班长的带领下，大家团结协作，上下齐心协力，分工明确，职责分明，班主任充当协调、指导的角色，做好班级的各项工作，出色地完成学校布置的各项任务，赢得了学校领导的好评。

最后，及早培养良好的班风学风。著名教育家叶圣陶先生说过："教育是什么，往简单方面说，只有一句话，就是养成良好的习惯……"一个具有良好班风班貌的班集体，一定具有凝聚力、吸引力，一定会给学生提供一个良好习惯养成的环境氛围。我主要通过抓一般学习习惯与特殊学习习惯的养成，使我班的班风班貌一开始就得到了整体发展。每位学生都能把班集体的荣誉与自己的行为紧密结合，都想为集体争光。这为以后班级不断进步、取得许多荣誉打下了坚实的基础。

班级管理工作千头万绪，工作方法千差万别，但以上3个方面，我认为是新生班主任首先应该做好的。这3个方面做好了，便可取得学生的信任与爱戴，培养好自己的助手，在班内建立良好的班风学风。如果这样的话，将会取得事半功倍的效果。年轻的班主任，请你不妨一试。

架起成长的安全通道

丁莉莉

在一次"这个'六一'怎么过"的主题班会课上，同学们按照惯例，热火朝天地开展小组讨论、阐述理由、制订方案……真不知这些小家伙都有哪些"金点子"？到了小组汇报的时候，有小组说："我们小组建议到海边去活动，具体方案是……"话音刚落，我的脸上就不由自主地"晴转多云"了。然而，我的脸色并未影响到孩子们的向往，这个提议很快得到了热烈响应。没办法，我只好语重心长直言不讳地说："你看你们，除了玩就是玩，还要到海边，那么远，那么多人，谁能保证安全呢？"班里立刻安静下来，同学们有些失望地看着我。这时一名学生站起来："老师，每次一谈到外出活动，您总是说等一等，时机不成熟，不安全，难道我们在校内待着就一定能保证安全吗？出去就不安全了吗？再说，您不是经常告诉我们要走进生活，拥抱大自然吗？"

面对学生的反问，我有些无言以对。想想自己也是从童年过来的，那时的日子虽然艰苦，但却那么生动有趣。在记忆的天空里，童年是用绿草和野花编织的，我们可以自由地对着星星说话，可以叠一只纸船顺流漂泊心愿，可以骑着扫帚，把自己当成威武的将军，还可以大胆地去河里痛快淋漓地洗个澡，甚至看蚂蚱、捉蛐蛐、挖蚯蚓、戏小鱼……大自然有多美，童年就多美！但现在的孩子离大自然却越来越远了。相当多的孩子不仅不知道螳螂、蚱蜢的样子，甚至不知道香蕉、苹果从何而来……在日益现代化的生活节奏中，知了的鸣唱已引不起孩子的多大兴趣，栽花种草更是几乎与孩子无缘。孩子们最好的伙伴就是游戏机、电视机、电脑和游乐玩具！他们的世界被限制在狭窄的空间，限制在书本，限制在课堂，限制在学校……1939年，陶行知先生曾形象地指出："社会即学校这一原则，要把教育从鸟笼里解放出来。"他认为学校里的东西毕竟太少，实行了社会即学校这条原理，教育的材料、工具、环境范围都可大大增加，学生和先生也可以多起来，校外有经验的农夫、工程人员都可以成为先生。

平时，我们常说"学生安全重于泰山"，这句话千真万确，但现在却越来越成为一种限制学生户外活动的托词。曾记得一位朋友到我校办事，看到课间孩子们可以随意跑跳，非常不解地问我："这种事你们学校为什么不管一管？我们学校的学生管理那可是非常严格的。任何时候，学生都习惯于整齐有序地慢走，像你们这样怎么保证学生安全哪！"我笑了："让他们玩吧，我们小时候比他们还淘呢！这是他们的天性，让他们感到校园生活的多彩，这是我们的追求。"看到他仍是一脸的遗憾和不解，我不禁感到一种莫名的悲哀：出于某些学校和教师片面强调"安全"的需要，学生们的活动越来越"规范"了，然而这种秩序井然的背后是封闭狭小的教育场所和精神空间，学生自由和谐发展的生机活力在慢慢地隐退和消亡。学生的成长得不到自由拓展的空间，得不到需要的"阳光"和"雨水"，得不到必要的"营养"和"空气"，这种安全性保护带给孩子的可能是灾难性的后果，孩子们的观察能力与动手能力会越来越差。如果这样的学生置身大自然之中，或遇上突发的险情、灾情，他们除了幻想"变形金刚"来救护之外，还能有什么其他办法呢？

面对孩子们渴望的脸，作为班主任，到底应该怎样做？我经常在思索这个问题。而如今在自己的课堂上，这又引起了我对安全教育的反思。在下一次班会课上，在无比感慨和自豪中，我写下了班会主题："架起成长的安全通道，拥抱自由和谐的天空。"我向孩子们谈起了自己的真实想法，最后坦诚地说："同学们，老师理解你们，老师愿意引领你们走进生活，捕捉学习资源，盼望你们拥有一片自由的天空，不让你们背着沉重的包袱前行，让你们学得愉快而有兴趣，但更渴望你们生活得平安幸福。其实这两者并不矛盾，我们大家在一起互相讨论一下，怎么样才能使之真正融合在一起？这是布置给你们的作业，也是布置给我自己的作业！"同学们都感动了，教室里掌声如雷。在思考和讨论的过程里，我和同学们找到了几个比较可行的解决办法：

（1）安全问题不是借口，有效防范危险才是解决之道。牢固树立和坚持了这个观念，老师在工作中就一定能做到"细、勤、严、新、实、活"，以高度的责任心、细致的关心、温暖的爱心，不断增强安全意识和服务意识，同时，通过更多地掌握同学们意外伤害事故的急救方法和实践经验，提高防范危险、确保安全的工作能力。

（2）让正确的安全意识真正进入同学们心中。同学们要在正确的安全观的指导下，养成良好的户外行为习惯和行动规范；要提高同学们的自我保护意识和整体防护意识，培养互相关怀的品德和合作精神，做到"我的安全就是大家的安全，大家的安全就是我的安全"。

（3）外出活动要在安全问题上未雨绸缪。只要外出活动，都要认真制定好较为详细的安全预案，同时让安全预案人人熟知。开展班级活动要及时向学校请示，在学校的总体安排下积极和有关部门联手合作，通过"人人关心安全，人人参与安全"，确保活动顺利，学生安全。

（4）建立相关合作机制，家校合力促安全。可以采用"快乐连心桥"等多种方式，耐心引导家长积极参与学校和班级的户外活动，通过落实家长帮带责任制，分解教师安全防护压力和责任，既可以调动教师和家长两方面的活动积极性，又搭建了家校沟通交流的平台，增进了双方的感情和合作。

（5）精心设计好户外活动载体，实现寓教于乐，寓安于乐。可以通过创设合理的走向生活的各类情景，使同学们走向生活，融入生活。如组织学生看展览、参观、看电影、听报告、开展主题活动、小记者行动和"我当一天家长"等活动。同时，坚决不搞危险系数大、明显不适合小学生的活动，把安全问题控制在可掌握的范围内，只要做到精心组织，关注细节，就会万无一失。

就这样，我们班"神小（神道口小学）快乐的风——亲近大海，拥抱自然""六一"系列活动方案（包括安全预案）很快诞生了，校领导深思熟虑后，不仅批准了我们班的方案，还号召全校学习！这个"六一"，阳光明媚，孩子们从家里搬来的锅碗瓢盆在"叮叮当当"地奏响着："我们去海边啦！""我们走进生活啦！"孩子们快乐地玩着，笑声在海天之间久久地回荡着、回荡着……

绚丽多彩的生活是孩子们的梦想之源，我们教育工作者，尤其是作为班级工作领导者和组织者的班主任老师，有责任也必须让孩子们的学习生活中有花蕾绽放，有蝶儿起舞，有鱼儿戏水，有月儿弯弯，有青烟袅袅，有鸟儿展翅，有柳絮飞扬……在缤纷的世界里，学生会怀有许多美好的期待，用美妙的生活织成七彩的梦想。让我们一起携手，让安全不再成为一种借口！让走向生活、拥抱大自然不再成为一种口号！让我们共同努力，架起安全的绿色通道，让学生拥有自由和谐的成长天空，让教育带给学生希望、力量、光明和自信，使每一个学生都能够成为和谐社会的建设者和幸福人生的创造者！

新年联欢会要开在学生心里

王　宏

　　"《实话实说》版新年联欢会正式开始。注意，每个人面对提问，都必须坦诚，说真话，下面是对班主任的公开采访时间。"主持人的话音刚落下，同学们就用探试的目光互望着，却没有人提问，联欢会就在这样一种较沉闷的气氛中开始了。

　　终于，有一个敢"吃螃蟹"的学生问道："老师，您感到自己最对不起的人是谁？是您的父母吗？"

　　"我自己感觉最对不起的人是一个学生（千里之外的父母千万不要责怪孩儿啊！），由于他犯了错误，我请他的家长来校，本来是想进行教育的，但他的父母认为已经给校领导打了招呼，开始时抱着一种无所谓的态度。当我生气后，他们却带着厚礼来看我，希望不要追究，我狭隘的心理产生了对权贵的无端仇恨，并迁怒到了学生的身上，否则他的错误也不至于让他离开学校……"

　　僵局打破，但同学们仍然有一丝拘谨，直到有个调皮鬼问我："您什么时候开始谈恋爱的？"我鼓起勇气告诉他们是在高一的时候，这引起了一阵惊呼，然后他们才真正放松下来。

　　JZR（化名，下同）婉转铿锵的《赵云传》（自己填词）余音未了，击鼓传花开始了，轮到同学之间相互提问了：

　　"XH，你的学习成绩为什么这么好？"

　　"ZH，你平常为什么只是一个人独处？为什么不喜欢和大家在一起呢？"

　　"LXY，你追过几个女孩子？"

　　突然，大家把目标全部集中到 RY（我班上的第一美女）的身上。

　　"你是如何看待爱情的——还有事业？"一个男生面孔通红，带着点兴奋和紧张。

　　大家立刻安静下来，比上课要专心多了。"这帮臭小子！嘿嘿，我只要抓住她

（RY），你们就跑不出我的手掌心。"我对自己说。

……

"51，52，……59，60，61。"一阵巨大的欢呼声，XJX 同学的二指禅俯卧撑又破纪录了。

"祝高二（5）班全体同学新年快乐，学习进步。祝老师身体健康，工作顺利。"随着班长的祝福，准备吃蛋糕喽！

当烛光亮起，激情随之散去，幸福的光辉洒遍班级的每一个角落。

……

这个同学们原本不太认可的晚会方案取得了意想不到的成功，究竟是为什么呢？

对比往年的新年联欢晚会，我发现：往年虽然每次都对联欢会进行很好的设计，但随着晚会的进行，味道开始不对了，表演的同学尽情投入，背景音乐却是瓜子的劈啪声、糖果的窸窣声；游戏时，有节目的同学兴高采烈，无节目的同学则索然无味，感觉像到了菜市场。

仔细分析原因，这实际上是忽略了学生的个性体验与集体活动的矛盾冲突所致，学生对精彩节目追求的背后，其实隐含的是每个人渴望被关注的心理需求。晚会之前的精心设计，极大地吊起了同学们的胃口，每个人都认为这应该是快乐的盛宴。但在晚会进行的过程中，精彩绚烂的节目反而冲击内心的渴望，让人产生淡淡的哀伤，每个人的情绪都经历了先扬后抑的折磨，巨大的反差使每个人都不愿意面对，心灵的逃离变成最佳的自我保护，而受伤的心情却挥之不去！

因此，晚会的精彩与否并不是问题的核心，被关注的需求得到满足才是晚会成功的基本保障。

而这个《实话实说》版的新年联欢会，却从以下几个方面解决了同学们被关注的需求渴望得到满足的问题。

1. 充分利用了新年这个特殊日子的心理效应

由于每天紧张地学习和工作，我们几乎忘了生活的目的和意义。在特殊的日子到来时，每个人都会整理自己的思绪，对于昨天、今天、明天，自己、朋友、师长，都会产生一番感慨，这是节日赐予每个人最好的礼物。这个时候每个人都有表达自己内心真实感受的欲望，这样的氛围为实话实说提供了基础。

2. 在最大范围内让班级不同层面的同学发出了属于自己的声音

对于这群高中孩子而言，学习的困惑、交往的烦恼、青春的躁动就是他们每天生活所要面对的，但高强度的学习生活使同学之间缺乏真正的交流。

真诚的交流是年轻人共同的愿望，而联欢会为全体同学公开发表自己的看法，倾听不同处境学生的声音提供了一个交流的平台。它满足了同学们渴望被理解和被关注的情感需求，并让全体同学感觉到大家都是一样的，每一个人都在成长，都在为成长中的烦恼进行心灵的抗争。因此每一个问题的提出与回答，都吸引了全体学生的关注，从而在彼此关注中实现了班级情感的共鸣。

3. 班主任的主动参与实现了对晚会的有序控制，搭建起了交流的平台

由于我在班级生活中的特殊性，在同学们的心目中，他们的"老班"具有一定的神秘感，所以在晚会中表现出了强烈的探究欲望，我成了联欢会中一个不错的"道具"。我带头敞开心扉，一方面起到了示范作用，把我的人生思考传达给同学们；另一方面还缓解了同学们紧张郁闷的情绪，调控了晚会的节奏。所以我的参与搭建起了大家交流的平台，并使晚会的思想得到升华。

4. 其貌不扬的晚会外表，使学生的心理期待得到控制，厚积薄发，为后来的全体同学情感共鸣做好了充分的准备

相比其他班级的精彩节目汇演，我们只有几个经典的保留节目，这样的设计看上去平淡无奇。最初，同学们对这样一个其貌不扬的方案也表现出了一些失望，这似乎离他们的预期太远了。但由于大家以平行、对等的姿态，较为冷静的情绪默默地交流着情感，激烈地传达着思想，每个人都找准了自己在晚会中不可或缺的位置，因此真切地感受到晚会带给他们的欣慰和所得到的关注。随着晚会的进行，同

学们的情绪从观望、沉闷到放松，再到踊跃地参与，直至激情过后的温馨回味，最终取得了意想不到的成功。

　　实际上，我们都有一颗脆弱的心，可以说，充分考虑到每一个学生个体的心理感受，是班级活动成功的前提。

辑七

做个够专业的班主任

共同生活：班级管理的新常态

郑立平

"我们班主任工作到底是做什么的？"这个问题，我曾经很多次问过自己，也很多次问过同行。回答也基本一致："我们是管班级的"或"我们是管学生的"。按照班主任的习惯思维，看似没有错误。

如果我们再拿这个问题去问学生，我想多数学生的回答也应该是"管我们的呀！""治我们的呀！"……甚至是"哼，光知道揍我们呀！"这些回答往往能印证上面回答的正确性。

可是，这样看似顺理成章的回答里，真的没有问题吗？如果我们进一步细究呢？

"班主任真的就是管学生的吗？""管的目的是什么？""管的手段是什么？""管的效果怎么样？""班主任对自己的管理满意吗？"……

"学生真的就希望我们管吗？""学生真的什么都需要我们管吗？""学生对我们的管满意吗？""学生希望我们管理什么？""学生希望我们采取什么样的方式去管？"……

随着不断地叩问，越来越多的矛盾出现，我们就感到了问题的严重性。由于历史沿革和传统文化的影响，长久以来，已经习惯了被管理的我们，也渐渐习惯了去管理学生，同时也把这种意识灌输给了学生。于是，班主任，这个本来要做学生思想工作、人生导师的智慧型岗位，也越来越变得像监狱的看守，像东奔西跑的救火员，像胆战心惊的小偷，像忙忙碌碌的车夫。卫生、纪律、跑操、交表格、处理纠纷……忙得团团转，学生顶、家长找、领导批……整天心烦意乱。

管人，确实不是件容易的事，何况面对的是一群不太成熟的孩子。多数班主任的形象大都如此，可是，如果我们再进一步追问："班主任工作就真的应该如此吗？"于是，我们便自然想起孔子的古训："射有似乎君子，失诸正鹄，反求诸其身。"问题出在哪里？这时，我们方才大悟，不是我们管理班级的技术、妙招、兵法有问题，而是我们原始的出发点就出了问题——学生不是为了接受我们的管教而进入学校和班级的，我们也不仅仅是为了管住学生才来做班主任的。班级管理的根本是班主任领着一群孩子一起过一种群体性学习生活。

回归了"和学生一起共同生活"的工作本质，意味着班主任思维方式和行为方式的华丽转身，也就找到了教育的幸福之源。

首先，它使班主任必须重构良好的师生关系。从原来管理者和被管理者对立的双方，变成现在互相尊重、平等相处、共同生活的人。在"生命成长共同体"的大家园中，师生一起读书、学习、研究，一起唱歌、游戏、锻炼，一起播种梦想和希望，也一起承担责任和挫折。这种相伴成长的快乐，值得任何人珍惜。解除了对老师批评、训斥的戒备，学生内在的自主向上力量便蓬勃生长。而有了情感的沟通、心灵的交流、命运的共同担当，这种一起经历风雨的师生关系会转化为人生永远的财富。

其次，它将彻底改变班主任固有的管理理念。从原来班级的控制者变成班级的建设者，从原来被动接受任务、命令的无奈承担者变成主动创新、实验的快乐耕耘者。班级，就好像是从国家和学校承包的一块土地，我们是采取各种办法去拔草，还是想方设法种好庄稼，决定了我们最后的生活质量。如果，只是把自己看成是班级的主宰，今天拔张三的草，明天拔李四的草；今天拔个体的草，明天拔群体的草……那么，再忙碌，也没有好的收成。反而，可能会发现杂草依然丛生。可是，如果我们种上庄稼呢？种上自己喜欢的庄稼呢？庄稼长好了，草自然就少了；庄稼长旺了，草自然就蔫了。像这样，以一种建构者的姿态，面对工作中的问题，很多时候，问题也就成了契机。

而最重要的，它能使班主任进一步理解教育生活的真谛。我们知道，管住学生，固然不是为了控制，其目的还是为了帮助学生发展，而这种思维的局限性，会使我们的工作更加单调。"赠人玫瑰，手有余香。"教育本身固有的特点决定了，学生的幸福感受和健康发展是教师幸福的主要源泉。但是，这显然不是教师幸福的全部。因为教师是一种职业，我们毕竟不是单纯为别人活着，还要考虑自身的感受与发展。所以，教师的幸福，应包括为人师表、教书育人的尊严感，也包括得天下英才而教育之的自豪感，还包括研究教育规律、掌握教育规律的成就感。一味地强调牺牲，那是对人性的抹杀。

教师的工作和生活，也绝不是对立的、矛盾的。工作是生活的最主要内容，也是使生活变得更加美好的主要手段；而幸福生活是工作的主要目的和追求。生活即教育，教育也是一种生活。一个生活不精彩的教师，其工作也不会精彩到哪里去。一个幸福的教师不会把工作当作生活的全部，更不会是唯一。他必然不是工作的奴隶，而是有着丰富的生活情趣！他一定会有自己的业余兴趣与爱好，他一定会有自己的故友与挚交，他一定有自己的道德操守与个性坚持，他也一定能欣赏到自己生命行走的痕迹，并能触摸到思想与精神的温度。

当然，一个生活幸福的教师，其心中一定不会只有自我，而应该有某种温暖的光亮与力量慷慨地和别人分享。在这种生命与生命的连接中，充分体验人生的意义与价值。成长是幸福的，收获是幸福的，但比幸福更幸福的事，却是分享幸福，传播幸福。而班主任无疑就是这样的天使！

拓展思想带宽，提升班主任专业的稀缺价值

李习勤

在一个很火的公众号上看到一篇文章，其中有这么一段：在自由市场中，一个人的收入与回报，与他的努力无关，与他的付出无关，与他的稀缺性有关。当你的工作人人都能做，你的工资只会使你囊中羞涩，过着捉襟见肘的生活。当你的工作只有为数不多的人能胜任，你的收入就会使你鹤立鸡群。所以，清洁工早出晚归，快递员马不停蹄，服务员疲倦不堪，出租车司机含辛茹苦，农民工几乎在玩命……但是，他们中的大多数，一生都与贫贱为伍，少有人能逆袭成功。

为什么？因为他们不具备稀缺价值。你稀缺，你就是人才，你贵。你能轻松被取代，你就是人员，你当然便宜。

作为班主任，不知你看到这段文字时，会想些什么。觉得很有道理？觉得很励志？是不是想把它推荐给学生？

是的，我觉得这篇文章《为什么你拼命努力，还是活在底层？》，一定会引发我的学生对未来更多的思考。所以，在铺天盖地的海量信息中，我毫不犹豫地点开了它。

敬爱的老师，我们一起大声诵读一遍："……所以，清洁工早出晚归，快递员马不停蹄，服务员疲倦不堪，出租车司机含辛茹苦，中小学老师劳心劳力，农民工几乎在玩命……但是，他们中的大多数，一生都与贫贱为伍，少有人能逆袭成功。"

对不起您，我把我受到的伤害，也残忍地再让您受一遍。开头，我刻意地"删去"了这一句——中小学老师劳心劳力。

猝不及防，这段文字像炸弹，就这样呼啸而至。我长期累积起来的高贵和尊严的形象，轰然倒地，碎成一堆瓦砾。作者残酷地揭开了那块布，真相赤裸裸地赫然在目：因为你技术含量低，能轻易被替代，所以你便宜。

还有人说，把一所学校与一所医院的工作人员全部置换，医院会立即倒闭，学

校却可以正常运转。

为什么？道理非常简单，因为医生是专业性人才，很难被取代。而老师呢？一个冷冰冰的现实就是，一个非师范专业毕业的学生，很容易拿到教师资格证。教师的专业性、稀缺性表现在哪儿？

更深入一步，班主任和任课教师又有什么本质的区别？班主任的专业性又体现在哪里？

苏格拉底说："未经省察的人生是不值得过的。"因此，作为一个年轻的班主任，如果能早日规划好自己的发展路径，一定能迅速成长为一个有自己专业特色、很难被轻易替代的专家型班主任。

做自觉省察人生的班主任，努力拓展自己的思想带宽，提升自我的稀缺价值，你可以从以下几点入手：

1. 在不被打扰的时间里，深度思考

每天晚上一定要留出至少半小时的"不被打扰的时间"去思考。今天我做了哪些事，哪些事做得漂亮，哪些事需要改进。没有思考，有限的精力就会被大量事务性工作所吞噬，更重要的决策性工作反而无暇顾及。

台湾大学架设了一口"傅钟"，每节上下课都会敲响21声。因为曾任台大校长的傅斯年说过："一天只有21小时，剩下3小时用来思考。"只有思考着的时光，才是一个人真正活过的年华；缺乏思考的生命，只是用身体行走在这个世界上而已。

一日之计在于昨晚。在前一天晚上要把第二天要做的事情列出来。记住，班主任工作千头万绪，我们永远没有时间做完所有事情，但我们永远有时间做对我们最重要的事情。这就是"深度思考"的价值所在。

2. 在时代奔腾的大河中，找对方向

班主任的工作周而复始，你会很快就适应这种循环往复的生活。一定要提醒自己：我是不是已经开始在重复自己。时代在快速发展，3年就是一个代沟。所以，即使你是非常年轻的班主任，也要远离舒适区，努力创新。中国著名德育特级教师

张万祥就是在不重复自己的自觉要求下，诞生了《班主任工作创新艺术 100 招》。

最好的创新，是和社会的发展趋势一致。比如，社会主义核心价值观、学生核心素养等都是时代的需要。班主任一定要把握班级发展的方向，方向比努力更重要。

3. 在最擅长的特长上，多走一步

每个人都有自己的个性和特色，在班主任工作方面，也都会有自己最擅长的部分。比如有的班主任擅长鼓动全班同学，那就多做演讲，成为一名励志型班主任；有的班主任擅长个别谈心，那就春风化雨，成为学生的知心朋友……在班主任领域，你的任何特长都可以大有用武之地，关键是你要比别人多走一步。比如魏书生老师喜欢跑步，就将跑步进行到底，不仅跑出了自信，跑出了意志，而且还进行了道德长跑。这就叫多走一步，再多走一步。最美的风景，常常就在这多走的一步里。

4. 在庸常琐碎的生活里，叫醒梦想

当你真心想要做成某件事情的时候，整个宇宙都会联合起来帮你完成。你真心想要做成的这件事情，就是你的核心目标。让目标可视化，最简单的方法就是把它写下来，让自己时时看到。核心目标可视化，就是不断地给自己强烈的心理暗示，时刻提醒自己不陷入庸常的琐碎，让梦想一直醒着。

尼采说："每一个不曾起舞的日子，都是对生命的辜负。"我们班主任每一个不曾辜负的日子，都有梦想一同起舞。

深度思考，找对方向，多走一步，叫醒梦想。

这些努力不仅会让你的学生成为最大的受益者，而且你会发现自己不再是那个疲于奔命的、能轻易被替代的"人员"，而逐渐成为一个有稀缺价值的、不能被轻易取代的"人才"。

人格发展导引有艺术

谌志惠

读过《犟龟》吗？你相信，你和你的学生也会遇见狮王29世的庆典吗？那一场从未有过的、最美丽的庆典吗？

是的，我相信！而且是坚定地相信！

犹记2012年9月5日，石校长给我打电话，说我们班的诗朗诵节目《相信未来》在全省第四届中小学生艺术展演活动中获得一等奖，我们的节目要到省里去展演，整个常德就我们一个节目入选，然后不停地恭喜我和孩子们。接到喜讯，我拍拍自己的脸，不敢相信这一切是真的，生怕自己是在做梦。天呐，这难道是真的吗？县城里的一群追梦的高三学子在这个桂花飘香的季节要去省城，去那个更大的舞台上放飞梦想！想想，都觉得是"枫凌"学子创造的生命中的一个了不起的奇迹！

而在回望这一生命奇迹创造过程中的点点滴滴，我忍不住饱含热泪，并满怀感恩之心，感谢命运对孩子们的厚待！

镜头拉回到2012年4月。

那是在紧张准备全省会考的关键当口，第五届校园文化艺术节拉开帷幕。经9位议事会成员商议，我们决定全班朗诵每日晨诵的诗《相信未来》，为此，全班同学投入到紧张的排练中，并为此购买了演出需要的服装。我们班上的节目最后出场。文艺汇演的场地设在体艺馆，舞台太大，音响效果不是太好，当时在我们之前出场的有两个诗朗诵节目，两者的风格都是青春万岁激情昂扬式的，得分还比较高。而我们的《相信未来》，配乐低沉，旋律缓慢，整首诗的情感是由绝望产生希望，黑暗中看到曙光。开头的调子是很压抑的，到后面才渐渐明朗起来。即使到后面的明朗的部分，全班齐诵难度也是很大的，声音处理起来很困难。最后，结果出来了，我们连三等奖都未获得。当时，我心里够难受的了，想着学生会比我更难受，毕竟，他们为这个节目下了极大气力啊。

第二天上午，我待在办公室仔细回想节目排演前前后后的细节，认真思考着如何给学生做好思想疏通工作。是的，人生有时并不是那么圆满，事实有时不会按照你的预期发展，我们得学会接受，学会理解生活。于是，在经过了很长一段时间的思考后，我写下了 3000 字的《我们为谁表演》一文，印发到每个学生手里，全面分析了这场演出的意义，其中有这样一段："人生如戏，只为观众而演出，最终丢失的必定是自己。要透彻地理解这句话，该有何等的境界与胸怀啊！如果每一个'枫凌'学子真正能够做到淡看此次结果，想到此次是为你们 17 岁如火如荼的青春上演了一出《相信未来》的最好剧作，其意义又是何等伟大啊！我们为谁表演？就为这 17 岁如火如荼的青春，就为这激情燃烧的岁月火热喷洒了一回！"如今，我再读读以前写的这些激情勃发的句子，我都有些佩服自己，佩服自己当日的镇定，佩服自己在学生遭遇挫折的关键当口给予了一次方向性的引导。

如今当我回味这前后的种种，真觉得是在写小说。感谢学校，虽然文艺汇演上我们未曾获奖，但领导们慧眼识珠，看到了我们这个节目的厚重，果断地将我们的节目推出去，到常德评奖，然后有幸推到省里，竟然一炮打响，夺取了省级一等奖。我真不敢相信这一切就这样神奇地发生了！犟龟们，你期待生命中那场最美丽的庆典吗？如果你相信，那就请期待每一个平凡的奇迹的出现，并努力去创造它！

新教育实验有个道德人格发展图谱，确定了道德人格发展的三境界六阶段：第一境界是"自然功利境界"，包括"我不想受到惩罚，我想要得到奖励"两个阶段；第二境界是"习俗规则境界"，包括"我要做个好孩子，我要捍卫游戏规则"两个阶段；第三境界是"道德仁爱境界"，包括"将心比心（恕：己所不欲，勿施于人），惠泽天下（爱：己立立人，己达达人）"两个阶段。借助这次文艺表演，我要告诉学生的是，高考与这场表演一样，它需要的是你拒绝外在的表演，遵从内心的需要，刻苦奋发地读书，它拼的是你的人生前途，而不仅仅是一纸分数赢得的外在的声誉与优秀的评价；它需要你摈弃井底之蛙的短浅之见与急功近利的浮躁心态，深知这一场角逐是高手之间的勇敢较量，真正的勇者与智者方能果断胜出。如果只是为了外在而表演，那我们所达到的只是自然功利境界。法国艺术家、野兽派的创始人和主要代表人物亨利·马蒂斯说："真正的艺术不是一场'秀'，而是一场修行。"借助这次文艺表演，我引导学生超越失败与输赢，让学生意识到他们奉献出的这场艺术表演的价值，让学生意识到他们的付出在超越了自然功利后一定会赢得额外的庆典。

美国教育家杜威曾提出"教育即生活"的大教育理论，教育无小事，生活处处皆可彰显班主任的教育智慧。"枫凌"班是我 2012 年带的一个班级，这个班级曾被评为湖南省文明美德班，我所勾画的德育课程在这个班级得到了极好的实践，2011年在湖南省首届班主任论坛上我就做了《好学生是"熏"出来的——如何借助德育课程建设班级文化》的主题报告，反响很好。这一次文艺表演的经历颇费周折，最后让学生遇见了一场生命中最隆重的庆典，可谓意义深远。

作为班主任，我告诫自己的是：教育是慢的艺术，带着修行的心做教育，爱学生，教育一定会散发出它最温暖的味道！

"道"与"术"相协，方有真的教育

牛瑞峰

教育是慢的艺术，班主任专业化成长更是"慢的艺术"的艺术，是育人之道与育人之术的共同成熟的一个过程。

——题记

外出讲课或者在当地，时常有一些年轻班主任问我："牛老师，对于新班主任而言，怎样才能快速成长？"面对他们的急切与真诚，我只能借用"多读书、多实践、多思考、多写作"笼而统之的回答。我知道我的回答没有正中他们的下怀，因为我们不在"一个频道"上：问者想要的是一条捷径，我回答的是厚积薄发；问者期盼的是"出名要早"，我回答却是"大器慢成"。不是我故弄玄虚，这是我的切身体会，我想大概由于我的资质愚钝领悟起来较慢，也许在班主任专业化这条道路上的确存在"终南捷径"。于是我就收集国内知名班主任的成长经历，从魏书生、李镇西、张万祥一直到郑立平、郑学志、梅洪建、梁岗一共30多位，研究下来，进一步证明我的感觉是正确的。这些知名专家班主任虽然各有各的不同，但至少有四个方面是相同的：科研上——苦心孤诣、名声在外；教育上——自育育人、自达达人；教学上——独树一帜、成绩斐然；心态上——顺逆泰然、得失坦然。这任何一方面的成绩都不是一朝一夕能够取得的。于是我写下了文章开头的那一句话：教育是慢的艺术，班主任专业化成长更是"慢的艺术"的艺术，是育人之道与育人之术的共同成熟的一个过程。

有"术"无"道"，"术"就会戕害人性，背离教育的初衷。2003年，我中途接了一个差班，我给自己定了一个目标：两个月内让这个差班变成一个好班。于是我采取两大策略：跟踪与严惩。我将办公桌搬到了教室里，严密监控班级每一位学生。当时我有一个信念：乱世当用重典。学生犯错了，我就声色俱厉地大骂，骂他个狗血喷头；动辄就重罚，甚至拳脚相加。不到两星期班级就安静了。然而让我没想到的是我得了两个绰号——"狗皮膏药"和"牛魔王"！家长反馈：牛老师打人打得厉害！政教主任找我谈话说：以暴制暴损伤的是人心，这种暴力将无限制地传递下去。如果靠暴力我们的"校警"比你管得好，教育是育人不是伤人！看点书，看一看那些名师是怎么做的！不要好心办坏事！

有"术"有"道"，"道"、"术"相协，方可悟得教育的真谛。按照政教主任的指点，我快速地阅读了霍懋征的《没有教不好的学生：一代名师霍懋征爱的教育艺术》，我懂得了没有爱就没有教育，教育是爱的事业。同时模仿魏书生、李镇西的一些做法：家访、请学生吃饭、写信、进行班级文化建设。一个学期下来，接手的这个差班真的变成了一个好班。班级不仅安静，而且有活力。我的绰号变成了"牛可爱"。家长反馈：牛老师是个好老师！学校嘉奖：2005 年我成了重点班班主任兼任年级组长。

同样的一个班级，因为我的转变得到了两种截然不同的结局。我的转变就是对于"道"的理解，一开始的做法在我的眼里是没有学生的，学生只是证明我自己能力的一个工具，更何况这种能力是冷酷无情的、非教育的。

当然，对于"道"的理解绝非如此简单，人性有多么广阔，教育之"道"就有多么广阔；人性有多么深邃，教育之"道"就有多么深邃。至于"术"的创造与运用更是难穷其尽，千变万化。那么，面对广阔而深邃的教育之"道"、异彩纷呈的"术"，我们如何才能在"三千弱水"中只取"一瓢饮"呢？

寻找一个教育点，围绕这个点形成自己的理念体系与操作体系。

我选的教育点，起源于老师们经常说的一句话："我们的学生不知道怎么了，一点精神都没有。"于是我有了最初的想法：怎样才能让学生有精神，精神是什么？在不断地学习、思考与实践中，我逐渐形成了这样的认识：精神就是健康的心理、深沉的情感、崇高的道德、美好的生活、睿智的审美、远大的理想、快乐的学习。精神因素是人的本质体现，人的发展就是精神世界的发展，人成熟的标志就是精神世界的成熟。人的不同就是由于精神世界的不同而造成的。精神世界的不同既是由人的成长环境的不同造成的，又是由个人的精神决定的。也正是由于这些认识，我围绕"精神教育"这个教育点形成了"7 个主题、7 种方法、49 项内容"的精神教育理念与操作体系。这一体系在师父张万祥的指导下写作成书，由福建教育出版社出版。当然这里想说的是："专业化成长不是著书立说，不是扬名立万，建立派别；专业化成长是自育育人、自达达人的心灵化育，是自我的心灵绽放！"

如果说"精神教育"是我对教育之"术"的梳理，"我即教育"就应该是近期对教育之"道"的再一次梳理：

教育的本质——自育育人，自达达人（共同成长，做极致的自己）。

教育的方法——美人之美，美美与共，天下皆美。

师德修养——佛心诗心青灯修炼，爱心善心身后评述。

专业化成长——读书教书写书书书不易，想事看事做事事事要容。

总之，专业化成长的道路，是"道"与"术"相互促进、相互转化的过程，是"慢的艺术"的艺术，是一个诗意的过程；是一个逐渐积累的过程，是一个心性与技能共同成熟的过程。"道"与"术"的统一就应该如南怀瑾先生的那句话：佛为心，道为骨，儒为表，大度看世界；技在手，能在身，思在脑，从容过生活。

做一名阳光班主任

郭力众

    2004 年 1 月 8 日《现代教育导报》发表了一篇长篇报道《让学生沐浴在人性光照的温情里——王立华班主任工作的新视角》，向人们讲述了临沂八中的一位年仅 25 岁的优秀班主任王立华的故事。王立华勤奋努力，积极进取，自我充实，自我提升，工作 6 年来买了 16000 多元的书，写了 500 多万字的教育日记，实现了自我人生层次的提升和生命的升华，很快就成为了拥有非常丰厚的文化底蕴和高超的教学和管理艺术的优秀班主任。他的教育探索、实践曾被《中国教育报》、《当代教育科学》、《山东教育》、《现代教育导报》等报刊长篇报道。

    王立华给班主任树立了一个成功的榜样。的确，社会在进步，时代在发展，班主任只有不断地自我提高，自我完善，才能适应时代的要求，才能适应社会发展的需要。

1. 增强责任心

    敬业爱岗，有强烈的责任心，这是一个公民、一个员工在自己的工作中应该遵守的基本原则，而教师这一行业，尤其是担任班主任这一工作，更应该这样。因为，做一名老师，首先就意味着寂寞、奉献和牺牲，"三尺讲台，两袖清风"，即使是在今天的市场经济大潮下，仍然可以用这句话来概括教师的生活和生存状况。教师这一特殊的行业，没有科技领域里的鲜花和掌声，没有潮流行业里的荣誉和地位，也没有企业老板的收入和骄傲。但也正是如此，才更需要老师能够严于自律，保持一颗平常心、一颗责任心。用平常心来看待自己的职业，用平常心对待自己的工作；以主人翁的心态投入工作，以主人翁的责任感激励自己；不被外界的种种诱惑所吸引，不被外界的潮流所动摇，甘于寂寞和奉献，甘于清贫和牺牲。在工作中能够投入自己的心血，播撒自己的汗水，用自己的满腔热情唤起学生们的激情和动力，这是阳光班主任的基本素质。相反，如果没有对教育的热情，没有良好的敬业心和责任感，即使学问再高深，知识再渊博，也不可能、也不会成为阳光教师，更不会成为阳光班主任。

2. 提高教学水平

班主任的主要任务应该是搞好班级管理工作，但是切不可忽视自己的业务素质和业务水平的提高。从某种意义上说，一个优秀的班主任，首先应该是一个优秀的老师。如果班主任自己的业务素质和业务水平都很高，学生喜欢听你的课，喜欢上你的课，首先就能给学生一个好的印象，就能让学生从心理上接受你。这样就能起到一个很好的老师效应。就像很多学生崇拜心中的偶像一样，让学生首先从心理上接受班主任，这是做好班级管理工作的首要条件，也是做好班级管理工作的一个基础。反过来说，如果班主任的教学水平不怎么样，学生就会从心理上看不起你，你的课学生也就不喜欢听，不乐意上。不仅如此，学生还会从心理上拒绝接受他们的班主任，这样就会降低老师在学生心中的威信，不但不利于今后教学工作的开展，还会给今后的班级管理工作带来一定的隐患。从生活的实际情况来看，优秀的班主任在教学上也多是一把好手，相反，班级管理工作做得不怎么样的班主任，教学水平也往往一般。所以，要想成为一名阳光班主任，就必须努力提高自己的业务素质和业务能力。

3. 善于学习先进的教育教学理论

如果说提高业务水平是专业发展的要求的话，那么学习先进的教育教学理论，可以说是现代班级管理的需要。王立华就是这个方面的典型。一般说来，师范院校毕业的学生都学习过教育学和心理学方面的知识。但是，我们还是不能不正视这样的现实：一是原来教材的内容大多陈旧，与我们的时代相差很远，很多内容已经不能适应当今社会发展的需要。二是当时在学校学习的内容，毕竟只是一些理论而已，大多已经随着消逝的时光而消逝了。剩下的，也就只有几个空洞的概念，甚至于连几个概念也全然忘记了。面对着眼前这光怪陆离、瞬息万变的信息化社会，面对全新的学生和全新的问题，班主任往往在工作中难以准确把握自己、把握学生，甚至很多时候面对学生、面对学生的问题，会处于一种尴尬难堪的境地。这也是一些老教师为什么不受学生欢迎的原因之一。所以，学习一些现代教育教学理论，学习掌握一些先进的教育教学理念，了解一些目前学生的生理和心理特点，了解一些学生的思想动态，无论是对于我们自身的提高来说，还是对于班级管理而言，都有着极大的好处。像《顶好教师》、《师生沟通技巧》、《情境教育学》、《教育心理学》等书籍都可能会给我们一种全新的认识和感受。之前，我参加了北京师范大学心理学研究生进修班的学习，觉得收获不小。通过学习，我对于师生关系的理解、对于学生思想状态的了解和对于学生问题的解决等方面，与过去相比都有了较大提高。我还针对学生的心理状态和压力，在《现代教育报》、《中国教师报》等报纸上撰写了有关文章，分析学生中存在的问题，帮助学生解决，避免了过去那种"教师有心去说，学生无心去听"的空洞无用的说教式教育。

4. 要善于总结和反思

在实际工作中，很多班主任都有着自己的教学和管理经验，这是一笔难得的财富。它对于我们的教学，对于我们的管理，都有着很好的借鉴和指导作用。所以，对于这些经验，我们要善于总结，善于归纳，来发展提高自己。同时，我们还可以充分借鉴和吸收别人的先进的经验来弥补自己的不足。像张万祥老师的班主任工作资料库、王晓春老师的《教育智慧从哪里来》、魏书生老师的《班主任工作漫谈》以及万玮老师的《班主任兵法》等都是值得学习和借鉴的。在及时总结的同时，我们还要善于反思：反思自己的思想和态度，反思自己的行为和方法，反思自己的教学和管理。反思，能够让我们更好地认识自己，更好地认识别人，更好地认识我们工作中的成功和不足。这对于我们自身的提高，对于我们自身的成长，都是极有好处的。

从师范教育的角度来看，一个合格的教师是学校培养出来的；从教师个体角度来看，一个优秀的教师是自己塑造的。班主任的成长也是如此。祝愿我们所有的班主任都能够不断地充实自己、提高自己、完善自己，做一名阳光班主任。

班主任要练好"五字"功

席咏梅

当教师就要兼任班主任，班主任是教育阵线的排头兵，班主任工作最能磨炼人、培养人；而当班主任就要立志当名班主任，当学者型、专家型的德育工作者，为此我们必须练好"爱"、"学"、"积"、"思"、"创"这"五字"功。

1. "爱"字功

班主任对学生的爱比亲情、友情、恋情更深沉、更执着、更无私、更持久、更真挚、更热烈。这种爱是基于对祖国和民族未来的高度责任感而产生的真挚而高尚的感情；这种爱是感情与理智的高度集中与统一；这种爱包含着学识渊博的良师对弟子早日成人成才的渴望，包含着高尚的人梯精神与蜡烛精神，包含着休戚与共、心心相印、亲密无间的密友般的情谊，包含着对朋友的缺点与错误不包庇纵容、不姑息迁就的诤友的赤诚，包含着发现人才、推荐人才、尽全力挖掘青少年创造潜能的眼光，包含着为人才的成长殚精竭虑的心血，包含着保障他们安全度过青春危险期的责任感……学生在校时，班主任关心他们的思想、学习、身体；学生毕业了，班主任关心他们的深造、成长。这是天底下无与伦比的爱。这种爱陪伴班主任走过一生。优秀班主任集古今中外优秀道德于一身，为人师表、身正为范，上承中华民族五千年之传统美德，下扬当今社会主义之精神文明，倾一腔热血为中华哺育英才，尽一生精力为民族培育栋梁。对权贵子弟不偏爱，对贫寒子弟更关心；对优等生不溺爱，对后进生多亲近。有了这种爱，对事业成功就会执着地追求，就会在"学"、"思"、"积"、"创"上下功夫。

2. "学"字功

现在我们面对的是一个崭新的时代——科学技术迅猛发展，知识经济初露端倪。人类社会的发展从来没有像今天这样神速。人类的科学知识，19 世纪是每 50 年增加一倍，20 世纪中叶是每 10 年增加一倍，当今则是每 3~5 年便增加一倍。电脑正如日中升，方兴未艾，却即将被光脑取而代之。通常情况下，光脑的运算速度是电脑的 1000 倍。据此，我们还没感到学习的紧迫吗？我们必须树立终身学习的观念。班主任更要一马当先，让酷爱学习成为终身具备的品格。具有渊博的学识，具有继续学习的要求、习惯与能力，懂得如何获取、处理信息，掌握基本的信息技术，这是新世纪对教师，尤其是对班主任的新要求。而要实现这一切，必须好学上进，勤于读书。班主任在好学方面要充分发挥师表作用。用强烈的求知欲、刻苦学习的精神、严谨的学风，潜移默化地影响学生，只有如此，学生才会秉承师德、继承师业，养成刻苦学习、终身学习的好品质。班主任要通过刻苦学习，使自己具有精深的专业知识、广博的多学科知识，努力做到专博相济、一专多能、一专多通，建立起既精又深、既宽又厚的知识结构，以教育并熏陶学生成为全面发展、知识渊博的人才。这是班主任工作职责的要求，更是新时代的要求。

3. "积"字功

班主任工作是科学的事业、艺术的事业。班主任不能做井底之蛙，眼光短浅；不能做孤家寡人，孤芳自赏；也不能墨守成规，人云亦云。相反，要求实求新，不断开拓创新，这就必须随时认真总结、勤于思考、虚心借鉴、博采众长。须知"操千曲而后晓声，观千剑而后识器"。勤于、善于积累可帮助我们攀登事业的高峰。大凡卓有成就的人都有这一良好的习惯。班主任在工作中面对一届届迥然不同的班级、几十几百个性格各异的学生，是怎样对症下药而取得成效的，班级在德智体美诸方面的建设，班集体的成绩与失败、光荣与耻辱，做好后进生转化的经验，班级工作的独特设计……这些都是无比珍贵的资料，应该随时随地积累下来。平时勤于积累，到关键时刻，便可以凭借积累的材料温故而知新，找到解决问题的钥匙。有时一闪的感悟、一瞬的火花，若不及时记下来，就会逝去。而珍贵的资料若不随时收录起来，一到用时就会"上穷碧落下黄泉，两处茫茫皆不见"，留下遗憾。而平时随手记下的"一砖一瓦"，经过再学习、再思考，日后或许会成为"一座高楼大厦"。当然，最初的积累往往是幼稚的、低级的、零散的，但只要你持之以恒，积累的资料信息多了，自然就会逐渐由低级到高级、由零散到完整、由肤浅到深刻、由贫乏到丰富、由不成熟到成熟、由不自觉到自觉。这样，借助"积累"，在德育工作的某个方面，必可由必然王国进入自由王国，从而掌握某个规律，开创新局面，班主任工作就会跃向新的高度。在培养、积累好习惯的过程中，要注意：认识重要性，克服急躁性，保持持久性，讲求实效性，立足长久性。手头勤，德育精，这也是一条规律吧！

4. "思"字功

勤于思考、善于琢磨，这也是杰出人物的共同品质。科学巨匠牛顿说："我的成就当归功于精心的思索。"划时代的科学家爱因斯坦说："学习知识要善于思考、思考、再思考，我就是靠这个方法成为科学家的。"勤于思考、善于琢磨也应该成为优秀班主任的个性之一。当前我们面临的是与以往截然不同的时代，而我国经济体制的改革，市场经济的全面启动，国门日益加大开放的现实，这一切给我们的德育工作带来巨大冲击、众多困惑；而我们面对的是与任何时代都不同的教育对象，他们具有不迷信宣传、不崇拜权威、不轻易服从的"三不"特点。德育工作不能再靠老经验、老方法、老套路。时代背景、教育形势、工作对象的巨变，迫使我们必须深入思考。要思考在社会主义市场经济条件下，如何培养青少年具有现代观念的问题；如何教育青少年正确处理索取与奉献关系的问题，以及在国门大开之际，如何弘扬中华民族优良传统，传统文化如何与现代接轨的问题；在生活日益提高的情况下，如何教育青少年发扬艰苦奋斗精神的问题……多少问题要求我们去思考啊！为此，班主任必须强化科研意识。而教育科研更离不开思考，以上诸多问题都是德育科研的对象。

5. "创"字功

创新是时代的主旋律，创造力是 21 世纪立于不败之地的资本。面对呼唤创新的新形势、新任务，我们也必须把创新教育摆上日程表。如果说以往的教育突出的是传递性功能，教育的主要任务是传递人类知识与经验、思想，那么，当今社会乃至未来的教育，其主要功能就是发展创造功能。优秀班主任应该审时度势，要爱护和培养学生的好奇心、求知欲，帮助学生自主学习、独立思考，保护学生的探索精神、创新思维，营造崇尚真知、追求真理的氛围，为学生的禀赋和潜能的充分开发创造一种宽松的环境；班主任要注重培养学生的创新意识、创新思维、创新情感、创新能力与创新人格。不仅如此，班主任对德育工作也必须有很强的创新精神，不能再只盯着学生的成绩单，而应站在时代的高度，致力于提高学生的综合素质，激发他们各方面的兴趣，锻炼其想象力，使他们养成善于思考、质疑的好习惯；要帮助青少年消除有碍创造力发展的消极个性与心理障碍，发现并培养利于激发创造力的胆魄、理想、兴趣、激情、毅力、互助等优良个性素质，特别要注意培养青少年的创新能力所必备的主动性、通变性、独立性、质疑性、坚持力、想象力和预见力。优秀班主任敢于打破应试教育的桎梏，充分利用社会积极因素，带领学生参观科技馆、博物馆、艺术馆，开展艺术教育，组织科技小发明、小制作活动，为发掘、发展青少年的创造力而殚精竭虑、竭尽全力。另外，在教学中要激励青少年开动脑筋，积极思考，不迷信权威，敢于提出自己的见解，敢于向未知世界挺进；在班级活动中，诱导学生敢于发表自己的看法，敢于拿出自己独特的设计方案，敢于发挥自身的主体作用，富有特色地完成任务。

班主任不可不读好的“三本书”

丁声扬

　　要给学生一碗水，教师就得有一桶水。从这个角度来说，教师更有必要多读书。而班主任呢，重任在身，更有必要多读几本书。天下之书何其多也！任谁也读不完。依我看来，作为班主任，至少要读好如下“三本书”。

1. 读好“知识”书，育出合格才

　　不少教师认为：我是教师，读好学科方面的书就行了。学科方面的书固然要多读、读好，还得弄懂、弄深才行，但这依然不够。“师者，所以传道、授业、解惑也。”教师的职责是教书育人，书要教好，人更得育好。要让学生成人、成才，教师就得多读些教育方面的书。况且，要想教好书，专业课也要靠其他知识的补充、延伸，毕竟知识是相通的。只有知识全面的教师，才能教出知识渊博的学生。

　　就班主任而言，还得多看看管理方面的书。管理是一门大学问。一个班集体几十个人，在某种意义上说，就是一个小社会。班主任工作，不仅要有满腔热情，对工作热心，对学生有爱心，做事要有恒心，还需要得力、得法。年轻的班主任，常常力不从心，被气得哭鼻子、掉眼泪的也不是没有。为何？就是用力不到位，方法不对头所致。那么该看什么书呢？除那些《班主任兵法》之类的书外，你还可以多看看网上的班主任论坛，还有你身边的优秀班主任就是最好的“管理书”。经验要靠自己摸索、积累，更要靠学习、借鉴。他山之石，可以让我们少走许多的弯路。

　　班主任学识多，管理水平高，工作也就好做了。其一，学生需要这样高水平的班主任，如此学生成才的几率就增多了，这是学生的福音。其二，学生也敬佩这样有水平的班主任。心服了，会服从管理，也会主动地参与到班级管理中来。其三，班主任工作能应付自如，为成为优秀班主任奠定了基础。

2. 读好"学生"书，成效自然来

在有些班主任看来，班主任是管理者，是说一不二的班级最高长官；而学生就是被管理者，老实听话、服从管理是本分。其实，学生是班级管理的对象，但也是管理工作的主要成员。学生不主动参与，班主任只会成为孤家寡人。"学生"这本书读不好，班主任这个"头儿"就没法做了。

一个班主任优秀与否，不是由上级评定的，而是要由学生这面镜子来折射。平时，我们看重的是学生学得怎么样、考得怎么样，而没有更多地去了解学生深层次的心理需求。你知道学生平时在读什么书，在想什么，有什么需要，有什么要求，有什么愿望吗？我们总是说：学生上课迟到，上课说话，上课打瞌睡，上课开小差，还有厌学、早恋、染发、打游戏什么的。学生问题多多，可我们想过其中的原因吗？要想教好学生，我们就得放下老师的架子，去接近学生，接纳学生，多研究学生，好好地读读"学生"这本书。班主任只有了解了学生的生理、心理，才能解决好学习、纪律等问题。光了解情况还不够，还要多与学生交流解决的办法，然后有的放矢，对症下药，逐个击破。读懂了"学生"这本书，工作成效就不用愁了。

3. 读好"自己"书，育人争一流

学高为师，身正为范。要为人师表，就得自省其身。只有知彼知己，才能百战不殆。其实光知己还不够，还得战胜自己才行。也许班主任工作是一份吃力不讨好的苦差，但为何就不能摆正心态，去干一行，爱一行呢？学生的问题不少，其实教师的心理问题也不少，只不过我们忽略了而已。一个无法认识自己的人，就不可能去认识好学生；一个带着种种情绪的教师，别指望能上好什么课；一个连对自己都不负责任的人，更无法对学生负责任。自己这本书，别人会读，会评价，但最终还得靠自己来读。

作为班主任，首先得想想你为什么要做班主任。有的人说：工作辛苦，待遇低，鬼才会想做班主任呢！气话归气话，既然吃了这碗饭，就要做好这行事，抱怨还不如做好自己的工作。既是教师，就要教书育人，这是职责所在。做过班主任的，都会有这样的体会：做与不做是完全不同的。班主任对一个人的锻炼价值，是无法用金钱来衡量的。其次，你要分析自己是哪一类型的班主任。是严师型、慈母型、放任型，还是民主型？"严"字当头，树立"家长"威信，学生会服服帖帖，唯班主任是瞻，只是私下里会恨之入骨；"爱"字当头，树立"亲子"形象，事无巨细，亲力亲为，这是溺爱过头；"松"字当头，树立"自主"形象，自己图清闲，混津贴，学生放任自流，这是失职，也是"缺德"；"放"字当头，树立"民主"形象，讲民主，师生一起合力解决问题，这是"放权"。类型不一，不必多举。"严"、"爱"、"松"、"放"，各有可取之处。你是哪种类型，你适合哪种类型，你愿意做哪种类型呢？最后，怎么来做一个有特色的班主任。方法不一，因人而异。别人的方法是秘诀，对你却未必管用。毕竟人的知识、水平、能力各异，教育对象也是千差万别。是故，别人的经验，自己要借鉴，但没有必要照搬照套。多做多学多思，要在实践中，闯出一条适合自己的教育之路。

一个人最大的敌人，不是别人，而是自己。一个班主任，首先要过了自己这一关。过好自己的认识关、学习关、教育关、心理关等，在此基础上，你才有资格做一个指导者、诊治者，从而协助学生也能顺利过关。正确认识自己，时时剖析自己，勇于战胜自己，处处完善自己，这就是班主任读好"自己"书的要义所在。

读知识，读学生，读自己，愿天下所有的班主任都能读好这"三本书"。

班主任可持续发展的四大战略

顾春峰

面对新的工作要求，班主任应该走专业化发展道路。班主任专业化发展，既是社会赋予我们的责任，也是班主任实现自己可持续发展的重要途径。唯有班主任可持续发展，才能满足专业化发展的要求。班主任内在素质的提高，是其可持续发展的关键。

1. 重建教育理念

现行的班主任的工作教育理念，很多需要重新定位，一些原来很有效果的教育理念，现在已经不适应教育的发展。

（1）充分尊重学生是班主任首先应该具备的教育理念。教师独尊的思想违背现代社会的教育要求。人与人之间的相互尊重，是构筑道德与法律意义上的人性和人权的保护屏障。班主任老师应该把尊重学生看作工作的最基本态度。班主任对学生尊重，使学生从小具有"人"的尊严，对他们的品德形成产生深远的影响，也促进他们自主性、能动性、创造性的发展。

（2）培养学生能力是班主任极其重要的教育理念。当今世界日新月异，个体不时面临抉择，因此必须具备相应的处事和处世的能力；决定个人成功的，往往不仅仅是知识，更多的是能力。一个人拥有知识，如果不善于运用，知识就成了累赘。哈佛、斯坦福等世界一流大学在招生时，除了看考试成绩，还要考查学生对社会的了解、应变能力等。班主任应该把培养学生能力作为工作的重要内容。

（3）教育为学生服务。教师和学生的关系，归根结底是谁为谁服务的关系。教育的目的是为了学生的发展，学生是认识事物、学习知识的主体、主人，是服务的对象和主体。班主任为保证每一个孩子都得到良好的发展，就需要在班级制度、目标、措施、方法上做到"一切为了孩子，为了孩子的一切，为了一切的孩子"。要民主、公正、平等地对待每一个学生，设身处地地为学生着想，尽自己所能，为他们提供最适合的教育，使具有不同天赋、潜能、性格、文化背景的学生都得到最充分的发展，真正做到使全体学生全面发展。

（4）重视学生非智力因素的培养。随着社会竞争日益激烈，非智力因素越来越受到教育界的重视，高情商被认为是通向成功的必备素质。一个优秀的班主任，绝不能忽视对学生的非智力因素的培养。要培养学生坚忍不拔的意志、广泛持久的兴趣、优秀的个性品质、勇于探索的激情、积极认真的态度、完善的人格和坚定的理想。

2. 凝练人格力量

人格力量，是班主任全方位的内在素养。崇高的人格力量，是渊博的学识，谦恭的为人，幽默睿智的谈吐，健康稳定的心态，丰富、深邃、独特的思想见解，善良、真诚、宽容、正直、富有爱心的人格品质的外在表现，它给人以启迪、教育、影响并形成积极的精神动力，是任何教科书、任何道德箴言、任何奖惩制度等都不能代替的教育力量。班主任的人格力量对班集体的建设和发展具有不可比拟的作用和影响。

班主任渊博的知识，往往给学生心灵上带来震撼，涓涓细流、汩汩涌泉的知识流淌在学生心间，学生是怀着一颗多么虔诚的心认可班主任啊。由于现代社会的飞速发展，学生在认识过程中产生了许多疑问和困惑，他们往往求助于班主任，这时候，班主任的威信、魅力极易形成，但也极易消失。

班主任的一言一行、一举一动，都可能在学生身上留下深深的烙印，曾经说过的、做过的，若干年以后，有的还在影响着学生。班主任的为人处世，是学生的一面镜子，对学生具有潜在的影响。如果班主任与人友善，对人真诚，待人宽容，为人正直，平等地关爱每一个学生，学生也会以同样的方式方法、态度为人处世。

健康稳定的心态，是每个现代人应有的心理素质。班主任，更要以良好的、持久的心态面对学生，要始终以激昂的、饱满的热情工作，以平和隽永的微笑关怀学生，驱赶学生心头的阴霾，激发学生的志气，使学生学会以坦荡的胸怀面对人生，感激生活。

3. 创新工作方式

创新是班主任实现自身可持续发展的根本保证，是班主任工作得以与时俱进、有效开展的重要前提。反思现行的班主任工作方式，多为松散的、被动的、应付的，工作缺乏系统性和科学性。要走出班主任工作困境，必须对工作方式进行开创性的改革和实践。

（1）班主任工作是一门课程。班主任工作有明确的目标，有具体的内容，有教育过程，有结果和评价，它是一门完整意义上的课程。班主任要把这项工作当作一门课程，要研究它的内在规律，如学生的特点，外界的影响，教育的内容、方法、途径、手段、效果等，以学科课程教学的态度来对待这项工作。

（2）教育内容要系统连贯，紧跟时代潮流。班主任工作之所以不能成为真正的课程，主要原因在于它没有教材，缺乏系统性。其实，班主任工作有具体教材是不切实际的，然而工作大纲是应该有的。在新课程培养目标的总要求中，既有一以贯之的传统要求，又有时代特征的新要求，特别是"社会责任感"、"终身学习"、"创新精神"、"实践能力"、"环保意识"、"良好的心理素质"和"健康的生活方式"等新内容。班主任平时应该多注意收集、整理德育资料，以便给学生丰盛的精神食粮。

（3）教育方法要符合学生的特点和要求，要灵活多样。班主任不能总是以说教的方式来进行工作，不仅要进行口头上的教育，还要多想点子，通过辩论、演讲、实践、探索、参观、采访、考察、交流、自我管理等形式的活动，达到教育的目的。

4. 实现终身学习

现在，社会的快速变化，知识的迅速生成与淘汰，信息技术飞速发展，个体较高的教育期望，迫使每个人把终身学习作为生存和发展的需要。班主任是学生人生道路的引导者，人类文明的传播者，学生生活的关爱者，学生成长的监护人，更应该做终身学习的表率。班主任的终身学习内容主要包括以下几个方面：

（1）专业素养。专业素养主要包含工作理念、工作能力。班主任的教育理念是影响教育效果的关键，有了先进的教育理念，培养目标才更有时代性，工作才更有生机和活力，方法才能对路。工作能力，是指对具体事务的处理能力、应变能力、协调能力、组合能力、交往能力、指挥能力等。班主任要在实践中多锻炼自己，多总结，多借鉴，勤思考，多学习别人的经验和方法，形成一套独特的工作风格。

（2）文化素养。文化素养是指班主任应具有的知识内涵。优秀的班主任，要上知天文，下知地理，通晓古今，融贯中西，即使不能面面俱到，也要略懂一二，在知识层面上满足学生的需要。教师仅有“一桶水”是不够的，必须及时更新知识，使自己的知识成为一泓汩汩不断、优质新鲜的“涌泉”。

（3）信息素养。以计算机技术和互联网为代表的信息技术的广泛应用，引起人的生存方式和学习方式的改变，人们愈加重视信息素养的提高。《基础教育课程改革纲要》指出：要大力推进信息技术在教学过程中的普遍应用，促进信息技术与学科课程的整合，逐步实现教学内容的呈现方式、学生的学习方式、教师的教学方式和师生互动方式的变革，为学生的可持续发展提供丰富多彩的教育环境和有力的学习工具。在实施班级管理过程中，班主任信息素养所起的作用是显而易见的。引导学生掌握信息技术，也是班主任工作的内容之一。这些都要求班主任具有较强的信息技术意识、知识与能力。

构筑班级管理的网络平台

朱瑞春

现在的初中学生可谓是成长在网络时代，他们见多识广，知识丰富，志存高远，对班主任班级管理挑剔多，要求高。如果班主任不能适应网络时代学生的需求，班主任工作仅凭传统的说教，教育常常会表现得苍白无力，教育的针对性、有效性就很难得到落实，更别说班主任对学生教育影响的久远性了。我在近年的班主任工作实践中，尝试用班级管理的网络平台教育学生、影响学生，把网络对学生的巨大诱惑变成了对学生教育的积极推动，取得了令人意想不到的教育效果。

1. 班级论坛——思想教育的有效载体

由于网络的开放性、隐蔽性和娱乐性，不少学生从小学阶段就沉迷于上网。对于平时缺少交流沟通且多为独生子女的学生来说，网络提供了一个可以畅所欲言、倾诉烦恼的绝佳场所；网络还将大千世界众生相全方位展现在学生的面前，极大地满足了学生的好奇心。充分利用学生对网络的激情和网络跨越时空的特点，将班主任的管理理念、管理要求置于网络上，投其所好，利用学校网站提供的班级论坛，在网络上对学生因势利导，充分发挥网络作为教育资源的载体作用，班主任的教育就会达到潜移默化、润物细无声的效果。

为了培养班级学生善于挑战自我、勇敢面对激烈竞争的良好心理素质，我给每一个学生都明确了个人奋斗目标，从卫生包干到学习成绩，从听课的认真程度到作业的独立完成，人人都有竞争对手，个个都有超越目标。一次，一个学生在班级论坛上发了一篇有关"竞争"的帖子："竞争对手能不能不公布？"学生纷纷跟帖，各抒己见，绝大多数学生都表达了不要公布竞争对手的观点。我也在上面跟了个帖子：

如果问一只小鹿在什么时候跑得最快，答案自然是后面几米的地方有张着血盆大口的豹子追赶的时候；如果问动物园的狮子和非洲草原的狮子谁更厉害，无疑在残酷的竞争中生存下来的后者要比前者强上几十倍。对失败的恐惧是与生俱来的，成功者便是战胜了这种恐惧，未雨绸缪，用自己最好的状态笑对竞争的人。从这个意义上讲，班级需要竞争，同学需要竞争，竞争可以让班级和每个同学更具生命力！

寥寥数语，用简单的现象诠释了复杂的道理，很多学生在跟帖中表达出了最大程度的认可："Yes！我懂了！"

2. 个人邮箱——班级管理的信息渠道

很多时候，由于传统师道尊严的影响和师生之间对事物认识的巨大差异，相当一部分学生对老师，尤其是对班主任，总是敬而远之，不少学生甚至唯恐避之不及，师生之间相互埋怨，互相指责，师生间的谈话常常变成了教师单方面的"演说"或"说教"。即使用写周记的形式，由于身份明确，知名知姓，学生心有顾忌，不能也不敢畅所欲言，教师很难了解学生的真实想法，更别说听到学生的不同意见了，这在很大程度上增加了班主任对班级管理的难度。用个人邮箱架起师生间心灵沟通的桥梁，可以让学生在比较隐蔽的私人空间畅所欲言，这种情境下师生进行平等关系的交流，消除了教师角色给学生心中带来的无形的心理压力，学生往往能畅所欲言，能讲真话，敢提意见。

我曾经遇到过一件让人十分头疼的事，有一段时间班级中接二连三有学生反映丢失了东西，大到 e 百分、文曲星，小到一支笔、一本书，个别家长为此还专门找我讨"说法"，我也因此费了不少心机，班会课上多次进行引导教育，班级中调查摸底，但一直是毫无线索。一时间学生彼此怀疑，相互间陡然增加了许多不信任的目光，给班级和谐向上的人际关系蒙上了一层阴影。在百般无奈之下，我想到了网络。何不尝试利用保密邮箱的隐蔽性，和学生之间进行一种看不见的沟通呢？我给每个学生布置了一次特殊的作业，让大家就班级中发生的这些事情用电子邮件的方式说说自己的看法，谈谈解决问题的方法。一周以后，我先后收到了学生发来的电子邮件 37 封，绝大多数学生对这些事情或提供线索或加以谴责，其中有一个学生的电子邮件引起了我的高度关注。这位学生居然在邮件中直言不讳地说，班级中的系列失窃案就是他一人所为，自己还正为此事而得意呢！这个线索一下子让我兴奋了起来，千方百计要寻找的线索居然得来全不费功夫！接下来，我和该同学就这样的行为通过互发邮件的方式进行了多次探讨，在我有针对性地引导和答应保密的情况下，这位学生终于被我的真诚所感动，说出了制造系列失窃案的真实原因。原来，原因竟然只有一个：嫉妒！几天后，学校的门卫通知我去领包裹，打开一看，包裹中装的就是班级中同学先后丢失的东西。

3. QQ聊天——情感交流的直通快车

我曾经就学生最喜欢的沟通方式做过调查，出人意料的是班级中90%以上的学生均选择了QQ聊天。事实上，现在的中学生，绝大多数都拥有自己的QQ号，有的甚至有两三个号码，用QQ上网聊天成了当前学生的交际途径和释放不良情绪的常用手段。何不尝试用QQ和学生搭建情感交流的直通快车呢？

在一次班会上，我非常认真地把自己的QQ号码向全班同学做了公布，并特别声明欢迎同学在网上隐藏身份与我聊天谈心。这赢得了全班同学长时间的热烈掌声。此后，每天晚上我都挂着QQ，这几乎成了我生活中不可缺少的内容。班上的学生经常找我聊天，有时候一聊就是个把小时。可以说，QQ给了我和学生情感交流的最大空间，在这里，我能用朋友的身份和学生激扬文字，探讨人生。这样的交流，不再有师生之间直面相对的尴尬，不再有师生间的心理距离，不再有学生面对老师的心有余悸，从学习到家庭，从老师到学生，从生理到心理，从现在到未来，QQ上的学生个个都变得如此直言不讳。这样的一种情感上的不设防，使得我有最多的机会让学生"近朱者赤"，有最好的时机把对学生成长的要求"随风潜入夜"。我也因此拥有了和学生之间更深的师生感情，师生间有了更多的默契和心领神会。"亲其师"就会"信其道"，师生之间的相互理解和信任，使教师的要求对学生的言行具有了更大的影响力、更多的约束力。记得班上有一名叫小雨的同学，平时经常迟到、旷课，上课东张西望，我多次请家长共同教育他，但效果就是不理想。这名学生在网上向我敞开了心扉：

老师，我也要求上进，但你得给我时间。我最伤心的是，你在班上对众人皆知的我不点名的批评，只要想到你的批评，我就一点信心也没有了。

想不到自己不经意的"比较艺术的"不点名批评，居然对学生产生了这么大的影响，竟然对学生带来了如此大的伤害。

我特意在 QQ 上给这位学生留了一封致歉信，以后针对这名学生心理敏感的特点，我在对他教育时更加注重方式方法，并在这位学生生日之际，在 QQ 上为他送上了生日贺卡。这名学生从此在班上像变了个人似的，班级的事情抢着做，课堂上专心致志，成绩有了明显提高。这样的表现令他的父母都感到惊奇：这孩子越来越懂事了！

教师节时，我的邮箱中收到了 55 张贺卡，QQ 上也留下了很多学生祝福的话，我在给学生逐一答复的时候，心中涌动着的是一种感动和满足。我的网络班主任经历，让我更深切地体会到了网络对学生影响的巨大。如何用好网络这把双刃剑，以学生喜闻乐见的形式走进学生的心灵深处，更多地打动人心，更快地影响学生，更好地铸造灵魂，无疑将是当代班主任现在和将来都必须面对的一个沉甸甸的话题。

写作德育案例，提升管理技能

钟　健

常常听到老师们抱怨：现在的孩子没有以前那么听话，他们更有个性，更难管，多年积累下来的经验也行不通了。

随着社会的发展，光凭经验来管理班级似乎行不通了。那么，怎样提升班级管理的技能呢？这需要班主任对自己的工作进行不断的反思，而撰写案例则是最好的反思方式。班主任可将自己经历过的事件或事例，以案例的形式表现出来，在把事例转变为案例的过程中，重新认识这个事例，整理自己的思维并反思自己的教育，更好地将它运用到现在的班级管理中。

1. 德育案例的作用

德育案例写作是班主任记录自己班级工作经历的载体。记录、记载本身也承载着深深的历史感，每一时期、每一阶段处理事件的案例，在很大程度上可以折射出教育历程的演变，它一方面可以作为个人发展史的呈现，另一方面也可以作为社会大背景下教育变革的见证。过去班主任的工作强调班主任的权威性，要求学生绝对地服从，甚至学生犯了错，班主任也可按照自己的处罚标准进行处理；学生就算不服，也不敢有太多的异议，师生之间是一种服从和被服从的关系。而现在则要求班主任要用自己的人格魅力来树立威信，建立一种师生之间民主平等的新型关系。班主任将自己工作中的反思记录下来，就可以根据不同时期学生的不同特点以及不同时期对教师的不同要求更好地进行班级管理。

德育案例写作可以促进教师更为深刻地认识到自己工作的重点、难点，如果我们对案例的写作形成一种习惯，那么随着案例的增多，我们就会逐渐发现班主任工作中的难点到底在哪里，我们以后努力的方向应该是什么。

德育案例写作还给教师之间分享经验、加强沟通提供了一种有效的方式。我们可以把自己收集的案例与别的老师进行交流，边看案例边思考：假如我面临同样的或类似的问题该如何处理？在我的班主任经历中，是否有同样的或类似的经历，能否进一步形成案例？

德育案例写作本身也可以促进教师对自身行为的反思，提升工作的水平。所以案例的写作能够渗透班主任工作的始终，把反思当成一项常规的工作。

2. 德育案例的选材

可以选取自己在对学生进行教育过程中的一些做法，内容可涉及学生思想品德教育、心理教育甚至学生的家庭教育等问题，如：作弊、早恋、自卑、师生间的对立、后进生的转变、教师的尊严受到的挑战、对学生的评价、对学生自尊心的爱护、对父母与子女的沟通艺术的引导等等。重点在教育的过程。比如反思自己对学生进行教育过程中所采取的态度：刚开始显得比较简单粗暴、容易发怒，收效不佳。事后冷静思考发现自己的毛病，更难得的是主动向学生道歉，并且是当着全班学生的面，这确实需要老师放下自己的"尊严"和"面子"，确实需要很大的勇气。而正是因为这样，才容易取得学生的谅解，师生之间才能够和谐沟通，架起心灵的桥梁，矛盾也就迎刃而解。

3. 德育案例的撰写

一个案例就是一个实际情境的描述，在这个情境中，包含一个或多个疑难问题，同时也可能包含解决这些问题的方法。

一般来说，案例应包括以下特征：案例讲述的应该是一个故事，叙述的是一个事例；案例的叙述要有一个从开始到结束的完整情节，并包括一些戏剧性的冲突；叙述要具体；要把事件置于一个时空框架之中，说明事件发生的时间、地点等；行动的叙述，要能反映教师工作的复杂性，揭示出人物的内心世界，如态度、动机、需要等。而要让案例叙述得更加生动，就要适当增加一些描写。有一个老师对我说，写案例就像写小说。这话也有道理。小说有情节，有人物，有描写；案例也有人物的转变过程，也离不开描写，像语言描写和心理描写更是常用。只不过，小说的情节是虚构的，人物也是虚构的；而案例则属于纪实性的，与纪实性文学更为相似。也就是说，案例的写作强调真实性，同时又要具有一定的艺术性。

班主任应强化德育科研意识

张怡欣

有这样一所学校，接受了上级交给的一项德育科研的课题，但是，学校领导却从五十余名班主任中找不到一位带头者。因为这所学校从来没有班主任搞过德育研究，更没有一位班主任撰写过德育论文，更别提在报刊上公开发表论文了。校长很尴尬。而在一线班主任中，这种现象绝非个例，应该引起我们的警觉了。

就目前状况看，我国班主任中多的是兢兢业业、勤勤恳恳、埋头苦干的实干家；少的是既勤于工作又善于总结，既有实践经验又有科研能力，既能继承德育优良传统又有真知灼见的专家。换句话说，多的是慈母式、老黄牛式的班主任，少的是德育专家型的班主任。班主任是塑造青少年美好心灵的工程师，但尚未形成一支强大的科研队伍。要提高班主任工作的效率，切实提高德育实效，就必须改变这种状况。

强化班主任德育科研意识，是提高班主任综合素质的需要。要提高德育的实效性，就要改变德育工作的方法，就要洞悉青少年的心理。只靠老办法，只凭老经验会处处碰壁。我们不能一味地就事论事，拘泥于事务性工作，而应从实践中找出规律，上升到理性，再指导实践，推动实践。应研究德育工作如何才能动其心、导其行。增强德育科研意识，就会使德育工作高屋建瓴，卓有成效，有利于改变那种班主任滔滔不绝，学生无动于衷的尴尬局面。德育科研能长智慧、出办法、增实效。

如何增强德育科研意识呢？关键在于解决思想认识和心理状态的问题。这是众多班主任忽视德育科研的症结所在，其具体表现又是多种多样的。一是神秘论。认为搞科研高不可攀，神秘莫测，于是望而生畏，产生畏惧心理；自认不是搞科研的材料，产生自卑心理。二是无用论。认为自己不搞科研，各项工作完成得也不错，搞不搞科研无关紧要。三是推诿型。一些年轻的班主任认为自己才疏学浅，搞科研是老教师的事；一些年长的班主任认为年轻人脑子快、反应敏捷，搞科研是他们的事；一些中年班主任或往上看，或往下瞧，以种种借口为自己开脱。四是故步自封型。认为自己这一套足可应付一气，于是满足于现状，不肯再下苦功去思索、去探讨、去研究。不从思想上、心理上解决以上种种错误、糊涂的看法，强化德育科研意识就只能是纸上谈兵。如果从思想上深刻认识德育科研的重大作用，克服神秘论、畏惧心理、自卑心理，勇于开拓、锐意进取，敢于挑起德育科研的重担，那么开展德育科研过程中遇到的种种困难也就会冰释雪消了。须知，思想是行动的先导。

时下，有越来越多的班主任已经认识到进行德育科研的重要性，也想试一试，但一具体去做，又产生了一些具体问题。一是时间从何而来。班主任除了教学任务外，要对全班几十名学生负责，事务繁多，工作量大，时间紧张，这是毫无疑问的。但是鲁迅有这样一句名言："时间，就像海绵里的水，只要愿挤，总还是有的。"对"以教为志、以教为荣、以教为乐、以教报国"的广大班主任来讲，牺牲一些休息时间搞些德育科研也会乐而为之的。科学地支配、利用时间，我们就可以成为时间的主人。平时工作时间紧，可以多积累素材，每天挤出半小时动笔记一下，或者阅读有关材料；节假日时间比较充裕，可以集中进行研究。二是课题从何而来。科研课题不会凌空飞降，它来源于实践。班主任强化了德育科研意识，就会成为有心人，就会在实践中勤于积累、勤于思考、勤于总结，便会做到嘴勤、腿勤、眼勤。勤能补拙，勤能生智。勤于实践，课题也就应运而生了。勤于阅读有关的报刊书籍，有时也会触类旁通、由此及彼，因受启发而找到自己研究的课题。当然，许多问题不少人已在研究，但这并不妨碍我们将之作为课题，因为它们还有待深入。形势在不断变化，哪个领域的研究都无止境，更何况在德育领域中尚有许多未开垦的处女地呢。只要留心，处处皆有学问，时时可找到科研课题。三是如何选好科研课题。既要知己，又要知彼。知己，指了解自身的能力水平；知彼，指了解本课题的研究现状及成果。超越自己的能力水平，容易导致半途而废，从而挫伤积极性；重蹈别人的覆辙，难免做无用功。选课题，在刚刚起步之际，宜小不宜大，宜浅不宜深，宜低不宜高，宜近不宜远。有所进展后再逐渐大些、深些、高些、远些。无论什么时期，都应该做到针对性要强，挖掘要深，论证要严谨。四是如何实施。研究时，要掌握方法。德育科研不同于一般的计划、总结、心得，它不仅要有明确的研究方向、研究对象、研究内容，而且还须有相应的研究方法。班主任要学习教育研究的方法，掌握教育研究的技能。

　　强化德育科研意识是教育事业发展对广大班主任提出的任务。刚开始进行德育科研，如同学步，难免要摔几个跟头。班主任要提高自身的德育科研素质，就须具备开拓精神，解放思想，大胆进行德育科研实践，依靠德育科研提高育人实效。我们有理由相信，班主任若强化了德育科研意识，我国将涌现出更多第一流的班主任，甚至德育专家。

教师"书缘"日日增

张万祥

　　教书育人是教师神圣的责任。教书、读书、买书、写书，书对于教师来说是不可或缺的。如果说书籍是青年人离不开的生命伴侣和导师，那么对教师，尤其是对班主任而言，书籍更是他们进步的阶梯。在课程改革如火如荼开展的今天，教师与书的缘分应该日益增长。

1. 教好书，做教学的行家里手是成为优秀班主任的基础

　　在我国各级各类的师范院校里都会出现同样的标语牌：学高为师，身正为范。可见，渊博的学识、卓越的教学能力是教师的第一要义，它是教师树立威信、提高工作效率的决定性因素，是教师的看家本领。马卡连柯说得好："假如你的工作、学习和成绩都非常出色，那你尽管放心，他们全会站在你这一边……假如处处都可以看出你不通业务，假如你做出来的成绩是废品和'一场空'，那么除了蔑视之外，你永远不配得到什么。"卓越的教学能力是指引导学生学习，指导学生掌握科学文化基础知识、基本技能，发展学生的智力因素，培养学生非智力因素的教育才能。优秀教师的教学应有自己的特色，不因循守旧，敢于创新；要找准自己的优势，扬长避短；要发展自己的优势，乘势而上，形成特色；在找准优势长处的前提下，选取教学中的某一点或几点作为突破口，别出心裁、刻意创新，使其成为不同于别人的亮点，然后使你成为在这方面有独到之处的专家，继而推而广之，成为这个学科领域的专家——在教学舞台上，奏出最强劲、最优美、最动人的乐章。同样的道理，教好书，做教学的行家里手是成为优秀班主任的基础。

2. 读书是优秀教师持续发展的不竭动力

　　"问渠那得清如许？为有源头活水来。"书籍是教师的智慧、才能的源头，读

书是教师充电、教学教育工作创新保鲜的重要保障。教书育人要求教师做读书的表率，而知识结构的特点要求教师勤于读书。只有基础牢固，才能有所建树，而牢固的基础需要日积月累、集腋成裘，百炼乃可成钢，厚积才能薄发。知识经济时代使教育成为陪伴人一生的事情，以教书育人为己任的教师更要持之以恒地读书、读好书。信息量大、传播速度快、知识更新迅速是当今社会的显著特点，青少年可以通过各种渠道、借助各种传播媒体获取大量的信息，而立志做教育专家的教师若不勤于读书，便会缺乏开展教育的资本，久而久之自然就会落伍，就会被社会无情地淘汰。那么，要读什么书呢？读专业书，学习相关的学科理论，学习当代新的知识；同时还要博览群书，拓展自己的知识领域，更要多读一些教育理论方面的书籍、报刊。目前，不少青年教师漠视甚至放弃读书，一年读不完一本书、一学期看不完一本教育杂志的现象屡见不鲜。如果这样，不用说做专家，就是连克服敷衍塞责、得过且过的陋习，恐怕也是痴人说梦吧！在瞬息万变的知识经济时代，教师若孤陋寡闻，对读书漠然置之，难免会陷入捉襟见肘的尴尬境地。为师者不能从书海中汲取一桶水，怎么能让学生获取一杯水呢？学生从你那里得到的是贫矿石，日后怎能冶炼成闪闪发光的真金呢？优秀教师要发扬"板凳坐得十年冷"的精神，不为物欲所动，不去追求灯红酒绿、热闹时髦，要心态平和地去读书、读好书，须知书里的世界更精彩啊！书，是班主任在德育园地里得心应手的助手。班主任绝不能以工作忙为借口而逃避读书，除非你不想在教书育人的阵地有所建树。

3. 买书应成为教师的最大乐趣、最大爱好

书是人类智慧的结晶，书是力量的源泉，这是尽人皆知的道理。一本书是一座小的里程碑，千百本书则能铸就知识的长城。与书朝夕为友，日夜为伴，长此以往地接受书香的熏陶渐染，我们便会心灵得以净化，头脑得以充实，知识得以丰富，工作能力得以提高。买书应成为优秀教师的一大爱好、一大乐趣。诚然，我们可以借书，但总不如自己的书用得坦然。有许多书，常读常新，需要反复揣摩，它应摆在你的案头，供随时研读。再说，自己的书，可以心安理得地细读、精读、深读，长久地品味；自己的书，可以随意挥笔勾出重点，画出佳句，在旁边写出阅读时的心得、体会、随想。现在不少书的价格高得令人咋舌，但这绝不应该成为我们

拒绝买书的挡箭牌。买不了那么多，可少买些；买不了厚的，可买薄的；买不了精装的，可买简装的；买不了新版的，可买旧版的。如果对书没有感情，即使一本书的价格如同一根冰糕的价格，你也舍不得掏腰包。有的人，教几年、十几年、几十年书，甚至一辈子与教书为伍，但除了公家发的教科书外，仍是赤手空拳、孤家寡人，岂不悲哉！热衷于买书可以说是优秀教师的一个标尺，优秀教师买的书，即使填满不了书房，也得有几书柜，最起码也有几书箱。有志做专家学者的班主任，每年年终之际，你应该看一看这一年中又添置了几本书，屋内又多飘来几缕书香。

4. 写书、著书立说是优秀教师的独特功底

教育专家型的教师应该有很高的造诣，不仅要拥有精深的业务知识和能力，能创造性地开展教育教学工作，还应该有较高的写作水平和能力，能著书立说，把自己的研究成果公诸于世。不敢、不愿、不能著书立说者，永远登不上专家学者的巅峰。魏书生的《语文教学探索》《班主任工作漫谈》《魏书生文选》《家教漫谈》……一本本专著记录了这位著名教育改革者的深深的足迹，也把他写入了一代名师的史册。李镇西老师在短短几年间连续推出了《爱心与教育》、《从批判走向建设》、《走进心灵》、《教育是心灵的艺术》等几部厚厚的专著，这为他走向全国奠定了坚实的基础。撰写论文、著书立说是个艰难的甚至可以说是枯燥的工作，不少人视之为畏途，不敢或不愿越雷池半步。立志做教育专家的教师，就要克服畏难情绪，破除神秘感，坚持积累素材，勤于笔耕，不怕挫折，矢志不渝。我们不能浅尝辄止，也不能急于求成，更不应怨天尤人、自暴自弃。要相信著书立说有险阻，勤学苦练能过关。勤写善写、著书立说应该是优秀班主任的特殊功底。

毋庸置疑，教书、读书、买书和写书是当今优秀教师，特别是优秀班主任应该做好的4件事。为了更出色地完成教书育人的任务，愿我们每位教师都切实增强"书缘"。

做一个"教育自觉"的班主任

贾高见

毕业至今，我先后带了五届学生，我知道，每一届学生看到的我都是不同的样子，而他们看到的每一个切面集合到一起，让我看到了一个"善变"的自己。我的善变，源于我一直在努力做一个有教育自觉的班主任。

第一变：由严到宽，学做"目中有人"的班主任

大学毕业后，带着对教育工作的热情与梦想，我全身心地投入了工作：每天备课到凌晨 2 点，把要讲的每一句话都写下来；每天上课前在镜子前试讲，调整自己的语气语调、动作表情，期待每一句话都能吸引学生；每天和学生一起做早操……

付出虽然辛苦，但卓有成效：半年之内，我所带的班级成为了整个年级中班风好、学风好、成绩好的优秀班级。

然而，我的骄傲却在学生评教活动中被击得粉碎。"老师，您看到了我的鞋子摆放不整齐扣0.5分对班级的影响，但是您看到您的批评对我的伤害了吗？""老师，我知道您为这个班级付出了很多，但我必须说，您不是爱我们，您爱的是您自己，您只是想向别人证明您的优秀，却一直无视我们的感受。"

一句句诘问、不满如同一把把尖刀刺入我的心脏，痛彻心扉！泪眼蒙眬中，班级管理的一幕幕浮现在眼前：学生的鞋子摆放不合格，我让他每天负责全宿舍同学的鞋子摆放；学生被子没叠整齐，我让他在众目睽睽之下重新叠被子……

我近乎苛刻的要求带给学生的到底是爱还是伤害？我是不是一直忽略了学生的感受？这一次改变让我明白：教育者不仅要负责任，不仅要有自己的评判标准，更要考虑学生的感受和需求，要关注学生作为发展主体的尊严感。

第二变：由勤到懒，学做"锻炼真人"的班主任

2006 年我们学校开始对班主任进行培训，魏书生老师的"人人有事做、事事有人做"带给了我巨大的冲击：原来班主任可以做得如此轻松！于是我和学生一起细分职责，开始尝试新的管理方法。

由于任务划分比较明晰，加之工作认领以自愿为前提，同学们的积极性较高，班级工作有序展开。谁知好景不长，新鲜感过去之后，部分同学开始出现消极怠工的情况。

这种情况迫使我思考：为什么？

为了调动学生的积极性，我和班委一起设计了一些系列活动，"岗位述职"、"小组评估"、"轮流竞岗"等活动在班内相继展开。这些活动为大家提供了挑战不同岗位的机会，有效激励了他们的工作热情，更重要的是及时评估使学生的成功体验得到了及时的肯定和升华。班级呈现出一派欣欣向荣的局面。我知道，我成功地扮演了一个"锻炼真人"的角色。

第三变：由主题班会到系列活动，学做"关怀生命"的班主任

2008 年，我遇到了小 Y。

小 Y，曾经因为唱歌走调被同学嘲笑，此后再也不敢在大家面前开口唱歌。该如何帮助她？动之以情，无效；晓之以理，无效；故事无效，视频无效。一切的努力被她的一句话彻底干掉："老师，道理我都懂，可我就是做不到。"

道理都懂，可就是做不到！怎么办？辗转反侧中，我意识到其实她缺少的不是道理灌输而是行动体验。于是，我设计了一个"蒙眼跨障"的活动：在讲台上摆 3 个障碍物，给一分钟时间让学生记忆和试行跨越，之后蒙上学生双眼，悄悄移走障碍物，让学生跨越。蒙眼学生并不知障碍物已移走，所以还是小心翼翼地跨越，因为障碍仍存于心。由此让学生认识到：只有跨越自己内心设置的障碍，才能超越自我。

这节课之后，小 Y 一改自我限制、退缩的状态，恢复到了以前积极乐观的状态。小 Y 的改变带给我极大的震撼，也让我认识到，教育不应该总是道理灌输，更

应该关注学生的成长体验。这一认识直接推动了我下一个阶段的探索：小活动，大德育，借助活动体验实现学生主体性的回归。

2010年，我幸运地接触了以李伟胜、李家成教授为代表的专家团队。他们的引领让我明白：教育者应该是开发者、唤醒者、创造者、成就者，教育者应该通过丰盈班级教育的内涵，成就学生更精彩的生命。

在这种思路的引领下，我开始了系列化、立体化的班级文化建设，以系列活动来丰富学生的生活、丰盈学生的生命。同时，我想办法把班级还给学生，学生不仅是自我岗位的创造者，还是班级发展方向的思考者，班级活动的策划者、组织者、评价者。

我们班同学主动提案，组织完成了"草根金句评选"以及"青春分享会我们的烦恼"、"青春分享会我们的爱情"、"青春分享会我们的高三"等系列活动，并完成了"感动班级十大人物"的评选活动。

这3年对我来说是非常重要的3年，因为这3年中我开始超越对具体技法（如何分工合作等）的关注，开始系统地思考并实践如何建设班级文化，更重要的是，这3年实现了教育理念的第一轮更新，开始超越管理、超越成绩，关注学生的生命成长，致力于做一个关怀生命的班主任。

以上的成长历程让我明白：做一个专业的班主任需要教育自觉。教育自觉，让我们不断发现自己的成长方向，关注学生的精神生命成长。

班主任修炼的四个"三字经"

董彦旭

没有哪个班主任天生就完美，所谓的完美都是修炼的结果。如何提升班主任的修养水平，不让自己在"职业长跑"中停歇、掉队，是每一个班主任必须直面的问题。但正如需要支点来撬动地球，修养身心同样需要找到一个发力点，才能起到四两拨千斤的作用。我的班主任工作修炼的四个"三字经"，尚可作为一个支点。

1. 唱响敦品立德的"道德经"

古语说"德配位，行在轨"，作为班主任，我们不仅要正确把握立德树人的"大是"，准确判断培育核心素养的"大势"，精心做好课程改革的"大事"，不断找准思想穴位，明确工作把位、找好职责站位，而且要经常以师德规范为镜子，照一照自己，以敬业奉献为标尺，量一量自己，以学生口碑为天平，称一称自己。

在我的班主任工作中通过六个"看"，来唱响敦品立德的"道德经"：一是向后看，看自己的教育理念是如何提高的；二是向前看，看个人教育追求的目标；三是向内看，看自己内心的困惑与矛盾；四是向外看，看别人是怎样的工作状态；五是向上看，看学校发展的新要求；六是向下看，看学生对教师有什么新期待。

2. 找准"蓄能充电"的"坐标系"

锅里无粥碗里空。现在，知识的"保质期"越来越短，思想的"折旧率"越来越快，能力的"迭代率"越来越高。人的一生只充一次电的时代已经过去，只有成为一块高效蓄电池，不断充电，才能持续释放能量。

班主任要始终处于学习状态，站在知识发展前沿，一定要当好新知识的"攀枝花"，做好新教育的"顶梁柱"。要不断加长板、补短板、搭跳板，消灭"四无"症状：无所适从，感到迷茫焦虑；无从下手，内心感到恐慌；无所作为，害怕干事出事；无动于衷，随波逐流，涛声依旧。

当前处在"互联网+"时代，学生多是吃着"薯片"、看着"大片"、用着"芯片"长大的，如果还是用老习惯、老办法教育学生，必然与时代脱节、与学生渐行渐远，"站在讲台上看问题，站在网络上找感觉"是我做好班主任工作的一条"真经"。一个合格的班主任，一定要回答好"与学生抢手机，还是与手机抢学生"的问题，不能在网络面前当"鸵鸟"，要有不进则退、慢进也是退的进取意识，挺身入局、主动作为，下好先手棋、打好主动仗，发挥"定盘星"作用，在班集体建设中把学习充电这个"最大变量"变为"最大正能量"。

3. 架起"亲师信道"的"和谐梯"

独行快，众行远。班主任与任课教师间的关系要告别过去的象棋式、对垒式，转变为"我中有你，你中有我"的"围棋式"。

刚做班主任的时候，我带的是一个数学特长班，班级各方面工作井井有条，可谓是"好声音"不断、"点赞声"一片。可是好景不长，期中考试后，我们班的"王牌"数学老师王老师病倒了，学校领导紧急商议，决定由湖北省新调入我校的特级教师张老师接替王老师的课。没想到，由于学生们对王老师有很深的感情，加之新老师有浓重的湖北口音，虽然张老师在湖北省也是大名鼎鼎，但同学们抵触情绪很大。张老师想了许多办法，都不是很奏效。我看在眼里，急在心里。我听说，张老师口琴吹得特别好，便与班委商量，给同学们开个"期中庆功"会，我提供"蛋糕"，同学出节目。在班会进行到中场时，我临时提出一项动议："姓张的同学勇拔头筹，姓张的老师是不是也要出个节目呀？"同学们顿时欢呼雀跃，于是张老师拿出口琴，一口气吹奏了《你说》、《天亮了》、《梁祝》等好几首同学们的"迷歌"，大家听得如痴如醉，惊叹不已，"吹得真好！""这么新潮的歌曲张老师都会！""这是我最喜欢的歌。"……一下子拉近了师生的距离。琴声停止，张老师用他略带湖北味的口音说："我想向同学们学习标准的普通话，报酬是可以教大家吹口琴。"全场爆发出一阵雷鸣般的掌声。我巧妙地发挥了张老师的特长，通过张老师的配合，打破了师生之间的"柏林墙"，建立了"连心桥"，班级危机被巧妙地化解了。

4. 打开艺术施教的"话匣子"

德育不是空洞的说教，也不是片面的管教，而是艺术的言教。真理的"锦言"需要贴心的"秀口"传递。

优秀的教师，讲台上要说"硬话"，讲台下要说"软话"；讲台上要"照直说"，讲台下要"拐弯说"；讲台上要"明说"，讲台下要"暗说"；讲台上要激情召唤，讲台下要使人惊醒；讲台上要眼里不容沙子，讲台下要容错。与学生谈话时，既能"诊脉"，又能"开方"，这样学生才能入脑、入耳、入心。对学生真情的激励、善意的批评和推心置腹的谈心，只要用富有艺术性的语言说出，就能调动学生美好的感受，就能在教育人的前提下，上出激动人心的课，道出鼓舞人心的理，生出振奋人心的情。

总之，事辍者无功，耕怠者无获。专业成长，永远在路上。教育的希望，向远方启程；成长的未来，在脚下延伸。我们要克服思想短视、解决情感短路、提升能力短腿、改进效率短板，敢于翻越考试成绩的冰山、安全隐患的火山、核心素养的高山，以"人一之，我十之；人十之，我百之"的干劲，创造教育的新辉煌。

编后记

　　2006 年 3 月，《给年轻班主任的建议》由久负盛名的华东师范大学出版社北京分社大夏书系出版了，时任《人民教育》编辑部管理室主任的任小艾在推荐序中说："……这部与广大读者见面的由张万祥老师主编的《给年轻班主任的建议》一书，汇集了众多优秀班主任宝贵的实践经验，称得上是解决班主任疑难问题的'宝典'，值得一读。"十年间，这本书走上成千上万个班主任的书桌，深得广大年轻班主任的喜爱，真正成为年轻班主任的亲密朋友。十年间，这本书竟然印刷了 26 次。这是我主编生涯中难忘的一笔。

　　这是我退休后主编的第二本书，由于当时自己孤陋寡闻，见识浅薄，结识的优秀班主任为数不多，难免存在许多不足，例如，《给年轻班主任的建议》原版书共有 79 篇文章，其中发表两篇文章的有 4 人，发表三篇文章的有 6 人，发表四篇文章的有 3 人。

　　这次修订版删掉 31 篇文章，大多是一人多篇的，增添了 38 位新作者，他们都是享誉全国的知名班主任，他们以更新的教育视角，更新的教育思考奉献出几十年班主任工作的精华。

　　可以说，这次修订版是面貌一新的新书。

　　这本书几乎涉及班级管理的所有问题，而且都提出了源于最新教育理念但又不落窠臼的解决方案。从这个角度来说，它其实是包含着众多优秀班主任精妙智慧的书。知识，只能让人看到一块石头就是一块石头，一粒沙子就是一粒沙子。智慧，却能让人从一块石头里看到风景，从一粒沙子里发现灵魂。从这本书中，我们不但看到了一幅幅秀美的风景，更看见了为师者那一颗颗高尚的智慧的灵魂。

　　这是一本倡导以爱，以科学的爱管理班级的书，爱与科学是班主任工作的双翼，而这本书七个专辑的 86 篇文章，无一例外地把科学与爱这两个最重要的因素熔为一炉，并且达到了炉火纯青的地步。本书的每一位作者以爱唤起学生对知识的渴望，以爱拨亮学生人生之初迷茫的双眼，以爱使懦弱的心变得坚强，使迟疑而徘徊的脚步跨出得自信而豪迈，自卑的不再自卑，自信的更加自信。它以爱酝酿智慧，以智慧点亮读者心头的火花，照亮前进的路。

再次感谢一向热情慷慨支持我的大夏书系编辑部，《给年轻班主任的建议》之所以能够走上千千万万班主任的案头，是由于编辑部编辑们贡献了他们的聪明才智，他们精湛的编辑能力让这本书散发出迷人的芬芳，闪烁出智慧的光彩。相信这本旧貌换新颜的修订版在大夏书系编辑部精湛的雕琢下，一定会更加精美绝伦，更加光彩夺目。

再次感谢这本"新书"的新老作者，是你们的教育智慧照亮了广大年轻班主任的心灵，是你们精美的文字启迪了年轻班主任的头脑。

经过十年的积淀，添加了新的力量，这本书更加厚重，希望得到年轻班主任朋友们的青睐，希望这本书成为班主任工作的良师益友！

年轻班主任的挚友：张万祥

2017 年 7 月于津门

图书在版编目（CIP）数据

给年轻班主任的建议 / 张万祥主编 . –2 版 . —上海：华东师范大学出版社，2017
ISBN 978–7–5675–6585–2

Ⅰ . ①给 ...　Ⅱ . ①张 ...　Ⅲ . ①班主任—工作—研究　Ⅳ . ① G451.6

中国版本图书馆 CIP 数据核字（2017）第 152446 号

大夏书系·全国中小学班主任培训用书

给年轻班主任的建议（第 2 版）

主　　编	张万祥
策划编辑	李永梅
审读编辑	万丽丽
装帧设计	奇文云海·设计顾问

出版发行	华东师范大学出版社
社　　址	上海市中山北路 3663 号　邮编　200062
网　　址	www.ecnupress.com.cn
电　　话	021－60821666　行政传真　021－62572105
客服电话	021－62865537
邮购电话	021－62869887
地　　址	上海市中山北路 3663 号华东师范大学校内先锋路口
网　　店	http://hdsdcbs.tmall.com

印 刷 者	北京密兴印刷有限公司
开　　本	700×1000　16 开
插　　页	1
印　　张	17.5
字　　数	250 千字
版　　次	2017 年 10 月第二版
印　　次	2024 年 8 月第十八次
印　　数	59 101–61 100
书　　号	ISBN 978－7－5675－6585－2/G·10440
定　　价	49.80 元

出 版 人	王　焰

（如发现本版图书有印订质量问题，请寄回本社市场部调换或电话 021-62865537 联系）